SOLI
DARI
X
O
!
?

越境と連帯

社会運動史研究 4

大野光明・小杉亮子・松井隆志 編

新曜社

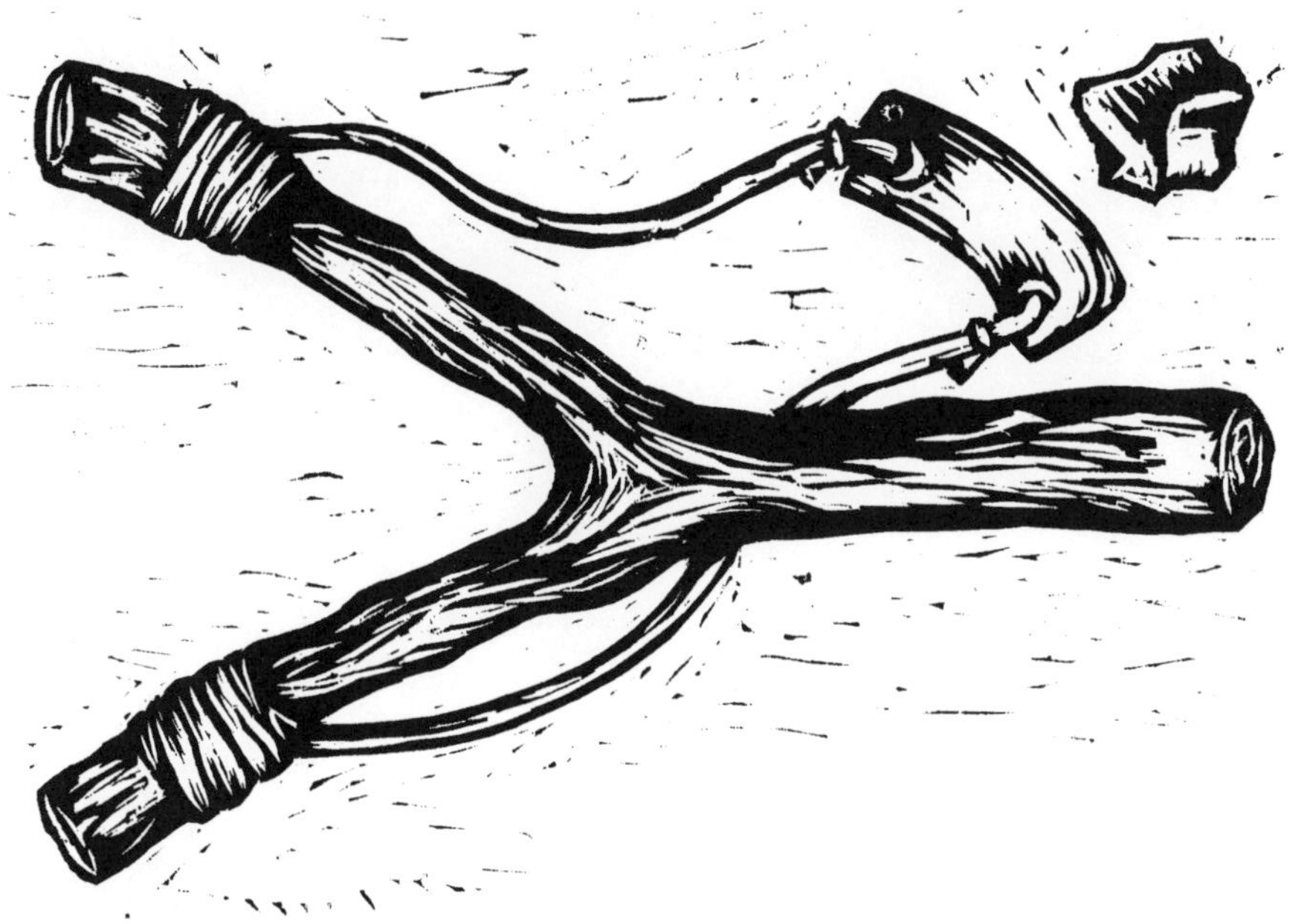

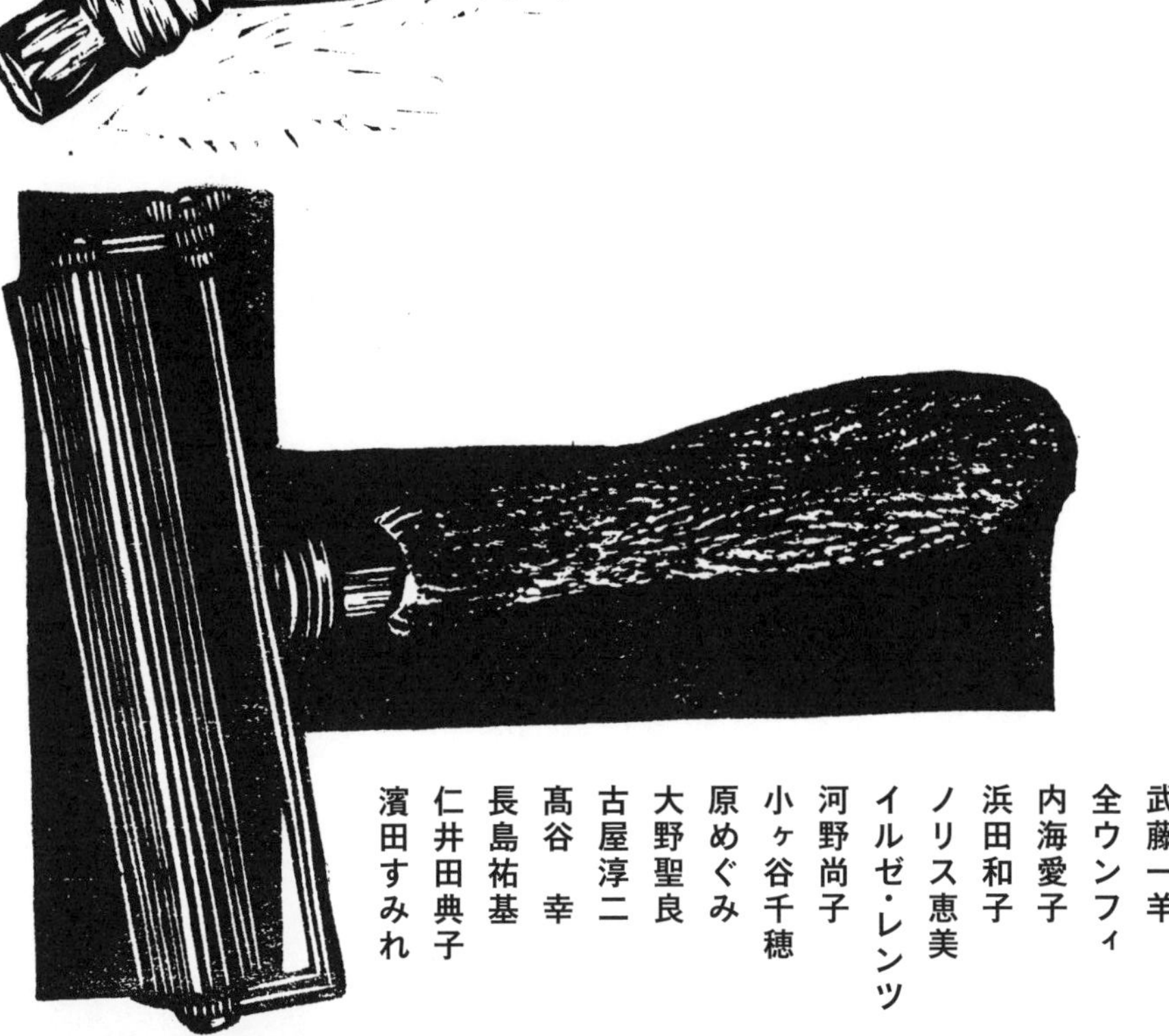

牧野久美子
武藤一羊
全ウンフィ
内海愛子
浜田和子
ノリス恵美
イルゼ・レンツ
河野尚子
小ヶ谷千穂
原めぐみ
大野聖良
古屋淳二
髙谷　幸
長島祐基
仁井田典子
濱田すみれ

目次

特集　越境と連帯

書評

装幀 川邉 雄
装画 Ａ３ＢＣ

越境と連帯の運動史——日本の「戦後」をとらえかえす

大野 光明・小杉 亮子・松井 隆志

権力を持たない市井の人びとが社会を動かすためには、他者と手をつなぎ、力をつくり出す必要がある。どこに届くのかはわからなくとも、自らの抱える痛みや怒りを言葉や行動で送り出し、それが誰かに受け取られることを希求する。痛み、怒り、変革の意思は偶発的にせよ、意識的にせよ、見ず知らずの他者によって受け取られ、新たな関係が社会のなかに生まれる。これによって、発する者と受け取る者、支援を求める者と支援する者といった分かりやすい関係がつくられるだけでなく、人びとのあいだで想いの共鳴と連鎖が起こり、新たな関係や主体性が生み出されていく。これを連帯と呼ぶことができよう。

手をつなごうとする相手、あるいは、応答する他者は、国家や文化、階級、ジェンダー、セクシュアリティ、民族や人種などの境界を越えた先にいることもある。多くの社会問題において、境界を隔てた「向こう側」の特定の当事者に暴力や抑圧を集中させ、問題を背負わせてしまうことが生じる。たとえば、しばしば見られる「沖縄の基地問題は沖縄県民にとっての問題であり、（本土の）自分たちの問題ではない」という倒錯した認識枠組みがそれだ。支配のシステムは境界線をつくり出しながら、暴力と抑圧を維持している。これらと闘い、システム自体を変えていくために、人びとは境界線を揺さぶり、越えていくことが必要になる。

このように、越境と連帯は社会運動にとって本質的な動きと言える。そして、こんにちの世界情勢を踏まえると、越境と連帯というテーマは重要さを増しつつある。だが同時に、私たちはあらためてその困難にも直面している。

たとえば、近年のミャンマーや香港における圧政は、マスメディアだけでなくソーシャル・ネットワーキング・サービス（SNS）を通じて、私たちの眼前につきつけられている。また、本書の編集過程では、ロシア軍がウクライナへ侵攻し、戦争が続いている。現地の民衆のために何ができるのかと考えるとき、運動史のなかで脈々と続けられてきた越境や連帯の実践に立ち返ることは有効だろう。

その一方で、国家や民族、人種、ジェンダーといった境界線自体やそれに基づく差別を克服し、別の世界を生み出そうとしてきた潮流は、バックラッシュや攻勢を受けてきた。自国中心主義、歴史修正主義、ナショナリズム、レイシズム、セクシズムなどが世界各地で跋扈している。ウクライナ侵攻をめぐっても、ロシアに対する非難がウクライナ政府・軍への支持と直線的に結びつけられ、日本では反戦感情が自国の軍事強化、核武装、憲法改正などの要求へとすり替えられていくようすを確認できる。国境はよりいっそう高くなり、国家の存在があらためてせり上がっているようだ。現在をとらえかえし、これからの世界を構想していくために、越境と連帯の運動史にわけいり、その方法を学ぶ必要がある。本特集はこのような問題関心によって編まれている。

この特集には日本の「戦後」、正確に言えばアジア・太平洋戦争後の、特に冷戦期における越境と連帯の運動史を対象とした論考やインタビューを掲載した。もちろん、越境と連帯の運動は本来巨大な空間的・時間的広がりを持っている。そこで本稿は、まず簡単にその歴史的系譜を振り返りながら、冷戦期日本の越境と連帯が生み出された背景を概観する。その上で本特集に掲載された論考やインタビューを紹介しつつ、歴史的かつ運動論的な視点から越境と連帯の運動史が開くいくつかの論点を示したい。

近代における越境と連帯

さきほど述べたように、越境と連帯は運動に普遍的なものである。そもそも、人びとの越境と連帯自体が長い歴史を持つ。

現在のように交通手段や通信手段が便利かつ安価とは言えなかった時代から、人びとは大陸すら越えて移動し、そのなかで抵抗・運動のつながりがつくられていた。たとえば資本主義の形成・発展と一体化していた奴隷制は、アフリカ大陸からアメリカ大陸やカリブ海の島々へと、多くの黒人を強制的に移動させた。黒人たちは各地で反乱や暴動を起こし、その動きはアメリカ大陸の先住民や貧困層などの抵抗運動と共鳴していた（田中編著 2018: 序章）。

近代とは、資本主義と国民国家による労働者の搾取、人種や民族、ジェンダーに基づく差別、植民地主義などの苛烈な暴力とともにあり、それらに対する反発と抵抗を各地に生み出す時代であった。一八世紀末のイギリス領アメリカでは自由や民主主義を掲げた独立戦争が起き、それはフランスにおいて革命を生み出す大きな要因となった。そしてカリブ海のフランス植民地であったハイチでは、フランス革命に影響を受けた民衆による革命も起きた。その一方で、フランス革命の「人および市民の権利の宣言」（人権宣言）から排除された女性たちが、大西洋を越えて自らの権利を要求する運動を発展させていく。奴隷制廃止運動もまた大西洋をはさんだ人びとのつながりのなかで形成された。このように、ある場所の人びとの怒り、行動、それらによって引き起こされた出来事は、別の場所の人びとに影響を与え、その相互作用のなかから、各地で新たな社会が生み出されていったのである（田中編著 2018: 序章〜第1章; Keck and Sikkink 1988）。

また、資本主義に抗する人びとのうねりは、社会主義の思想と運動というかたちでも展開した。国境を越えた労働者の連帯を組織化しようと社会主義の「インターナショナル」が結成され、一九一七年のロシア十月革命で史上初の社会主義国家が成立した後には、コミンテルンを通じた国際共産主義運動の「指導」も行われた。日本の共産主義運動も、戦前・戦後にわたり、国際共産主義公認の組織であることの正統性に固執し、日本社会の現実に合致しない「上部」からの判断への従属は様々な弊害をもたらした。とはいえ、この時代の国際共産主義運動による、必ずしも国家単位で設定されない運動空間や運動主体が、東アジアやアメリカ大陸にもまたがる越境と連帯の運動を現実化する、重要な役割を果たしたことも確かである（黒川 2020）。

さらに、アナキストたちの運動も、越境と連帯の重要な系譜である。アナキズム運動は、自由と平等、そして人びとや運動の連合を重視する。統治機構としての国家を拒否し、世界規模で不平等と搾取を拡大し続ける資本主義を打倒すべく、国境を越える連合を模索してきた。幸徳秋水がアメリカの急進的な労働組合である世界産業労働者組合（ＩＷＷ）の影響からアナルコ・サンジカリズムによる直接行動を唱えたことがよく知られているように、日本のアナキズム運動はロシアやフランス、アメリカなど各国の運動との親交を持ち、その思想と運動を深めてきた。また、日本のアナキストが書いたものが朝鮮や中国の社会主義者やアナキストによって翻訳され、受容されることもあった（萩原 1969：Ⅰ～Ⅱ章；田中編著 2018：第6章）。

以上のように、近代における資本主義と国民国家による苛烈な暴力のなかで、人びとはそれに抵抗し、越境と連帯の実践を育んできたのである。

日本の冷戦体制としての「戦後」のなかで

第二次世界大戦へと至った二〇世紀前半の歩みは、ここまで述べた越境と連帯の試みが、必ずしも成功しなかったことを意味している。そして第二次世界大戦後ほどなく、冷戦体制の形成と固定化が生じた。だが、脱植民地化への闘争や、民族や人種、女性への差別・抑圧からの解放など、近代の暴力と矛盾を克服すべく、分断を越えて連帯する民衆の動きは、戦時を経ても窒息させられなかった。新たに姿を現した冷戦体制の枠組みから影響を受けつつ、それに抗う運動が生じた。本特集に掲載されている論考やインタビューは、この時期の運動を対象としている。

ここで「戦後」の日本社会がどのような構造のなかで形づくられたのかを確認しておきたい。この構造は、人びとの越境と連帯を強く規定している。

第一に、日本の「戦後」史は大日本帝国の崩壊と植民地の放棄としてあった。言葉を換えれば、それは植民地主義の否認と忘却が進むプロセスとしてあった。植民地主義の否認と忘却は、日本国内の植民地出身者への差別を否認しつつ、新たな暴力を生み出すことにもつながっている（西川・大野・番匠編 2014）。

第二に、「戦後」日本は、アメリカの方針を内面化しつつ冷戦構造のなかに組み込まれた。屋嘉比収が指摘するように、東アジアでは「「戦場」「占領」「復興」」という事態が重層的に混在し、同時並行的に」形成された。すなわち、「朝鮮半島はまさしく「戦場」であり、朝鮮戦争への出撃基地を抱えた沖縄は文字通りアメリカ軍の「占領」地であり、朝鮮戦争の特需によって日本本土は明らかに「復興」を成し遂げた」のであり、「朝鮮半島、沖縄、日本本土という各地域が「戦場」「占領」「復興」というそれぞれが違う状況にありながら、アメリカ軍の存在を介して相互に関係しあ」う構造がつくり上げられた（屋嘉比 2009: 227）。

つまり、「戦後」の日本社会は、「戦場」や「占領」を外部化し、植民地主義を否認・忘却しながら、「復興」と経済成長、そして「平和」――それが現実とかけはなれた幻想としてあったとしても――へと一国主義的に閉じていった。「戦後」という呼称自体が、一国主義的な「復興」や「平和」を前提としているとも言える。

その一方で、「戦後」のなかから、このような「平和」と「復興」、経済成長自体を問う運動も起きた。それは国内外の暴力、抑圧、分断に向き合いながら、それらを批判し、社会と人びとの関係性をつくり直そうとする営みだった。一国主義的に閉じた日本社会のありようを批判し、その周辺や外部で生じる暴力を問題化しつつ、冷戦のもとで引かれた境界線を問うというかたちで運動は展開していった。

以上を踏まえると、運動史研究における越境と連帯というテーマは、一九四五年八月一五日以降を「戦後」としてとらえる歴史認識自体を相対化し、冷戦体制やナショナリズムに抗う人びとの営みを浮かび上がらせる視角だと言えるだろう。

連帯と越境の実相――本特集の論考・インタビューから

本特集の各論考・インタビューがいかなる越境と連帯を論じているのかを掲載順に紹介したい。

まず冒頭、大野光明の論考が論じるのは、留学生たちの越境がつくり出す連帯、あるいはそれを可能にした太平洋をまたぐ連帯のネットワークの、具体的な姿である。大野は一九六〇年代末から七〇年代初頭にかけてアメリカから日本にやってきた留学生たちの取り組みを、インタビューや一次資料から明らかにしている。冷戦体制下の「熱戦」となったベトナム戦争や、日本の「戦後」が生み出した沖縄基地問題が、この運動のテーマであった。冷戦体制によってつくられた戦争と暴力に向き合い、太平洋を横断する反戦運動の空間を生きた人びとの軌跡が明らかにされている。

続く牧野久美子さんの論考は、南アフリカ共和国のアパルトヘイト政策の廃止を日本から求めた反アパルトヘイト運動を、「旅」に着目して論じる。反アパルトヘイト運動では、一九六〇〜八〇年代までの長期にわたって、日本からアフリカ大陸へ、あるいは南アフリカから日本へと、実際に人が「旅」をしたことが重要だった。「旅」することで、人は、草の根での出会いを体験したり、自分の目を通して問題を見ることができる。ときに苦い経験も含む「旅」が、人びとを運動へと駆り立て、日本と南アフリカという一見遠い距離をつなぎ、連帯を育むことになったという。同時に、反アパルトヘイト運動には、経済大国への道を邁進していた日本の加害者性と向き合うという、「戦後」への問い返しが含まれていたことも示唆されている。

大野光明・松井隆志による武藤一羊さんへのインタビューでは、ベ平連（ベトナムに平和を！市民連合）やその脱走兵援助活動などへの関わり、そこから誕生した英文雑誌『ＡＭＰＯ』の発行や、それがつくり出したさらなる越境と連帯の経験を、語ってもらった。この『ＡＭＰＯ』の活動は、日本の国際連帯の重要な運動体であるアジア太平洋資料センター（ＰＡＲＣ）の設立につながった。ここで注意したいのは、この運動史の展開が「ベ平連からＰＡＲＣへ」という直線的な流れには収まらない広がりを持っていることである。ひとつは、かつての共産党の運動が持っていた国際的つながりとその質についての指摘があり、武藤さんにとってはそれらが国際的活動の重要な前史となっている。同時に、武藤さんも加わった共産主義労働者党（共労党）や雑誌『連帯』での主張に見られる通り、「世界革命」などの共産主義の言語のなかで、それと葛藤しつつ、国際連帯の活動が展開し始めていた。この点も、現在から振り返る際には見落とされがちであるが故に、貴重な証言である。一国主義に閉じこもりがちな「戦後」の発想を、いかなる力がこじ開けたのか、インタビューはその源泉を示している。

以上の論考とインタビューが国境を越える運動を対象としていたのに対し、全ウンフィさんの論考は、京都府宇治市の在日コリアン集住地区・ウトロで一九八〇年代に展開された居住権運動を対象としている。ウトロの居住権運動は、地区の在日コリアンの住民と、それまで日韓連帯運動などに携わっていた日本の市民運動による「支援」によって展開された。だが、全さんはその市民運動がウトロ地区の住民と出会い損ねていたことに、むしろ注目する。居住の権利や生活インフラの整備など、生活圏に根ざした問題への取り組みのなかで、「日本人」の「支援者」は住民が経験してきた歴史や生活実態について無知だった自己に気づき、そこから連帯とは何かを問うていった。全論文は、人びとが国家の内側での越境と連帯をようやくにして発見していった歴史を描いており、「戦後」日本の運動史が越境と連帯を見事達成してきたかのような予定調和の物語への抵抗としても読むことができる。

松井隆志による内海愛子さんへのインタビューも、内なる国境、特に日本における植民地主義を問うという点を主題としている。内海さんは、朝鮮に対する日本の植民地主義に無自覚だった自らを反省して大学に入り直し、七〇年前後には日本人自身による朝鮮研究をめざした日本朝鮮研究所（朝研）に関わりつつ、入管闘争などに取り組んだ。その後、七〇年代半ばのインドネシア滞在を機に、朝鮮人戦犯問題などの未決の戦争責任問題や、同時代に起きていた日本によるアジアへの経済侵略を批判する研究・実践を深めていく。七〇年代半ば以降のこうした展開は、越境が新たな連帯の実践を生み出したプロセスと言えるが、今回のインタビューでは、国内にとどまった前半生に重点を置いている。内なる植民地主義の克服を模索した運動史が、女性差別や学生運動などの文脈とも交差しながら、内海さんのその後の幅広い取り組みの基盤となったことを証言してもらった。また、インタビューから差別や課題の重層性が示唆される点も重要だろう。

これまで紹介した論考やインタビューが、どちらかと言えば連帯を志向した越境だったのに対して、小杉亮子による浜田和子さん・ノリス恵美さん・イルゼ・レンツさんへの「ベルリン女の会」についてのインタビューは、まず越境の経験が先にあったと表現できるかもしれない。インタビューは、一九七〇年代以降、日独の女性運動で第三世界との連帯が実践的な課題となるなか、ベルリンの地で日本と韓国からの移民女性たちが、日本の加害責任を見つめる営みを積み重ねた様相をたどる。ベルリン女の会の女性たちは、キーセン観光をめぐる対話からドイツに住む韓国女性たちとの協働を始め、元「慰安婦」補償請求訴訟を共に支援するに至った。

特集の最後は、小ヶ谷千穂さん・原めぐみさん・大野聖良さんによる河野尚子さんへのインタビューとその解説である。この記事が対象とするのは、二〇〇〇年代以降のＪＦＣ（Japanese Filipino Children, フィリピン人女性と日本人男性のあいだに生まれた子ども）に向き合い支援する活動だ。この運動は、キーセン観光やアジアでの児童売春、そしてアジアから来日した女性たちの性的搾取と、植民地期から継続する日本人男性によるアジアへの性的搾取を告発してきた日本の女性運動を重要な基盤として、九〇年代に本格的に始められた。その意味で、「経済大国」としての「戦後」日本と批判的に対峙する運動だったと言えよう。それを克服するための日本とフィリピンの女性たちによる連帯の運動である一方、インタビューでは、その越境的活動の容易ではない点も表現されている。

本特集の論考とインタビューが浮かび上がらせるのは、越境と連帯の運動史が、直線的で単一な美しい歴史としてあったわけではないということだ。様々な前史や文脈を背負いながら、人と人、人とモノや出来事とが具体的に出会い――その出会いはときに糾弾や告発といった不和や異和をともなうものでもある――、紆余曲折と浮沈をくりかえしながら、越境と連帯の運動は進められてきた。その展開は、日本における社会運動が持つ一国主義的な傾向やナショナリズム、あるいは男性中心主義との格闘でもあった。人びとは連帯を求めながら、連帯そのものを変革することを求められてきたのである。

さらなる議論のために

前項では、「戦後」や冷戦体制というキーワードのもとに本特集の各記事を位置づけた。最後に、本特集を踏まえ、越境と連帯の運動をめぐる論点をいくつか提起したい。

第一に、人やモノが物理的に移動し境界を越えること自体の重要性である。たとえば、アメリカから日本へ、そして沖縄へと向かった留学生たちの移動（大野論文）や、反アパルトヘイト運動における「旅」（牧野論文）といった多分に意図的な越境から、運動を志向していなかった移住（ベルリン女の会インタビュー）まで、物理的な「越境」が、結果的に運動の不可欠の要素となっている。全が論じるウトロ地区の居住権運動も所属集団を越えた具体的な人間同士の接触・交流なしには展開しえなかっただろう。

英文雑誌『AMPO』の発行（武藤インタビュー）のように、情報やメディアの越境もまた、軽視はできない。とはいえ、『AMPO』制作を手伝った外国人たちが当時東京にいたことや、武藤さんが『AMPO』や三里塚の映画フィルムを持参してアメリカを回ったことなど、人やモノの越境が情報や思想の流通を支え促す基盤となる点に注意を促したい。

ここで物理的な越境の意義を強調するのは、現代が、インターネットやSNSが日常の一部となった時代だからである。情報が易々と国境を越えて共有されているように思える現代世界で、むしろナショナリズムと排外主義は強まっている。特に日本では、本特集でも扱った一九六〇～七〇年代と比べても内向きの発想が目立つように感じられる。また、近年では新型コロナウイルス感染症のパンデミックが続くなか、国境という存在が実体化され、高くなったと感じる人も多いだろう。そのような時代状況のなか、人やモノの物理的な移動が持つ意味をあらためて考えることが必要ではないだろうか。

本特集の論考・インタビューが示しているのは、運動があらかじめ確固とした理論や思想に基づいて展開するわけでは必ずしもなく、多分に偶然を孕んだ人・モノ・出来事との出会いのなかで、その方向性を変え、内実豊かに成長していくことである。在日朝鮮人問題への取り組みから朝鮮人BC級戦犯問題へと展開した内海愛子さんの活動・研究の歩みも、後から振り返れば必然的な展開にしか見えないのだが、実際には、七〇年代のたまたまのインドネシア滞在が、朝鮮人戦犯問題への接点をつくり、始まったものだった。このような「出会い」をつくり出すものとして、物質性をともなう越境が重要なのだ。

第二に、こうした移動を通じて、社会運動の発想・戦術が拡散する点も重要である。大野の論考では、アメリカ人留学生たちの移動にともなって、兵士への支援運動やコミュニティ・オーガナイジングといった方法、市民的不服従や反帝国主義といった理念、さらに反戦新聞のようなオルタナティブ・メディアが、アメリカ、日本「本土」、沖縄のあいだで広がり、それぞれの土地で加工されたことが示されている。武藤さんのインタビューにおいても、「リソース・センター」というあり方が、アメリカの類似した機関を実際に見聞することを通じて（それだけが要因ではないにせよ）、日本へと移植されていた。

このような運動のレパートリーの伝播は、本特集では扱えなかったものの、「１９６８」と呼ばれる六〇年代後半の若者を中心とした世界同時多発的な社会運動の高揚においても顕著であったし、比較的最近の事例でも、二〇〇〇年前後の反グローバリゼーション運動、二〇一〇年代の「占拠（オキュパイ）」運動、近年の気候正義運動なども重なる現象である（毛利 2003; グレーバー 2015 など）。もちろん、このような伝播は全く同じレパートリーのコピーではありえず、各地の条件を踏まえてアレンジされて広まる。本特集が論じる運動史は、現代の社会運動論にとっても興味深い事例であるだろう。

なお、こうした運動の連鎖や伝播の基盤には、近年の運動研究が明らかにしているように、人びとの感情や情動、それによってもたらされる共感や共鳴の広がりがある。たとえば、Katsiaficas（2018）は「エロス効果」という概念で、世界各地の民衆反乱の同時多発性と共鳴関係、人びとの意識覚醒の伝播のありようを説明している。大野の論考には、留学生と米軍兵士、沖縄の人びととの間の反戦や反軍の感情の共鳴関係が描かれている。

第三に、連鎖や伝播のプロセスでは、運動の組織者（オルガナイザー）やきっかけをもたらすキーパーソンの存在も重要である。ベルリン女の会のインタビューでは、彼女たちと韓国女性たちとの協働の契機に画家・富山妙子がいたことが語られる。牧野論文においては、特に日本からアフリカへの「旅」を行った野間寛二郎や楠原彰らが、重要な役割を持った存在として注目されている。河野尚子さんへのインタビューでも、当の河野自身が、日本とフィリピンにまたがる諸主体をつなぐ結節点となり、運動体相互のズレを受け止めながら、連帯を築く営みを続けていた。

本特集のその他の論考・インタビューにおいてもこの特徴を確認できるだろう。複数の記事に登場する石田玲子・北沢洋子・松井やよりといった人びとは、この時代の運動を横断するキーパーソンとして刻まれている。運動の細部に具体的に迫ろうとすれば、随所に人やモノや出来事を結びつける役割を果たした具体的個人の姿を見つけられる。たとえ無名であっても、そうした個人の「顔」を取り戻すことが、社会運動史には求められている。

第四に、越境し、それまで慣れ親しんだ空間や世界認識から引き剥がされる経験をするとき、主体は何らかの自己解体を余儀なくされ、新たに構築されることになる。牧野論文では、東京の反アパルトヘイト運動に関わった楠原彰が、アジア経由でアフリカに向かった自身の経験から、そうすることの重要性を強調したという。旧植民地の諸地域を体験したことが「日本人は手が汚れている」という自己認識を与え、これがアジアにおける反アパルトヘイト運動の新たな連帯の志向に結びついた。

全論文では、ウトロ地区の居住権運動に至る過程での日本人の変容が描かれている。それは、日韓連帯運動に参加していた日本人「市民」が、日本と韓国の民衆のあいだや日本人と在日コリアンのあいだの非対称性を自覚するようになるという経験であった。また、植民地支配の責任を自覚し、だからこそウトロ地区の支援に加わったはずが、在日コリアン一世、とりわけ女性のなかに識字教育を受けていない人が多いという事実に直面し、「私は本当にあほだった。何も知らなかった」と、ウトロ住民の生活により密着した活動をめざしていく市民の姿も書き込まれている。このように、越境による運動主体の解体と再構築は、ときに強烈な反省や恥ずかしさ、悲しみをともなう。

もちろん、そこには危うさもある。越境による主体の変化には、かえって自分や相手を国民国家の境界内に固着させてしまう両義的な可能性があるからだ。他者へと開かれた関係をつくり出す契機を、越境と連帯の運動史のなかから、適切に拾い上げる必要がある。たとえば、内海愛子さんの朝鮮問題への向き合い方に見られるように、権力構造や歴史的経緯を踏まえ、関係のなかで自らを顧みることのなかに、連帯への道があるのではないか。

最後に、社会運動における越境は、複数の領域を結びつける動きであるために、インターセクショナリティを浮上させ、それに向き合う運動を生み出す。全さんの論考に書き込まれた、ウトロの居住権運動のなかで在日コリアン女性の識字の問題が浮上するというエピソードや、ベルリン女の会の女性たちが語る、ドイツに暮らす日本女性として生活上の問題に向き合いつつ、同じくドイツに暮らす韓国女性とともに元「慰安婦」に連帯しようとする姿、「日本人」として裁かれた朝鮮人戦犯に寄り添おうとする内海さんの見方など、人びとの経験や主体のありようはわかりやすい単一の属性に還元できるものではない。むしろ、これらの実践は複数の境界の接点にこそ成立するものである。いま、日本でもインターセクショナリティという概念に注目が集まっているが、それ以前から、複数の境界の接点を生きる経験と主体のありようを前提とした越境的な運動が続けられてきたのである。

以上のように、本特集では、「戦後」日本が享受する表面的な平和や経済的繁栄を批判し、分断線を越えて連帯をめざそうとした運動史が論じられている。各記事からは、様々な境界線を越えるには長い時間がかかること、その実践は容易ではないことを受け取らざるを得ない。だが一方で、「戦後」を通じて多くの立場からそのための努力が続けられてきたことを知り、時代を越えた共感や励ましを受け取ることができる。また、連帯へとたどり着くためのヒントも、読者ごとの問題関心から得ることができるだろう。

現在進行形の新たな侵略戦争を前に、国家という枠組みに思考が閉じそうになる現在の状況で、越境と連帯の運動史から新たな社会をつくるための手がかりとして、本特集を提示したい。

文献

デヴィッド・グレーバー（2015）木下ちがや・江上賢一郎・原民樹訳『デモクラシー・プロジェクト――オキュパイ運動・直接民主主義・集合的想像力』航思社

黒川伊織（2020）『戦争・革命の東アジアと日本のコミュニスト――１９２０―１９７０年』有志舎

田中ひかる編著（2018）『社会運動のグローバル・ヒストリー――共鳴する人と思想』ミネルヴァ書房

西川長夫・大野光明・番匠健一編著（2014）『戦後史再考――「歴史の裂け目」をとらえる』平凡社

萩原晋太郎（1969）『日本アナキズム労働運動史』現代思潮社

毛利義孝（2003）『文化＝政治――グローバリゼーション時代の空間叛乱』月曜社

屋嘉比収（2009）『沖縄戦、米軍占領史を学びなおす――記憶をいかに継承するか』世織書房

Katsiaficas, George (2018) *The Global Imagination of 1968: Revolution and Counterrevolution*. Oakland, CA: PM Press.

Keck, M. E. and K. Sikkink (1988) *Activists beyond Borders: Advocacy Networks in International Politics*. Ithaka: Cornell University Press.

【特集　越境と連帯】

アメリカ人留学生のベトナム反戦運動
――太平洋を横断する運動空間のなかの沖縄

大野　光明

コザのPCS事務所兼住居にて（1971年2月。撮影者不明。エド・キンチリー私蔵・提供）

1　一枚の写真

一枚の写真がある。撮影されたのは一九七一年二月、場所は日本「復帰」直前の沖縄・コザである。アパートの二階のベランダに並んだ白人の男女六人。いずれもアメリカ合衆国（以下、アメリカ）からやってきた二〇代前半の若者たちだった。六人はそれぞれ異なる経緯で日本を訪れ、ベトナム反戦運動に参加することとなり、沖縄にたどり着いた。明るい日差しに照らされ、六人とも穏やかな笑みを浮かべている。沖縄で始まった新たな生活と活動を祝福しあっているかのようだ。

中央の女性、バーバラ・バイの持つプラカードには“Center for Constitutional Rights Far Eastern Branch”と手書きされている。センター・フォー・コンスティテューショナル・ライツ（CCR: Center for Constitutional Rights）はニューヨークに本部を置く左派の法律家・活動家グループである。ＣＣＲは、岩国基地を脱走したことで営倉に拘禁され、その後営倉で起きた四〇名以上の兵士による営倉占拠に加わったことで脱走と暴動の罪で起訴された兵士ノーム・ユーイングの弁護を担当した。岩国に派遣されたのは、まだ弁護士経験の浅いマーク・アムステルダム（写真左端）とキャロル・デュデック（同右端）の夫婦だった。二人は岩国で活動したあと、一九七一年二月頃、沖縄に常駐を始めた。

この写真に写っている六人のなかで、ＣＣＲから派遣されたのはマークとキャロルの二人のみである。残りの四人のうち三人は、アメリカのカリフォルニア州・サンフランシスコを拠点とする反戦運動グループ、パシフィック・カウンセリング・サーヴィス（PCS: Pacific Counseling Service）の活動家であった。

ＰＣＳは一九六九年三月、カリフォルニア州モントレーに設立された兵士運動の支援団体である。アメリカでは六七年後半からベトナム戦争不支持の世論が高まり、反戦運動は急拡大していったが、その動きを牽引した動きのひとつが兵士による反戦運動だった。無許可離隊、脱走、部隊への抗命、地下新聞の発行、コーヒー・ハウスの設立などのさまざまな方法がとられ、七〇年から七二年初頭にかけて運動は隆盛を極めた。その動きは米本国だけでなく、兵士と部隊の移動とともに海外駐留拠点へも波及した。なかでも日本は国外最大の運動拠点のひとつとなった。

ＰＣＳはアメリカ西海岸での運動を経て、一九七〇年春に太平洋を越えて日本での活動を始めた。ＰＣＳは同年末には沖縄でも活動を始め、ＣＣＲと連携し、沖縄に滞在している兵士と共に反戦・反軍運動に取り組んだ（イークス・大西・大野 2021; 大野 2019; 本野 1998）。これまでの筆者の調査では、ＰＣＳが七六年末まで沖縄で事務所を維持し運動をつづけたことがわかっている。その運動は反戦や反軍事主義にとどまらず、軍隊を支えるセクシズムやレイシズム、そして資本主義や帝国主義への批判を沖縄でねりあげていくものだった（大野 2019）。

このＰＣＳとＣＣＲを沖縄に結びつけたのはディアン・ダースト（通称アニー。写真左から二人目）である。アニーはサクラメント州立大学の学生で、台湾留学後の一九六九年八月から日本に滞在した。パートナーのヤン・イークスとともに、日本と沖縄にいる米兵の運動の組織化と地元住民との連携を図ろうと奔走した。

アニーとヤンは日本と沖縄における兵士運動のポテンシャルの高さを認識し、また自らの運動と生活をつづける資金を必要としたことから、アメリカ国内のさまざまな運動団体に支援を求めた。その結果、七〇年春、ＰＣＳが東京に活動家を派遣し、同年六月には正式に事務所を開設する。事務所は神楽坂にある「ベトナムに平和を！市民連合」（べ平連）の事務所内におかれ、シドニー・ピーターマン（通称シッド）が赴任した。シッドは七二年二月に離日するまでの約二年弱、べ平連と連携し、東京を中心に兵士への支援を行うとともに、岩国、沖縄、横須賀、横田、三沢などの米軍駐留拠点へＰＣＳの運動を広げていった。

この写真中央のバーバラ・バイは、一九七〇年七月にPCSから日本へ派遣され、岩国での活動の立ち上げに尽力した。バーバラは日本の観光ビザ（六〇日間）の期限切れに伴い出国したあと、羽田空港で再入国を試みるも入管から拒否され、空港ホテルに数ヵ月にわたって軟禁された。そして、翌年二月、日本滞在をあきらめ沖縄へと向かったのである。バーバラのような活動家にとって、米国統治下にあった沖縄には、皮肉にも入域と活動の「自由」が保障されていたのだ。

そして、写真中央の男性、ピーター・マキネスとその右の女性、ルース・テベッツはともに早稲田大学で学ぶ留学生であった。PCSのシッドと東京で出会い、その運動に共感し、沖縄でPCSの運動を立ち上げるためにやってきた。

こうして一九七〇年末から七一年はじめにかけて、PCSとCCRは沖縄での活動を始動させる。この写真がとらえていたのはその歴史的な瞬間である。

本稿は沖縄においてPCSが立ち上げられていく過程を追うものだ。具体的には一九七〇年から七一年前半の約一年半を対象に、PCSの立ち上げに大きな役割を果たした三名の留学生（前述のルースとピーター、そして写真には写っていないエド・キンチリー）の経験に焦点をあてる。なぜ、そして、どのように留学生は日本と沖縄での反戦運動に、なかでも米兵の運動に関わることになったのか。どのような方法で活動は組みたてられたのか。本稿では当事者への聞き取り調査の結果(1)と残された資料(2)を用いながら、これらの問いに答えていきたい。

この歴史の掘り起こし作業によってみえてくるのは、運動の諸潮流が国境を越えて沖縄で交差し、合流していく姿である。沖縄、日本、アメリカの社会的な変動、それと連動した運動や思想の越境と共鳴、それらが織りなす太平洋を横断する運動空間が浮かび上がる。冷戦体制下の軍事主義に亀裂をつくりだした、人びと（ピープル）のつながりの歴史をみていきたい。

2　留学生と日本社会

早稲田大学でのジャパン・プログラム

エド・キンチリーとルース・テベッツは早稲田大学とアメリカの五大湖私立大学連盟（GLCA: Great Lake College Association）が共同で提供する留学プログラム「ジャパン・プログラム」（Japan Program）に参加していた。まず、このプログラムがどのようなものだったのかをみていこう。

ジャパン・プログラムの設立を先導し、牽引したのは日本史学者のジャクソン・ベイリーであった。ベイリーは一九二五年生まれ、アジア・太平洋戦争後にGHQの日本占領業務に従事した後、日本語と日本史の研究を進めた。進学したハーバード大学では、後に駐日アメリカ大使を務めるエドウィン・ライシャワーに師事し、西園寺公望に関する論文により博士号を取得している。ベイリーは敬虔なクエーカーでもあった。クエーカーとはプロテスタントの一派で、すべての人の平等を強調し、戦争不支持と平和主義の立場を重視している（ダンデライオン 2018）。五九年、ベイリーはクエーカーによりインディアナ州に創設されたアーラム大学に着任した。当時、アーラム大学はアメリカ国内で日本研究を牽引する大学のひとつであった。

アメリカでは一九五〇年代以降のアジア研究の活発化とともに、それまで行われてきたヨーロッパの大学との教育・研究交流をアジアへと拡大していく機運が生まれていた。六一年、ベイリーは早稲田大学に対しGLCA学生の受け入れを打診した。彼はその行動力と人脈によって早稲田大学総長・大濱信泉などを動かし、六三〜六四年度からのアーラム、アンティオーク両大学の学生受け入れに関する協定締結を実現させる。早稲田大学はプログラムの運営のため六三年四月に国際部を開設した。国際部は早稲田大学とGLCA協定校とのあいだのプログラムの調整、授業の運営、留学中の学生たちの日常生活の支援などを担うこととなった（早稲田大学 2013; 早稲田大学大学史編集所編 1997: 第五章）。参加校はその後拡大し(3)、GLCA側ではアーラム大学がプログラム運営責任校となった。

一九六八年に発行されていた日本語版のプログラム・パンフレットには、このプログラムの趣旨が「異なった文化の中で生きた体験をすることにより　自国の殻を破り　偏見にとらわれず　視野を拡げる機会を若い世代に与えること」と書かれている（早稲田大学 2013: 292）。学生たちが「自分の国を外側から見　自分の国について他の国の人々と話しあうこと」を通じて、「日本に対する深い愛情と理解」を深め、「自分を　自分の国をそして隣人を　隣国を正しい理解をもって生きようとする姿勢に　明日の平和を期待する」のだとも記されていた（同）。

プログラムの内容としては、まず、学生たちは日本へ出発する前に集中的な日本語学習の機会をもった(4)。学生は七月に来日し、東京で数日間のオリエンテーションを受け、新潟県妙高山の麓にある池の平での計一ヵ月間の日本語合宿、約二週間の農家生活実習(5)、そして個人旅行など二ヵ月間のサマープログラムを経験した。

そして、サマー・プログラムの後、学生は早稲田での2セメスターの課程学修を始めた。早稲田大学だけでなく、慶應大学、国際基督教大学、上智大学、国学院大学などから講師が集められ、日本の歴史・政治・経済・教育・文学・芸術など多岐にわたる講座がすべて英語で行われた（池田 2013: 22）。また、ジャパン・プログラムにはインディペンデント・スタディというユニークな制度が設けられている。国際部の教員をつとめた中原道子は当時のプログラムを次のように振り返っている。

> GLCAの要請で創設されたものにIndependent Studyがあった。冬学期、指導者のもとで、独立して研究を行いその成果を論文や作品として提出する。陶芸、墨絵、琴、仏像彫刻、座禅等々。「指導教師」を探すのに四苦八苦した。印象に残っているIndependent Studyがいくつかあった。山岸会という私有財産を否定するコンミューンに住みこんで、そのレポートを提出した女子学生がいた。また、ある学生は

「禅」の修行をしたい、どうしても永平寺でやりたいというので、苦労して永平寺に預けた。三日ほどして迎えにきてくれと泣きそうな声で電話があり救出に駆けつけた。（中原 2013: 24）

留学生自身がインディペンデント・スタディの内容を提案し、国際部がそれに応える現場を見つけ、用意した。一九六六〜六七年度の留学生ビヴァリー・ナカムラは次のように述懐している。

私が一番興味を持ったのは学問的なことではなく、新しくわくわくする多様な経験ができたことであった。山の中の孤児院でクエーカー教徒のフレンズ国際ワークキャンプに参加、また山谷ドヤ街でＳＣＩ（サービス・シビル・インターナショナル）のプロジェクトと携わるなど、考え方を変えさせる様な勉強になる経験ばかりだった。（Nakamura 2013: 49）

ジャパン・プログラムは東京の寄せ場である山谷や山岸会のような運動とも接点をもっていた。後述するようにルースはインディペンデント・スタディを利用し、沖縄に渡ることになる。このような魅力的なプログラムを運営したのは、ＧＬＣＡ加盟校から選ばれ同伴してくる教員（Resident Director）と早稲田大学国際部に在籍するＧＬＣＡ職員（Program Associate）だった。職員には一九六三〜六七年に掛川（三島）恭子が、六七〜七一年に山鹿順子が就いた。興味深いのは、掛川と山鹿が米軍脱走兵を匿い、国外脱出させる地下活動を行うジャテック（JATEC：Japanese Technical Committee for Assistance to U.S. Anti-War Deserters）に参加していたことである。掛川は鶴見良行と友人であったことからジャテックに関わり、一九七〇年夏に夫の転勤に伴い広島へ転居する際、後任の山鹿をジャテックの「ミッション」に引き入れた（掛川 1998; 山鹿 2016）。二人の存在は留学生の一部がベトナム反戦運動に参加することを認めるような雰囲気や環境をつくる、ひとつの背景となったのではないかと思われる。

留学生を迎え入れたキャンパスと東京

留学生の運動参加の背景には、留学生を迎え入れたキャンパスと東京の状況もある。ジャパン・プログラムの授業は早稲田キャンパスで行われてきた。だが、一九六九〜七〇年度の留学生はキャンパスの外にあるルーテル教会で授業を受けたという。「激しくなるデモ活動によってキャンパスは五ヵ月閉鎖されていた」ためだった（Pruden 2013: 53）。東京都心部のキャンパスには熱量を帯びる学生運動、バリケード、乱立する立て看板などが広がっていた。それらは留学生たちをさまざまなかたちで触発したが、受け止め方はさまざまだった。「単純に六〇年代の〔アメリカ国内の〕騒ぎから離れたいため日本へ来た」にもかかわらず、「日本に来ても騒ぎからは逃れることが出来なかった」ことを残念がる学生もいた（同）。その一方で、日本での「騒ぎ」に積極的に参加する学生もいたのである。
ベトナム反戦運動は一九六七年後半以降、戦争の泥沼化とともに太平洋をはさんだアメリカと日本で同時に大きな成長をとげていた。アメリカでは、六八年のテト攻勢による戦況の悪化や財政状況の悪化などを契機として、反戦世論は急拡大し、既存のリベラル派諸団体に加え、宗教組織、ニューレフトのグループ、帰還兵などが連合しつつ、運動を拡大していった（油井 2019: 第Ⅳ章）。日本では六八年の佐世保エンタープライズ入港阻止闘争、佐藤栄作首相の南ベトナム訪問阻止のための羽田闘争、東京・王子での米軍野戦病院建設反対闘争などの諸闘争が盛り上がりをみせた。
このような社会的な変動のなか、留学生の政治的な意識や行動も変わっていった。山鹿は次のように書いている。

最初の年の学生の多くは「ベトナム戦争は民主主義を守るための聖戦だ」という教科書的考えで、日本の学生がアメリカを帝国主義と非難することに攻撃的に反発した。それが次の年の学生になると内向的になり自国に対して防衛的になった。三年目の学生の場合はちょうどオハイオ州立ケント大学の学生四人が州兵に射殺されたという事件があり、国際部の学生は連帯の抗議行動として授業のボイコットを企画した。最後の年の学生にいたっては日本国内の米軍基地でGI運動に関わるものもいた。少し類型化し過ぎかもしれないが、日本にいながらアメリカ本国の変化が分かるような気がしたものだ。このような学生との関わりは、私自身の学びの場、成長の場となった。（山鹿 2013: 61）

留学生は日本滞在中、ホームステイを基本としていたが、ベトナム戦争はステイ先の家族との会話の話題にもなっていた。

ことばはもんだいでしたが　ときどきおにいさんとベトナムせんそうやこくじんもんだいやほかのアメリカのもんだいについていい会話をしました。おわった時みんなつかれましたがたいへんうれしくおもいました。（パット［1968］2013: 294）

そして、ジャパン・プログラムの学生たちのなかから、東京での反戦運動や学生運動に関心をもち、参加する者が生まれていく。

六三年の南ベトナム解放民族戦線への米国の軍事介入以来、国際部の中にもベトナム反戦運動に関心を持つ学生がいた。また、誕生日によっては徴兵される学生もでてくるようになった。学生の一人に、ベトナム戦争に行く理由がどうしても納得がゆかなかった学生がいた。ベトナムが米国に何をしたというのだ、彼らが社会主義を選ぶのは、彼らの自由だ。自分にはベトナム人を殺す理由がないと。彼は、悩みに悩んで、徴兵を拒否して、出家して僧侶になった。（中原 2013: 24）

だが、GLCA教員は学生に対して日本の政治活動に参加しないよう注意喚起を行っていた。一九七〇年七月に来日したエド・キンチリーによれば、教員は学生の運動参加に非常にナーバスになっていた。その理由は、前年度の留学生が早稲田大学の学生セクトに参加したことで国外退去処分となったためだった。その一方で、教員のうち一名は「良いクエーカー教徒で、リベラルで、反戦的な人物」でもあった。職員だけでなく、教員のなかにも学生の反戦の意思に共鳴し、一定の運動参加を黙認する者もいたのである（E）。

以上のようなGLCAジャパン・プログラムの特徴と留学生をとりまく環境は、冷戦体制の裂け目のようなものだ。アメリカの大学による国際的な教育・研究の交流は冷戦下の国家的な文化戦略や外交戦略と無縁ではなかったはずである。GLCAの掲げていた「明日の平和」も冷戦という文脈のなかで多義的な意味をもっていたと思われる。そのプログラムのなかから、「平和」を問い直し、ベトナム戦争と沖縄の軍事占領に抵抗する動きが生まれてくる。冷戦によって促されたアメリカから日本への学生の移動は、その体制を内破する動きを日本と沖縄の人びとと共に生みだしていくのである(6)。

3　来日までのライフヒストリー

ここから本稿冒頭で紹介したルース、エド、ピーターが沖縄へと向かう軌跡を追っていきたい。まず三人の来日までのライフヒストリーを、本稿の目的に則して簡単に紹介する。

ルース・テベッツ（R）

ルース・テベッツ（現姓・ブルソー）は一九四九年にメイン州に生まれた。両親は共和党に投票する政治的には保守であったが、その一方で、社会的な問題には積極的に関わっていた。たとえば、両親は幼少期のルースを全米黒人地位向上協会の運動に参加させ、黒人の権利保障を支援する活動を経験させた。この経験はその後のルースにとって、抑圧された人びとと共にあるべきであり、人びとの諸権利の獲得を支援したいという意識をもつ基礎となった。

ルースの人生の大きな転機となったのは、一〇歳から一一歳にかけて、すなわち一九六〇～六一年の一年半、父の転勤に伴い家族そろって東京で生活したことだった。居所は都心の港区白金三光町（現在の高輪、白金、白金台のあたり）だった。この一年間は文字通り彼女の人生を変える経験となった。メイン州の人口約200人の町で育った地方出身者であるルースにとって、東京は身近にはなかった映画館やスーパーマーケットなどがある都会で、エキサイティングな場所だった。近所の子とも友だちになり、日本語も少し学ぶことができた。そして、日本を好きになった。この経験から、彼女は大学進学を検討する際、日本に戻り日本を学びたいという希望を明確にもった。

高校時代のルースは政治的運動に参加したり、それを自らつくることはしなかった。だが、高校のキャンパスでは「文化的闘争」が始まっており、女性はスカート着用が基本、男性は耳より長い髪は禁止といった校則に疑問を呈し、反抗する学生たちがいた。ルースも校則問題について学生どうしで話し合ったり、教師に対し直接意見をぶつけるという経験をもった。

一九六八年、ルースはアンティオーク大学に入学する。彼女はノーマン・メイラーなどの本を読むこと、そして文学への関心が高かったことから、英文学専攻を選択した。彼女を政治的な活動へと促したのはこの大学での生活だった。アンティオーク大学は政治的にリベラルな大学であり、高校教師から「あなたに適した大学だ」と紹介を受け、進学を決めたという。マーティン・ルーサー・キング牧師のパートナー、コレッタ・スコット・キングの出身校としても知られているが、黒人学生の割合はとても少なく、5％程度であったという。

アンティオーク大学はユニークなカリキュラムをもっていた。在学中、三ヵ月ごとにキャンパスの内と外での学習を交互にくりかえす五年間のカリキュラムが組まれていたのである。キャンパス外のプログラムではさまざまな社会問題の現場に行き、活動に参加し、レポートを書くことが求められた。

学生がキャンパスの内外を行き来するため、恒常的な学生運動の組織化が難しい環境にあった。それでも、たとえば、学生のドミトリーの清掃や食事サービスに従事する黒人や白人貧困層の労働者を支援するストライキが起き、ルースも参加している。そして、ルースをふくむ多くの学生の政治的関心はベトナム戦争に集まっていった。ルースはベトナム反戦運動が「私のアイデンティティの大部分だった」と語る。

日本出発前の一九七〇年四月、米軍のカンボジア侵攻が起きた。カンボジア侵攻後、ワシントンDCで行われたデモに、アーラム大学で日本語学習中のジャパン・プログラム参加学生の多くと共に参加した。この体験によって「米国内から［状況を］変えるべきだと思い、米国を去るべきか否かについて真剣に悩んだ」という。しかし、彼女の決断は日本に留学し、そこから「米国を変え、戦争を止めるためにできることをやっていく」というものだった。こうして七〇年七月頃、ルースは来日する。

彼女の同期の留学生には、次に紹介するエド・キンチリーがいた。

エド・キンチリー（E）

エド・キンチリーは一九四九年にニュージャージー州の北東部ハッケンサックに生まれた。三歳でハッケンサックからほど近いリッジウッドへ転居し、高校まで過ごしている。この街の住民は中産階級とアッパーミドル層が中心であった。彼の通った高校では黒人学生数は少なく、その割合は生徒の5％程度、わずかなカリブ系の学生もいたものの、ほとんどが白人だった。

一九六七年に高校を卒業後、教会の交換留学プログラムでニュージーランドに一年間滞在した。ニュージーランドからの帰路、同じプログラムでインドネシア、韓国、日本に留学中の学生が東京に集められ、会議が行われた。東京に滞在したのは一週間弱、会議つづきのため自由行動はほとんどできなかったが、それでもわずかな時間、彼は東京の街を歩いた。その風景はエドをひきつけた。エドはニュージーランドが米国と変わらない「西洋」という印象をもったのに対して、日本はまったく異なる場所だと感じ、強い関心をもつようになった。この経験から、彼は大学では日本研究を深めたいと考えたという。また、一度日本を訪問していたことは、のちに日本へ留学する大きなきっかけとなった。

エドは一九六八年、アーラム大学に入学する。アーラム大学は前述のとおりインディアナ州にあるクエーカーの大学であり、米国内の優れた日本研究拠点のひとつだった。エド本人と両親はクエーカーではない。エドがこの大学を進学先に選んだ理由のひとつは、日本についての研究ができる点だった。

男性であるエドは、一八歳を迎えた高校の最終年に徴兵登録の対象となった。当時は抽選制で入隊者を選ぶ制度がしかれていたが、エドは幸運にも抽選で外れた。友人のなかには抽選に当たり入隊対象者となり、兵役拒否運動に参加する者もいた。ベトナム戦争と軍隊はエドにとって身近なものだったのである。彼だけでなく同世代の男性にとって、軍隊にとられる可能性は反戦運動に参加する大きなきっかけとなった。

エドが政治的活動に積極的に参加するようになったのは大学二年になってからだった。ワシントンＤＣでの反戦デモにさまざまな大学の学生たちと共に参加したという。ワシントン行きを組織したのは、良心的兵役拒否を模索していた学生だった。

また、日本留学直前の一九七〇年五月、ケント州立大学で州兵が反戦デモに向け発砲し、四人の学生が殺害される事件が起きた。六九年一月のニクソン政権の発足、ベトナムからの米軍の部分的撤退、和平交渉の開始などを背景に、米国内の反戦運動が一時的に停滞していたなか、この事件とカンボジア侵攻は反戦運動を再活性化させた。エドにとって、ケント州立大学は隣の州にあったこともあり、この事件から大きな衝撃を受けた。この衝撃は彼の運動参加の動機のひとつとなった。

ピーター・マキネス（Ｐ）

ピーター・マキネスは一九四八年五月に中国の福州に生まれた。一九二〇年生まれの父は一九歳の時、中国の私立中学校で英語の教師として一年間を過ごした。日本軍による攻撃開始によって、父はアメリカへの帰国を余儀なくされ、徴兵後、中国に赴任する。戦後、父が家族とともに福州のキリスト教系の学校に赴任した際、現地でピーターは生まれた。その後、中華人民共和国の成立によって、一家はアメリカへの帰国を強いられた。帰国後、父はメソジスト教会の牧師となり、台湾の台中へと家族と共に赴任した。ピーターは五歳から一六歳までの約一一年間を台湾で暮らすことになる。この経験から、彼は東アジア研究を志し、一九六七年プリンストン大学に入学した。

しかし、彼はプリンストン大学での東アジア研究が保守的なプログラムであり、現代的な問題を積極的に扱わないことに大きく失望した。また、六八年夏にはスタンフォード大学で開かれた中国語に関するサマースクールに参加した際、スタンフォード大学での反戦運動とサンフランシスコ湾岸地域の政治運動や文化運動の盛り上がりを目の当たりにし、強い影響を受けた。彼は毛沢東など現代中国に関する本を読み始め、最新のアジアの政治状況に関する情報にも触れ、政治的な意識を深めるようになっていく。そして、ふたたび東アジアを訪れたいと思うようになった。だが、アメリカと中国とのあいだには国交がなく、未知の日本への留学を考えるようになる。中国や台湾での経験をもつ父親とは異なる、自分だけの経験をしたいという思いもあったという。

そして、六九年、ピーターは日本での留学生活を始めた。ルースとエドとは異なり、彼は私費での語学留学であった。彼は教会のつながりから、東京・六本木にある日本語学校に入学した。アルバイトで英語を教え、生活費を工面しながら、来日当初は風呂なし、トイレ共同の安アパートに暮らした。東京で知り合った数歳年上の日本人の友人を通じて、反安保のデモや反戦運動にも参加をしたという。一九七〇年の初夏に一度帰国した後、同年秋から再来日し、早稲田大学国際部のプログラムの受講を始めた。ここで同時期にアメリカから渡ってきたルースやエドと出会うことになる。

以上が三人の来日までの簡単なライフヒストリーである。ここで三人の共通点に気づく。

ひとつは東アジアでの生活や滞在の経験である。ルースとエドは東京、ピーターは台湾での経験があった。「西洋」とは異なる「東洋」への関心は三人共通のものであった。その関心は個人的なものでありながら、冷戦という構造にも規定されていた。三人とその家族の渡航先はアメリカと国交のある国々に限定され、東西冷戦の境界線の向こう側の世界は基本的に遮られていた。だが、ピーターが毛沢東に影響を受けたように、留学生たちは境界線の向こう側や第三世界の革命運動、脱植民地化の動きへの関心をもっていた。その問題関心が彼らの日本行きを下支えしていたといえる。

ふたつめには日本留学までに社会運動を経験していたことだ。ベトナム反戦は三人に共通する経験であった。アメリカ国内で反戦世論が形成され、活発化する時期に、三人は政治的意識を形成した。また、ブラックパワー運動や女性解放運動にも触れている。GLCAは留学生の「日本の政治活動」への参加を止めようとしたが、留学生にとってベトナム戦争は「アメリカの政治」であり、運動参加をやめることはなかった（E）。日本と沖縄には「アメリカの政治」が広がっていたのである。

4　ベ平連、ジャテック、PCS、そして留学生の合流

留学生にとってのベトナム戦争とベ平連

ここから留学生たちが日本の反戦運動とどのように合流していったのかをみていきたい。

まず、三人がベ平連およびPCSと接点をもつに至った過程についてである。残念ながらエド、ルース、ピーターともに記憶があいまいで、詳しくは覚えていないという。エドとルースは国際部職員の山鹿からの支援や紹介があったのではないかと語った。山鹿に確認したところ、そのような記憶はないが、彼らの前年度の留学生がすでにベ平連のデモや脱走兵支援の活動に参加していたという(7)。また、エドは実践的な日本語力を高めたいと思い、左派の学生を紹介してほしいと山鹿に相談したことがあった。山鹿からある学生の紹介を受け、その学生とはその後も友人関係がつづいた。ルースやピーターも学生を通じて東京でのベトナム反戦デモや沖縄「返還」政策に関する抗議デモに参加していた。このように早稲田大学のキャンパスを通じて、留学生は日本の反戦運動との接点を得ていたのである。留学生とベ平連、そしてPCSとが出会ったのはごく自然な流れだった(E、P、R)。

前述のとおり三人はベトナム戦争へ強い関心をもった上で来日していたが、彼らには共通する戦争への理解があった。ひとつは、この戦争が他国への不当な干渉であるということ。もうひとつは、この戦争は単なる軍事的対立ではなく、アメリカ帝国主義による戦争であるという理解である。彼らは戦争を望んでいるのは「支配エリート」のみであり、多くの人びとはベトナム国内に米軍がいることをまったく望んでいないと考えていた(E、R)。ここでいう人びと(people)とは、ベトナムの人びとだけでなく、アメリカ政府によって戦地に送り込まれる兵士と戦争に反対しているアメリカの市民も含まれる。

ベ平連とPCSは留学生の反戦の意思と行動の受け皿となった。一九七〇年の秋、すなわち早稲田での生活が始まってまもなく、エドとルースはベ平連、特に在日外国人が一九六九年に結成した「外人ベ平連」の運動に関わり始める。外人ベ平連は定期的なミーティングを神楽坂のベ平連事務所内で開き、早稲田の留学生もその集まりに加わった。事務所は早稲田大学から徒歩20分ほどの距離にあり、ルースのホームステイ先からは徒歩5分ほどだった。事務所では英語を母語とする外人ベ平連のメンバー、英語が堪能な吉川勇一や鶴見良行、武藤一羊などの日本人活動家、そしてPCSのシッドがおり、英語での情報や意見の交換が可能だった(8)(E、R)。

また、ベ平連運動のスタイルは留学生にとって重要であった。ルースによれば、そのスタイルは彼女にとても快適で、よくフィットした。早稲田大学で出会った学生セクトとは異なり、ベ平連は教条的でなく、自らに近い気風を感じたという(R)。

こうしてエドとルースはベ平連の諸グループとの交流を重ねながら、横須賀と横田の米軍基地周辺での英文ビラの配布活動に加わるようになった。エドは兵士の考え方に影響を与え、戦争に参加すべきではないと訴えたいと考えていた。配布したのはどこかよそで発行された反戦兵士新聞で、兵士の諸権利に関するカウンセリングサービスを受けられることなどを伝えていたのではないか、とルースは記憶している(E、R)。

また、ルースは行動を共にした遠藤洋一など同世代の若いベ平連活動家のことをよく覚えている。横田基地近くの福生に設けられた活動と生活の拠点で、日本の活動家がふるまってくれた料理がとても美味しかったという（R）。同世代の日本の若者とのなにげない交流も、留学生の運動参加を支えていた。

転換期としての一九七〇年

一九七〇年秋、エド、ピーター、ルースはＰＣＳのシッドと出会った。当時、日本における米軍兵士を支援する運動は転換期を過ぎて、新たなフェーズに入っていた。このことが留学生とＰＣＳとの出会いの背景となっている。以下、この経過を簡単にまとめよう。

ベ平連は一九六六年から日本にいる米兵に対して脱走や軍隊への抵抗の呼びかけを始めた。その端緒は同年一二月、横須賀の米軍基地のそばで行われた英文チラシの配布であった。67年10月28日には横須賀に停泊中の米軍空母イントレピッド号から四名の水兵が部隊を離れ、ベ平連に保護を求めた。ベ平連は彼らを匿い、ソ連経由でスウェーデンへの脱走を成功させる。その後、次々に現れた脱走兵の援助を目的にジャテックがつくられた。

翌年一一月、スパイ侵入によって脱走兵が逮捕されるとともに、経由国であったソ連政府から「空軍のパイロットあるいは原子力潜水艦の乗組員以外の脱走兵について、協力することはできない」との態度表明がなされた（ながた 1998: 384）。これにより脱走ルートが閉じられ、ジャテックは運動方針の転換を迫られた。新たな方針は、脱走しか選択肢がなく、脱走の強い意志をもつ兵士のみを匿い、新たな国外脱出方法を模索しつつ、帰隊可能な兵士には軍隊内での抵抗と合法的除隊のための支援を行うというものだった。この新たな方針は一九六八年末から七〇年五月にかけてさまざまな議論を経て、形づくられていった（高橋 1998; 本野 1998）。

この方針転換に影響を与えたのは、米兵の抵抗運動の成長とそれを支援するアメリカ人などの外国人活動家の存在である。

日本における米兵の運動は一九六九年頃から活発となり、組織化されていった。朝霞基地では六九年一一月に兵士による反戦新聞『Kill for Peace』が創刊され、米軍朝霞基地撤去を求める市民運動「大泉市民の集い」との共闘が進んでいく（「大泉市民の集い」30年の会編 1998: 249-56）。岩国では七〇年一月に反戦新聞『Semper Fi』が創刊され、前述のとおり七月には営倉内反乱が起き、ベ平連やヤン・イークス（後述）、ＣＣＲなどの支援による裁判闘争がつづいた（イークス・小野 1973）。

この動きに影響を与え、支えたのは基地の外側の運動だった。特に、六九年八月、サクラメント州立大学の学生であり兵役拒否運動の経験をもつヤン・イークスと同大学で「民主社会のための学生連合」（SDS: the Students for a Democratic Society）の運動などに参加していたアニー・ダースト（冒頭の写真左から二人目）の来日は大きなポイントとなった。二人は兵士運動の組織化を進め、日本の運動とのつながりをつくった。日本初と言われる反戦兵士新聞『We Got the brASS』の発行、「大泉市民の集い」による兵士向け反戦放送への参加、沖縄や岩国での兵士の支援や拠点づくりなど、その活動は多岐にわたっている（詳しくはイークス・小野 1973; イークス・大西・大野 2021 を参照）。

アニーとヤンの努力によって、七〇年春にPCSは東京で活動を開始した。兵士の運動を組織的にサポートする体制が整備されていったのである。PCSのシッドは当時四〇代、留学生からは年上で、人びとにどのようにはたらきかけるべきか、どのように運動をつくればよいのかを熟知した、良きオーガナイザーだった。前述の掛川は「人柄、牧師の服装、ひげ、それに悠然とした物腰で、日本人からも米兵からも深い信頼をえていた」と記している（掛川 1998: 172）。

留学生たちはシッドからPCSの運動に加わるよう呼びかけられた。ルースは「シッドは信頼できる人物だ」と感じた（R）。そして、ルースはシッドから沖縄で兵士向けの反戦新聞をつくること、新聞づくりに興味をもつ兵士を探すこと、また、離隊を望む多くの兵士に働きかけることを提案されたという。ルースはその提案を「これはおもしろい。自分がやりたかった反戦運動とマッチしている」と受けとめた。そこで彼女は一九七〇年末から三ヵ月間のインディペンデント・スタディの現場として沖縄を選んだ。そのためには早稲田大学とGLCAの正規プログラムとして承認を得る必要があった。彼女は山鹿に相談した。山鹿によれば、GLCAの教員二人と、ルースとシッドによる四者面談を経て正式に承認され、沖縄行きが決定した（山鹿インタビュー）。なお、ルースによれば沖縄での活動は無事に単位認定されたという（R）。

以上のように、一九七〇年の春から秋にかけて、ジャテックの方針転換、兵士運動の成長と拡大、そして、日本に渡ってきたアメリカ人反戦活動家や留学生とが合流し、共闘を形成したのである。

5 パワー・トゥー・ザ・ピープル――沖縄におけるPCS

リレーされる運動

ルースとエドは東京から船で沖縄に渡った。二人が沖縄に船で到着したのは70年12月18日頃のことだった(9)。

ルースとエドが到着したとき、すでに彼らの滞在先であり活動拠点となるアパートの一室は用意されていた。また、二人の活動に興味を示す兵士や運動を始めていた兵士、たとえばブラックパンサー党のようなラディカルな思想をもつ兵士との出会いもスムーズにつくられた（E）。二人はこのようなスムーズな展開を、それよりも前に沖縄に滞在していたアニーとヤンの活動の成果だと受けとめている（E、R）。

アニーとヤンは一九七〇年六月から沖縄島中部、嘉手納基地のあるコザで活動を始め、兵士運動の組織化を進めた。そのなかで、沖縄中部地区反戦青年委員会（中部地区反戦）(10)や沖縄ヤングべ平連などの若者のグループとつながりを深めていた。同年九月に行われた全沖縄軍労働者組合（全軍労）のストライキでは、アニーは嘉手納基地第二ゲートに労働者が張ったピケに参加し、米兵へストライキ支持を呼びかけるなど、兵士と沖縄の運動との橋渡しにも取り組んでいた。また、同年一〇月には嘉手納基地所属の黒人兵による反戦兵士新聞『Demand for Freedom』が創刊されている。黒人兵が記事を書き、ヤンとアニーが編集を支援し、印刷を沖縄教職員会中頭支部事務所で行うという共同作業で発行、配布された（ダーストインタビュー）。二人の活動の蓄積がPCSの運動へとつながった。

エドとルースに用意されていた部屋はアパートの二階にあった。場所は胡屋十字路から嘉手納基地を背にして東へ直進し、現在の沖縄市立コザ中学校の手前を右折、数ブロック進んだ住宅街の中である。嘉手納基地第二ゲートまでは徒歩20分ほど、ゲート前の歓楽街までは10分もあれば着く好立地である。部屋にはキッチンと畳敷のリビングがあり、留学生は寝袋で雑魚寝した。部屋にはベランダがあり、本稿冒頭の写真はそこで撮られたものだった（E、R）(11)。

沖縄に到着したその日または翌日に、エドは現地の集会とデモに参加している（E）。12月19日午後に美里村美里中学校を会場に約一万人が参加して行われた、米軍の毒ガス即時完全撤去を要求する県民大会とデモである。六九年七月に米軍知花弾薬庫で毒ガス漏れ事故が発生し、致死性の高いVXガスやサリンなどの貯蔵が明らかとなった。これに対し、大衆的な撤去要求が広がっていた。大会後、毒ガスの管理部隊である第２６７化学中隊のゲートまでデモが行われたが、一部が基地内に突入するなど荒れた展開となった（高嶺 1984: 49）。

そして、この日の晩（12月20日未明）、いわゆる「コザ暴動」が起きた。米兵の起こした沖縄住民に対する人身事故と米軍MPによる事故処理に抗議する人びとは、MPの車両、イエローナンバーのアメリカ人車両を次々に横転させ火をつけた。また、群衆は出動したMPや部隊に石やビンを投げつづけた。その一部は嘉手納基地内へと突入し、基地内施設にも放火していく。だが、人びとは無差別な襲撃、放火、破壊をせず、暴力を意識的かつ集合的に制御し、その被害は米軍施設や車両などの物的なものがほとんどであった（高嶺 2011）。米兵相手のバーのボーイやホステスなど幅広い人びとが参加したが、指揮する代表者はいなかった。この出来事は「暴動」というよりも、「苛烈な米軍事支配体制にたいする沖縄民衆の抗議直接行動」（福木 1973: 289）や「火の海の解放区」（松村 1983: 86-9）などの言葉が適切に思える。それは自然発生的な抗議の直接行動、あるいは民衆蜂起だった。

エドは早朝に滞在先で沖縄の友人たちに叩き起こされた。彼はそのときかけられた“Kuruma, Rokujyu, Yaita!”（「車、60［台］、焼いた！」）という言葉をよく覚えている。エドは飛び起きて胡屋十字路の街路にかけつけ、そこに広がっている光景に目を奪われ、写真を撮影した。沖縄の人びとは写真を撮っている外国人に怒り、彼に向けて石を投げ始めたため、仲間たちに匿われて逃げたという（E）。

このように毒ガス撤去をめぐる抗議と「コザ暴動」という、

米軍の占領体制に対する鬱積した怒りと直接的で敵対的な直接行動のうねりのなかで、ＰＣＳの活動は始まったのである。

運動の立ち上げと全軍労ストライキ

ルースは一九七〇年一二月から約三ヵ月間、沖縄に滞在した。彼女は七一年六月頃に早稲田でのプログラムを終えた後、ふたたび数ヵ月間、沖縄で活動を行っている。エドはルースと共に沖縄に入り、一週間ほど滞在し、二月頃に再び短期間、沖縄に滞在した。ピーターは七一年二月頃から、バーバラ・バイは同年2月5日から、それぞれ七二年の「復帰」後まで活動した。さらに、ＣＣＲのマークとキャロルが到着したのも七一年に入ってまもなくだったようである。こうして、七一年初頭に多くのアメリカ人活動家がコザに集まった。ここからＰＣＳがどのように活動を始め、何に取り組んだのかをみていこう（Ｅ、Ｐ、Ｒ）[12]。

ピーターは自分たちの活動を“on the ground”（現場あるいは地べた）のものだったと強調している。それは嘉手納基地などの米兵の利用する歓楽街であるゲート通りやBC通りに出かけ、兵士と出会い、話し合い、はたらきかけることだった（Ｐ）。沖縄住民による集会やデモにも出かけ、参加者と話し合い、行動を共にした。兵士と沖縄住民との直接的なコミュニケーションがもっとも重視された。留学生は活動に必要な「日本語」を聞き、話す力をある程度身につけていた。

“On the ground”の仕事はＣＣＲの活動と対比的だが、運動の両輪をなすものだった。ＣＣＲは法的な側面から兵士を支援し、憲法等で保障される諸権利に立脚して、軍による兵士の恣意的な処分を撤回・軽減させたり、合法的な除隊手続きを進めた。ＣＣＲが関わったのは兵士とその裁判等を担当する軍所属の弁護士だった。ピーターによれば、軍所属の弁護士の多くがＣＣＲとＰＣＳの活動家と同じ若い世代だった。ＣＣＲは彼らに兵士たちがなぜ反戦の立場をとるのかを理解させ、同情や賛同を引き出すことに苦心した。ピーターは、ＣＣＲが必要とする書類作成や調べものなど補佐的な業務に取り組んだという。ＣＣＲとＰＣＳは密接かつ日常的に連携していた（Ｐ）。

だが、くりかえすが、ＰＣＳの活動の現場は街路や集会、デモだった。具体例として一九七一年に行われた全軍労ストライキをめぐる活動がある。日米両政府による沖縄「返還」合意直後に発表された基地労働者約2千人の大量解雇の発表に対し、全軍労は波状的なストライキを実施した。71年2月10～11日の第一波、3月2～3日の第二波、そして4月14～15日の第三波ストライキである。このストライキは解雇の撤回を単に求めただけでなく、「首を切るなら基地を返せ」という声に象徴されるように、基地撤去を要求するものでもあった。ストライキは同年5月19日の沖縄返還協定に反対するゼネラル・ストライキ(10万人参加)にもつながる、日米両政府の沖縄統治政策への異議申し立ての大きな流れをつくっていった。

このストライキの現場で、留学生らは兵士とのコミュニケーションのため、英文のチラシを配布した。たとえば、71年1月

『Strike News』表紙（1971年1月。ヤン・イークス私蔵・提供）

に発行された『Strike News』がある。『Strike News』は両面印刷一枚におさめられた4ページのチラシである⒀。全軍労のストライキの支持・支援を兵士たちに呼びかけるため、路上で配布された（『琉球新報』1971. 2. 1）。

その内容は次のようなものだ。2月10～11日の全軍労ストライキは、米軍による一方的な大量解雇発表に起因するものであり、このような解雇を沖縄の労働者は受け入れていない。ランパード琉球列島高等弁務官はアメリカの財政の悪化とアジアからの撤退がその理由だとしたが、沖縄の人びとはふたつの点を懸念している。ひとつは解雇に伴い削減された予算がアジア人への戦争をより効果的に継続する新たな武器に使われうること、もうひとつは米軍の部分的「撤退」が自衛隊による肩代わりにつながることだ。

こう主張した上で、このチラシは「沖縄の人びとは、抑圧されている多くのアメリカ人兵士のことを十分に理解して」おり、「私たちは共に闘うべきだ。団結すれば立ち、分裂すれば倒れる（UNITED WE STAND. DIVEDED WE FALL.）」と訴えた。そして、非組合員労働者によるスト破りの職場への勤務拒否、全軍労労働者への嫌がらせ行為の拒否、ストライキへの食料の寄付、「GIストライキセンター」を通じた金銭的支援などが呼びかけられた。また、このチラシはセンター事務所（前述）への行き方が細かく記載され、「JOIN US!!!」と来所と運動への参加が呼びかけられている。活動を始めたばかりのセンター＝PCSの事務所を兵士に紹介する意味もあったようだ。

このように「コザ暴動」とそれにつづくストライキのなか、PCSは基地のフェンスによって分離された人びとのあいだの連帯をつくろうとしたのである。

出会いなおしの場としてのストライキとピケ

ストライキ中に労働者の張ったピケは人びとの出会いなおしの現場となった。2月9日のストライキでは全軍労、沖縄県労働組合協議会、沖縄教職員会などの労働者約3千人が96ヵ所の基地のゲートでピケを張り、基地への出入りを阻止した（『琉球新報』1971. 2. 10）。全軍労は解雇撤回や合理化反対などに加え、「県民無視の返還協定反対、反戦復帰をかち取ろう」をスローガンに掲げており（『琉球新報』1971. 2. 6）、ピケによる基地機能の停止・低下は、ベトナム戦争自体を止めようとする反戦の意思の現れでもあった。だが、米軍はピケを妨害し、管理し、基地を警備するために多くの兵士を動員した。ゲート前は労働者と米兵が対立させられる現場となった。

これに対し、ルース、ピーター、アニーは嘉手納基地第三ゲートなどでのピケと集会に参加し、ポスターやチラシを兵士に配布し、米軍が設置した有刺鉄線に全軍労との連帯を訴える横断幕を掲げた。アニー、ピーター、ルースが掲げた横断幕には「彼ら［全軍労労働者］のストライキはあなた／わたしを徴兵するシステムに対するものだ」という言葉が手書きされている（写真上）。配布されたポスターは「沖縄の自由な兵士を支援するためのグループ」という名義でつくられ、「人民に権力を（パワー・トゥー・ザ・ピープル）　抑圧された兵士たちに権力を　２月10～11日ストライキ中の基地労働者に権力を」というスローガンに、ピースマークとブラック・パワーのシンボルである握り拳（ブラックパワー・サリュート）が添えられている（写真下）(14)。琉球新報の取材に対し、ルースらは「スト期間中に五百枚の貼り紙と三千枚のビラで全軍労との共闘を訴え続ける」と答えている（『琉球新報』1971. 2. 11）。兵士らの反応はさまざまで、ライターで火をつける者、Ｖサインを送って冷やかす者、熱心に読む者、「中には握手を求めるのや互いの出身地を伝えあって笑いあ」う場面もあった。ピケの労働者からは拍手が上がった（『琉球新報』同上）。

全軍労ストライキに参加する、左からアニー、ピーター、ルース。1971年2月11日、沖縄・嘉手納基地ゲート前、國吉和夫撮影（高嶺 1984: 136）

兵士と基地労働者との連帯を呼びかけるポスター（ヤン・イークス私蔵・提供）

兵士とのコミュニケーション

では、沖縄でのＰＣＳの立ち上げ当初、留学生たちは兵士にどのようにアプローチし、関係を築いていったのだろうか。

ＰＣＳがはたらきかけた兵士たちは、留学生たちと同世代ではあったが、その立場と経験は大きく異なっていた。エドは、ＰＣＳの活動家が中産階級以上の白人であり、徴兵経験のない大学生であったのに対し、兵士はアメリカの農村部出身で大学や高校に進学したことのない者や労働者階級出身者が多かったと指摘する（E）。また、ルースによれば、兵士は軍隊を通じてどのような事態や行為に参加することになるのかを知らされずに動員された人がほとんどだった。彼らは軍隊への参加は名誉なことであり、アメリカ国家にとって素晴らしい貢献であると教えられていたが、ベトナムの戦場で友人や知人を失うなど過酷な経験をし、幻滅し、強く深い怒りをもっていた。その実体験から兵士たちはこの戦争の本質とは何か、何がその原因や背景なのかを理解したいと考えていた（R）。

そのため、兵士が強い反戦の感情や意思をもっていることは珍しいことではなかった。PCSの活動家と兵士は、この戦争が間違っていること、そう言えるだけの理由をすでに多く経験していることをまず確認しあい、対話を始めた（R）。その上で、留学生たちは兵士たちに何かを一方的に教育するのではなく、彼らの経験を彼ら自身に話してもらうこと、その内容を理解するための支援を行うことを大切にした。兵士たちがこの戦争は間違っていると感じるのであれば、何がどのように間違っているのか。理論的な分析よりも、経験や感性を大切にし、経験と考えを言語化し、共有することが目指されたのである（E、R）。

ルースは沖縄行きの船の中で、マルクスの本を読むような、一般的なニューレフト学生と同じように急進的なテキストに触れ、学んでいた。彼女はこの戦争が帝国主義の戦争であるという認識をもっていたが、思想や理論は兵士の経験世界や意味世界と距離があった。彼らはベトナム戦争を「コミュニズムに対する戦争である」と教えられ、コミュニズムへの恐怖や憎悪を共有していたためだ。この憎悪や恐怖は、沖縄の人びとの復帰運動や反基地運動に対して向けられたものでもある。冷戦のイデオロギーが内面化されていることをふまえ、ルースは兵士自身の経験や論理に照準をあわせたのである（R）。

また、エドは大学で学んだコミュニティ・オーガナイジングの知識が役立ったと語る。エドは来日前、大学の授業で著名かつ論争的なコミュニティ・オーガナイザーであったソール・アリンスキーの思想や運動論について学んでいた。エドは、イデオロギーや思想を優先し、その枠組みのなかで問題解決の手段を導き出すのではなく、コミュニティに入り、人びとが何を求めているのかをまず確認し、必要な変化を人びとのなかから組織化していく重要性を、アリンスキーから学んだという。エドも毛沢東思想に強い影響を受けるなどマルクス主義のテキストには触れていたが、それは世界やアメリカの構造を理解するためには有益だったが、兵士との活動の現場でそれを優先させることには慎重だった（E）。

また、PCSの取材をつづけていた琉球新報記者の高嶺朝一は、ピーターの「反戦活動家らしくない柔軟な対応の仕方、正義感、強い意思はしだいにGIたちの信頼を勝ち得てい」ったと表現している（高嶺 1984: 141）。彼が確認していたのは、ピーターの人柄に加えて、留学生たちの選び取ったコミュニケーションのスタイルでもあったのではないかと考えられる。

サトウキビの収穫作業

初期のＰＣＳは沖縄の状況や人びとの考え方を学び、理解を深めることも大切にした。たとえば、インタビューではサトウキビの収穫作業（キビ刈り）の思い出がしばしば語られた。少なくとも一九七一年二月頃と七二年一月の二回、実施されている。交流のあった写真家の吉岡攻のコーディネートで、ルース、ピーター、バーバラなどのＰＣＳ活動家と米兵が、当時琉球大学学生だった大城弘明の実家のサトウキビ畑に集まった。場所は沖縄島南部の糸満市福地である（大城インタビュー）。キビ刈りは集中的に多くの人手を必要とする大変な労働で、家族、親族、友人らが集まり行われていた。

サトウキビの収穫作業を手伝う米兵ら。1971年２月頃、沖縄・糸満市。右端は大城弘明（バーバラ・バイ撮影・私蔵・提供）

ＰＣＳは口コミだけでなく、英語のラジオ放送局にかけあって参加を呼びかけ、米兵が4～5人、ＰＣＳとＣＲから5人ほどが参加した。作業後は大城家らとの懇親会も開かれた。

バーバラは筆者のインタビューで次のように述べた。まず、アメリカの活動家と兵士にとって、キビ刈りはこれまで知らなかった沖縄に触れる機会であった。彼らが日常のなかで交流のあったのは軍労働者やバーの女性だったが、収穫作業はそれ以外の沖縄の人びとと出会い、沖縄に対するステレオタイプを相対化するのにとても良い機会となった。基地の街の外側の沖縄を知ることができたのである。兵士は、住民との共同作業だけでなく、食事を提供され、共にし、沖縄の人びととのつながりを深められたことを、沖縄滞在中のもっとも忘れ難い出来事だったとバーバラに語ったという。

また、収穫作業への参加は沖縄の人びとの農業や土地との関わりを理解する機会にもなった。バーバラは農作業を通じて、土地を軍隊に奪われた歴史を想起し、そのつらさを想像したという。

クエーカーでもあったバーバラは、収穫作業を沖縄の人びとへの奉仕活動（Service Project）としてもとらえていた。来日前、彼女はフィラデルフィアの貧しい黒人家庭を訪問し、家の手伝いなどの奉仕活動に従事した経験をもっていた。この経験をふまえ、沖縄での収穫作業への参加を、沖縄の住民との信頼関係をつくる重要な奉仕活動であると受けとめたのである。

米軍による介入

留学生と民間人活動家によるＰＣＳの運動はこのように順調に始まったようにみえるが、米軍当局からのさまざまな介入も受けている。

ひとつには米軍からの直接的な運動の妨害である。たとえば、ピーターは那覇港に到着した際、陸側から六人の迷彩服の軍人が彼へカメラを向け、写真を撮っていることに気づいた。当局は渡航に関する情報を把握していた。ピーターにとって、「私たちはお前を見ているぞ、知っているぞ」という圧力を深く感じる出来事となったという（Ｐ）。

また、米軍から直接的な暴力をふるわれることもあった。全軍労ストライキの際、基地のフェンス際でポスターやチラシを配布していたところ、ピーターとエドはＭＰに銃で威嚇された上で拘束され、警棒で顔などを殴られた。民間人はＭＰの管理対象ではなく、暴力による取り締まりには法的根拠も正当性もないことを訴えたが、聞き入れられなかった。エドは銃による威嚇を受けた際、「彼らは私を殺そうと思えばできるのだ」と恐怖を感じたという。このようにＰＣＳの活動が始まった当初、活動家たちは身体の拘束や威嚇、脅迫を受けた（Ｅ、Ｐ）。

ふたつめには、ＰＣＳは活動に出入りする米兵のなかに諜報活動を行っている者がいるのではないかという懸念に常に悩まされた。運動を広げ、兵士や沖縄の人びととの関係をつくっていくために、事務所と活動は誰に対してもオープンだった。諜報活動をしているのではないかと疑いたくなる兵士も多かったという。その後、空軍の諜報部門による調査レポートの存在が明らかとなった。米国政府はＰＣＳの活動家の渡航や行動の情報を収集しつづけ、合法的な活動であるにもかかわらず、圧力をかけつづけたのである（Ｅ、Ｐ）。

6　太平洋を横断する運動空間

本稿では一九七〇年から七一年前半にかけて、日本と沖縄でＰＣＳの活動が立ち上げられていく過程を、留学生の動きを中心に描いてきた。

ＰＣＳの立ち上げは、アメリカと日本の反戦世論と反戦運動の大きな高まりが背景となり、運動の諸潮流が太平洋を横断し合流するかたちで実現していた。すなわち、アメリカ国内の兵役拒否の運動や兵士の運動、ニューレフト運動、日本における脱走兵援助と兵士運動、国境を越えて日本にたどりついたアメリカ人活動家と留学生の運動、そして、日米両政府の沖縄返還政策を拒否する沖縄の人びとの抵抗運動など、大小さまざまな動きが、ベトナム戦争遂行の軍事拠点であった沖縄において交差し、共鳴し、合流したのである。このうねりと合流は具体的な人の移動と出会いによってつくられ、豊かに広がっていった。

また、人の移動は運動の方法や思想の移動もつくりだした。留学生を含むＰＣＳの活動家は、アメリカで学んだ反帝国主義の思想、兵役拒否のノウハウ、コミュニティ・オーガナイジングの方法などを組み合わせ、同時に、沖縄の兵士や住民とのコミュニケーションのためにそれらを加工し、時には学び捨て（アンラーン）てもいた。留学生と兵士とのあいだ、兵士やアメリカ人活動家と沖縄の人びと（なかでも基地労働者）とのあいだには、対立や無理解という壁もあった。その壁は冷戦と軍隊というシステムがつくりだしたものである。そのことを人びとは出会いのなかで理解し、運動の方法や思想をつくりかえながら、その壁を越えようとした。沖縄における反戦と反軍の連帯は、人びとの出会いなおしの経験であったのだ。

このような人びとの軌跡と経験から浮かび上がるのは、太平洋を横断する、生きられた運動空間の存在である。留学生の思いと行動力の受け皿が日本と沖縄にはあった。また、日本と沖縄の運動の高まりにＰＣＳは応えた。ベトナム戦争とそれを遂行する軍隊という暴力装置を止めるため、人びとは結びついた。ベトナムをひとつの震源とした太平洋の両側の大きな変動が、新たな運動空間を隆起させたかのようだ。人びとはこの隆起する運動空間のなかで出会いなおし、新たな関係性をつくろうとした。そのとき、沖縄と日本は隔絶した島ではなく、広大な運動空間を構成する重要な現場となったのである(15)。

謝辞

インタビューに協力いただいた方々にはあたたかい支援と励ましをいただきました。また、写真の掲載と使用を了承してくださったエド・キンチリー、キャロル・デュデック、バーバラ・バイ、ピーター・マキネス、マーク・アムステルダム、ルース・ブルソー、大城弘明、國吉和夫、高嶺朝一の各氏に感謝申し上げます。

本稿を、ベトナム反戦運動に参加し、晩年には横須賀の平和運動に尽力された故・山鹿順子さんに捧げたいと思います。山鹿さん、ありがとうございました。

注

（１）本稿が参照するインタビューの対象者、実施した日と場所は次の通り。

ディアン・ダースト Dianne Durst（２０１９年２月７日、カリフォルニア州バカヴィル。大西雄一郎と実施）

エド・キンチリー Ed Kinchley（２０１８年３月２日、カリフォルニア州サンフランシスコ。木原滋哉と実施。本稿の引用・参照の略号：Ｅ）

大城弘明（２０１９年１２月２２日、沖縄県宜野湾市）

バーバラ・バイ Barbara Bye（２０２０年３月４日、カリフォルニア州オークランド）

ピーター・マキネス Peter Macinnis（２０１９年９月９日、ロードアイランド州プロヴィデンス。略号：Ｐ）

山鹿順子（２０１８年３月２０日、神奈川県の電車内）

ルース・ブルソー（旧姓テベッツ）Ruth Brousseau [Tebbets]（２０１９年９月５日、カリフォルニア州アラメダ。略号：Ｒ）。

本文中のインタビューの参照・引用箇所すべてに脚注を入れることが紙幅により難しいため、使用頻度の高いエド、ピーター、ルースの３名については、文末や段落の終わりに参照の略号（右記）を付した。

（2）PCSの一次資料については、カリフォルニア大学バークレー校バンクロフトライブラリーのアーカイヴ"Pacific Counseling Service and Military Law Office Records, 1969-1977"がある。しかし、このアーカイヴには初期PCSの資料はほとんど残されていなかった。そのため、一九七〇～七一年の日本でのPCS立ち上げの歴史については、オーラル・ヒストリーに頼らざるを得ない。本稿ではそれぞれの語りを比較・検証しつつ、一次資料や新聞報道、二次資料などをつきあわせ、語りの正確性や妥当性を確認した上で使用することとした。

（3）一九六八年のパンフレットによれば、参加校はインディアナ州のアーラム大学、ウォバシュ大学、デポー大学、オハイオ州のアンティオーク大学、ウースター大学、オーバリン大学、オハイオ・ウェスリヤン大学、デニソン大学、ケニヨン大学、そしてミシガン州のアルビオン大学、ホープ大学、カラマズー大学の計一二校である。

（4）アーラム大学に学生が集まり、1セメスターにわたる日本語学習をした年もあったようである。

（5）農家生活実習は「全日本開拓者連盟を通して紹介された全国各地の農家」で行われ、学生は「家族の一員として農作業を手伝」った（早稲田大学 2013: 293）。

（6）早稲田大学と沖縄との歴史的関係を再検討することも重要であろう。国際部設立を決定した早稲田大学総長の大濱信泉は、一九六一年九月より米国統治期の日本政府窓口となった「南方同胞援護会」の会長を長年務めた。六五年八月には首相・佐藤栄作の沖縄訪問の特別顧問を務めた後、佐藤の諮問機関である「沖縄問題等懇談会」の座長にも就き、政権の沖縄返還政策に貢献した人物としても知られている。本稿は大濱の足元のキャンパスから、沖縄返還政策に反対する日米共同の草の根の動きが生まれたことを示すものでもある。

（7）山鹿は国際部勤務時にこのことを知らず、数十年後に元留学生から知らされた。山鹿インタビュー。

（8）武藤一羊らが中心となって創刊した英文雑誌『AMPO』は、留学生にとって日本の政治と運動を理解する上で重要な役割を果たした。ルースとピーターは沖縄滞在後に『AMPO』の発行に参加している（R、P）。また、エドは一九七一年二月頃に沖縄を再訪問した際、沖縄が特集された『AMPO』7・8合併号を東京から沖縄へ運んだ（E）。

（9）後述のとおり二人は到着の翌日頃に「コザ暴動」を経験しているため、この日付を特定できた（E、R）。

（10）中部地区反戦は、一九六九年一一月に「本土」留学から戻った学生やコザ市役所の市職労の活動家などが中心となり結成されたグループである。全軍労の青年部と官公労の青年部、さらには「本土」から訪れた学生運動や反戦青年運動、ヤンやアニー、バーバラ・バイなどのアメリカ民間人活動家などを横断してつなぐセンターのような機能を果たしていた（松島 2017: 89）。中部地区反戦と兵士、アメリカ民間人活動家との関係については、今後の重要な研究課題である。

（11）その後、アパート近くの一軒家を借り、新たな事務所となった（P）。

（12）留学生たちはPCSの依頼により沖縄で活動を始めるのだが、活動開始当初の運動体名はGI Strike CenterやGroup for Support of Free GIs in Okinawaなど多様であった。しかし、その担い手はP

CSから送られてきた留学生を含む活動家たちである。初期の名称の多様さは、兵士にとってのわかりやすさを優先したためとも考えられ、その活動が定着するなかでPCSという呼称も使用されるようになった。以上をふまえ、本稿では運動体名を基本的にPCSと統一し、刊行物の発行団体名についてはその都度紹介することとする。

(13) 発行者は「反戦米兵ストライキセンター」となっているが、インタビューによって沖縄でのPCS立ち上げに関わった留学生らが作成したことがわかった。

(14) ピーターによれば、このポスターはテキストをPCSが考え、沖縄の活動家がデザインしたものだった。アメリカの反戦運動とブラックパワー運動、そして沖縄のガリ版と思われるデザイン・印刷技術が結晶化したポスターだといえる。また、「ストライキ中の基地労働者に権力を」に添える日付部分は空欄で、いくらでも書き換えられるデザインになっていた。ストライキがくりかえされることとPCSの継続的な活動を念頭において、デザインされたと考えられる。

(15) その後のPCSの運動史については大野（2019）を参照。ここでも概要を論じたが、当時のウィメンズ・リベレーションの思想・運動はPCSの運動に大きな影響を与えた。PCSは一九七三年に「ウィメンズ・ハウス」をコザに設立している。これも六〇年代末から七〇年代初頭の世界的地殻変動と新たな運動空間のひとつである。PCS内部の多様性と権力関係、女たちの運動の軌跡については、別稿を用意したい。

文献

ヤン・イークス、小野誠之（1973）『戦争の機械をとめろ！――反戦米兵と日本人』三一書房

ヤン・イークス、大西雄一郎・大野光明（2021）「私たちには人びとのつながりがあった――太平洋を横断し、切り開かれたベトナム反戦運動の経験」大野光明・小杉亮子・松井隆志編『メディアがひらく運動史――社会運動史研究3』新曜社：95-114.

池田百合子（2013）「光陰矢の如し」（早稲田大学 2013 所収）

「大泉市民の集い」30年の会編 1998『大泉市民の集いニュース　復刻版』

大野光明（2019）「太平洋を越えるベトナム反戦運動の軍隊「解体」の経験史――パシフィック・カウンセリング・サーヴィスによる沖縄での運動を事例に」『立命館平和研究』第20号：115-34.

掛川恭子（1998）「岩国の二年」関谷・坂元編：168-77.

関谷滋・坂元良江編（1998）『となりに脱走兵がいた時代――ジャテック、ある市民運動の記録』思想の科学社

高橋武智（1998）「第二期がたちあがるまで」関谷・坂元編：107-21.

高嶺朝一（1984）『知られざる沖縄の米兵――米軍基地15年の取材メモから』高文研

―― 2011「「KOZA」にはパワーがある」『KOZA BUNKA BOX』7: 12-23.

ピンク・ダンデライオン（2018）中野泰治訳『クエーカー入門』新教出版社

ながたなにがし（1998）「「句会」についての個人的なまとめ」関谷・坂元編：373-401.

中原道子（2013）「国際部40年と私」（早稲田大学2013所収）
Nakamura, Beverly, 2013, 無題（早稲田大学2013所収）
パット（1968）無題『GLCA日本プログラム』（早稲田大学2013所収）
Pruden (Farber), Laurie（2013）無題（早稲田大学2013所収）
福木詮（1973）『沖縄のあしおと　一九六八—七二年』岩波書店
藤枝澪子（1998）「怪僧ラスプーチンへのオマージュ」関谷・坂元編：161-67.
松島朝義、聞き手・森宣雄（2017）「戦後の沖縄戦を生きぬく」森宣雄・冨山一郎・戸邉秀明編『あま世へ——沖縄戦後史の自立にむけて』法政大学出版局：81-112.
松村久美（1983）『片想いのシャッター——私の沖縄一〇年の記録』現代書館
本野義雄（1998）「「方針転換」と米軍解体運動」関谷・坂元編：141-60.
山鹿順子（2013）無題（早稲田大学2013所収）
——（2016）「山鹿順子さんが語る「私のジャテック」」非核市民宣言運動・ヨコスカ『たより』261: 18-23.
油井大三郎（2019）『平和を我らに——越境するベトナム反戦の声』岩波書店
早稲田大学（2013）『Japan Study and Waseda University 50 Years of International Exchange』
早稲田大学大学史編集所（1997）『早稲田大学百年史　第五巻』早稲田大学出版部

【特集　越境と連帯】

反アパルトヘイトの旅の軌跡――「遠くの他者」との連帯のために

牧野　久美子

はじめに

南アフリカのアパルトヘイト政策は、人口において少数派の白人による南アフリカの支配を永続させようと、多数派を占める黒人[1]の権利を体系的に奪い取るものであった。二〇世紀後半、アパルトヘイト体制下の南アフリカにおける人種差別問題は世界的にも大きな関心事となった。

南アフリカの白人政権に対しては、同国内の人びとが抵抗しただけでなく、国際社会からも各種の制裁措置をはじめ、アパルトヘイト廃止を求めるさまざまな圧力がかけられた。第二次世界大戦後に独立して国連加盟国となったアフリカ諸国は、脱植民地化の潮流に逆行するアパルトヘイト問題を国連で率先して取り上げた。冷戦構造のなかでソ連など社会主義諸国は、南部アフリカの解放運動組織を軍事面も含めて支援し、アフリカでの勢力伸長を図った。それに対して西側諸国は、アフリカにおける「反共の砦」となっていた南アフリカの政治体制の激変を恐れ、表面的にはアパルトヘイト体制を批判しつつも、白人政権に対して曖昧な態度をとっていた。一九八〇年代半ば以降、西側諸国においても経済制裁の導入や強化が相次いだが、その背景には各地で展開された反アパルトヘイト運動の存在があった（Klotz 1999; SADET ed. 2008; 2013; 2018）。

そのなかで本稿は、日本反アパルトヘイト委員会（JAAC）としてゆるやかなネットワークを形作っていた日本各地の市民グループによる反アパルトヘイト運動に注目し、南部アフリカという日本から地理的、心理的に遠い地域の人びとと日本の反アパルトヘイト運動参加者の出会いを生み、連帯を促進した「旅」（人の越境移動）の役割に、焦点を当てるものである[2]。

1　反アパルトヘイト国際連帯運動の研究とアーカイブズ

南アフリカ国外で展開された反アパルトヘイト運動については、運動に携わった人々の回想録やオーラルヒストリー、資料集なども含め、多くの書物や論文が出版されている。しかしその考察対象は欧米諸国の運動に偏る傾向が見られ（Culverson 1999; Fieldhouse 2005; SADET ed. 2008; Sellström 1999; 2002; Skinner 2010; Thörn 2006）、反アパルトヘイト運動を真にグローバルなものとして描き出そうとする試みは、まだようやく始まったばかりである（Brock et al. 2014; Konieczna and Skinner eds. 2019; SADET ed. 2013; 2018）。

筆者は南アフリカ地域研究を専門としており、学生時代に南アフリカに関心をもつきっかけとなった本の著者や訳者、また調査のために一九九〇年代後半に南アフリカに通い始めた際にお世話になった現地在住の日本人のなかに、反アパルトヘイト運動のバックグラウンドがある人たちが多く含まれることを経験的に知っていた。ところが、国際的な反アパルトヘイト運動に関する書籍や論文の出版、資料のアーカイブズ保存の動きなどを目にすることが増えるなか、日本の反アパルトヘイト運動についての言及がほとんどないことに気づいたのが、筆者が日本の反アパルトヘイト運動についての研究を思い立ったきっかけであった。

筆者が約十年前に調査を始めた時点では、英語で書かれた先行研究における日本の反アパルトヘイト運動への言及は、南アフリカ―日本関係史を主題にしたいくつかの文献を除けば（とくに重要なものとしてMorikawa 1997）、ほとんど見つけることができなかった。その後、南アフリカやイギリス、スウェーデンなどでも文献調査を行うなかで、これらの国々では解放運動組織や反アパルトヘイト運動の資料のアーカイブズ整備が進んでいるのだが、おそらくは言語の壁の問題もあり、日本の運動の資料は断片的にしかコレクションに含まれていないことも明らかになった。

筆者はこのような状況に問題意識をもち、ＪＡＡＣの活動に長年携わってきた下垣桂二氏および楠原彰氏と協議のうえ、立教大学共生社会研究センターの平野泉氏に運動資料の保存について相談し、下垣・楠原両氏が所蔵していた反アパルトヘイト運動関連資料のアーカイブズの寄贈が二〇一六年に実現した（資料寄贈の経緯について、立教大学共生社会研究センター 2018 および平野 2019 を参照）。本稿の記述は、これまでに筆者が発表してきたいくつかの論考と同様（Makino and Tsuyama 2018; Makino 2016; 2018; 2019）、これらのアーカイブズに含まれる資料に主に依拠している（以下、敬称略）。

なお、本稿ではＪＡＡＣに絞って話を進めるが、日本で反アパルトヘイトに関する活動を行ったのがＪＡＡＣの各グループだけではないことは予め明記しておきたい。後述するように、日本の反アパルトヘイト運動は一九六〇年代にアジア・アフリカ連帯の政治的文脈のなかで生まれたが、ほどなくして最初期の運動の中心人物であった野間寛二郎は日本アジア・アフリカ連帯委員会（日本ＡＡ、のちの日本アジア・アフリカ・ラテンアメリカ連帯委員会＝日本ＡＡＬＡ）を離れて、南アフリカを含むアフリカの問題に専念する自身のサークル（南アフリカ問題懇話会、のちにアフリカ問題懇話会と改称）を立ち上げた。本稿が取り上げるＪＡＡＣは、この野間のサークルの系譜に連なるグループである。このほか、キリスト教会や労働組合、人権団体などが主体となって反アパルトヘイトの取り組みを行うこともあったし、南北問題への関心から南アフリカの状況について発信し続けた北沢洋子のように、個人としてアパルトヘイトの問題に取り組んだ人たちもいた。

　またＪＡＡＣとは別に、アジア・アフリカ人民連帯機構（ＡＡＰＳＯ）を通じた日本ＡＡＬＡとアフリカ民族会議（ＡＮＣ。アパルトヘイト体制当時の南アフリカの解放運動組織で現在は南アフリカ政府与党）の組織的な関係は続いた。とりわけ一九八八年にＡＮＣが東京事務所を開設した際に、日本ＡＡＬＡが事務所スペースの用意などを含めＡＮＣに多大なサポートを与えたことは特筆される（多様な主体による反アパルトヘイト運動の重層的なネットワークについては、Makino and Tsuyama 2018を参照）。

2　アパルトヘイト体制下の南アフリカと日本の関係

アパルトヘイト体制の南アフリカに対して、日本政府は西側諸国と足並みをそろえ、公式にはずっと「アパルトヘイト反対」という立場をとっていた。しかし、第二次世界大戦後の急速な経済成長のただなかにあった日本は、豊富な鉱産資源を有する南アフリカとの経済関係を深め、多くの日本企業が南アフリカに進出し、日本は南アフリカの主要な貿易相手国のひとつとなった（Ampiah 1997; Morikawa 1997; Alden and Hirano eds. 2003）。

　一九七四年に南アフリカに一ヵ月滞在して現地日系企業の活動について調査した北沢洋子は、アパルトヘイト体制の基盤強化につながる工業開発計画に数々の日本の大手企業が参画していること、日系の自動車会社の現地工場で働く黒人従業員の労働条件が劣悪であること、そして南アフリカが不法統治していたナミビア産のウランが原子力発電のために日本に輸入されていることなどを、同年一〇月の第29回国連総会第4委員会で証言した（北沢 1988; 国際連合広報センター 1975）。一九八七年には南アフリカとの貿易額において日本が世界第一位となり、翌八八年には国連で南アフリカとの貿易に関して日本を名指しで非難する決議が採択された[3]。

　アパルトヘイト体制下の南アフリカに暮らしていた日本人が「名誉白人」と呼ばれていたことはよく知られている。南アフリカに日本人を「名誉白人」と定めるような法律があったわけではないが[4]、「名誉白人」は非白人であるにもかかわらず南アフリカとの経済関係を深めて白人社会にすり寄り、アパルトヘイト体制に加担する日本のありようを象徴する言葉として、一九八〇年代には内外のメディアでも広く使われた（山本 2012; 2022）。

ＪＡＡＣの活動のなかに、他国の反アパルトヘイト運動とも協力して、南アフリカ政府に対してアパルトヘイト政策の撤廃を求めること、および差別・抑圧されている黒人の解放運動との連帯を表明し、支援することは当然含まれていた。が、それに加えて日本の反アパルトヘイト運動の重点は、日本の政府や経済界に対して南アフリカとの経済関係を断ち切ることを要求すること、そして運動参加者自身も含めた日本に暮らす一人ひとりが「名誉白人」なる不名誉な称号を返上すべく、意識と行動を変えていくことを求めることに置かれていた（楠原 2010; Makino and Tsuyama 2018; Makino 2016; 2018; 2019）。

３　「遠くの他者」とつながるために

ホーカン・ソーン（Thörn 2006: 47）は、「旅」（travel）、あるいは「移動」（mobility）が反アパルトヘイト運動のようなトランスナショナル（越境的）な社会運動の成立に果たす役割を強調し、「遠くの他者」（distant others）との「顔の見える」（face-to-face）交流が反アパルトヘイト運動の持続において不可欠な要素であり、なかでも政治亡命者の存在が各地の連帯グループや運動の結成に重要な役割を果たしたと論じている。人種差別への抗議活動を南アフリカ国内で行っていたＡＮＣやパンアフリカニスト会議（ＰＡＣ）[5]が一九六〇年に非合法化されると、これらの組織の活動に関与していた多くの人びとが国外に逃れ、亡命先の土地での支援者とのネットワークが反アパルトヘイト運動の基盤となったというのである。ソーンが主に検討したのはイギリスとスウェーデンの運動である。イギリスはＡＮＣがアフリカ大陸外で最初に事務所を開設した国であり（Lissoni 2009）、一九七三年にヨーロッパにおいてイギリスに次いで二番目にＡＮＣ事務所が開設されたのがスウェーデンであった（Thörn 2006: 36）[6]。

それに対して、日本は南アフリカの人びとの亡命先とはならず、東京にＡＮＣ事務所が開設され、ＡＮＣのメンバーが日本に常駐して活動するようになったのは一九八八年になってからであった。ＡＮＣ東京事務所の代表として東京に赴任したジェリー・マツィーラは、全国をまわって人種差別の問題を語り、ＡＮＣの解放運動への支援を呼びかけた。ＡＮＣ事務所ができたことで、南アフリカと日本の人びとのあいだの持続的・長期的な交流が促されたのは間違いない。ＡＮＣ事務所での縁がもととなり、アパルトヘイト後の南アフリカにおけるＮＧＯの支援活動に、マツィーラとともにＡＮＣ事務所でスタッフやボランティアとして働いていた人たちが携わることもあった[7]。しかし、これは日本の反アパルトヘイト運動の最終段階で起きたことであり、それ以前には、日本国内で南アフリカの解放運動組織のメンバーと日常的に交流する機会はなかったのである。

国際連帯は、直感的には、地理的に遠く離れた地域の人びとよりは、相対的に近い地域の人びと、また植民地支配など負の側面も含めて歴史的なつながりの深い人びととの関係においてのほうが、より成立しやすいのではないかと考えられる。西側諸国のなかでいち早く反アパルトヘイト運動が立ち上がったイギリスは、南アフリカの旧宗主国であり、キリスト教の宣教活動を通じた人的ネットワークもあり、従来から南アフリカと関係が深い国であった。

日本の国際連帯運動においても、地理的に比較的近く、日本が直接的に植民地責任や戦争責任を負うアジアの人びとが連帯の主たる対象となってきたようにみえる。上述のようにアパルトヘイト体制下の南アフリカと日本の間には経済的な深いつながりがあり、歴史的なアフリカ—日本関係についても、直接的な植民地支配がなかったから日本の「手が汚れていない」といった通俗的理解には問題があることは先行研究が指摘するとおりであるが（Morikawa 1985）、南アフリカの人びとから見て日本が欧米諸国やアフリカ諸国と比べて遠く、また日本の人びとから見て南アフリカがアジア諸国や欧米諸国と比べて遠く感じられてきたのは間違いないだろう。

それにもかかわらず、日本でも反アパルトヘイト運動が起こされ、一九六〇年代前半から九〇年代のアパルトヘイト政策の撤廃まで、運動の火が絶えることなく続いたのはなぜなのか。各地に生まれた運動グループそれぞれに経緯があり、運動に関わった一人ひとりに参加の理由があり、このような問いに単純に答えを出すことができないのは当然のことであるが、そのうえで本稿では、反アパルトヘイトの運動を生み出し、あるいは勢いを与え、あるいは継続させる原動力となった要因の一部として、日本から海外へ、あるいは海外から日本への「旅」がもたらした出会いや気づきの経験に注目する。このような関心から以下では、初期の日本の反アパルトヘイト運動の経緯を振り返りつつ、運動参加者に強い印象をもたらしたいくつかの「旅」を振り返ってみることとしたい。

4　日本における反アパルトヘイト運動の始まり

日本の反アパルトヘイト運動はアフリカへの旅から始まった。一九六三年末に日本アジア・アフリカ連帯委員会（AA連帯）内に「南ア人種差別反対実行委員会準備会」がおかれたのが日本の反アパルトヘイト運動の組織化の最初であるが（「南ア通信」No.1, 1963. 12. 23）、同準備会設立の契機となったANCとの出会いについて、初期の反アパルトヘイト運動を率いた野間寛二郎は、自身の著書の「あとがき」において次のように述べている。

はじめて南アフリカの人びとと会ったのは、一九六三年のはじめである。東アフリカのキリマンジャロ山のふもとのモシ

〔引用者注：当時のタンガニーカ、現在のタンザニアの都市〕で、第三回アジア・アフリカ人民連帯会議が開かれたとき、南アフリカ代表から日本代表に特別会見の申しいれがあった。〔…中略…〕南アフリカ代表からの申しいれの要点は、南アフリカの白人政権が、非白人の人権を無視した苛酷な抑圧政策をおこなっているのに、おなじ非白人の国である日本政府が、南アフリカとの外交の断絶と経済制裁を要請している国連決議をまで無視して、非白人国のなかでただ一国、南アフリカと外交関係をむすび、貿易を激増させているのを、あなたがたはどう思うか、というのであった。（野間 1969: 381）

一九五七年にカイロで設立されたアジア・アフリカ人民連帯会議（AAPSO）は、アフリカとアジアのナショナリズムと連帯の制度的プラットフォームとして、さまざまな政治グループや運動の出会いの場となっていた（Edmondson 1993）。野間は編集者を経て在野のアフリカ研究者となった人物で、当時ANCの副代表だったオリバー・タンボを代表とする南アフリカ代表団とモシで会談した日本代表団の一員だった。野間はモシの会議への参加以前に、ガーナ独立の父クワメ・エンクルマの『わが祖国への自伝』（1960）、独立後にケニア初代首相・大統領となるジョモ・ケニヤッタの『ケニヤ山のふもと』（1962）など、アフリカのナショナリズム指導者の著書を精力的に翻訳出版していた。しかし、これらの書物を翻訳しながら野間は「私の知識の大部分は本を通じてえられた抽象的なもの」であり「あからさまにいえば、私は象を見ずに象を語って」いるという思いにとらわれ、これらの「訳書と解説を読者に提供した者として、アフリカを自分の眼で確かめることが、責任でもあり、義務でもある」と考えるようになったと後年書いている（野間 1970: 7）。

野間は一九六二年末から六三年初にかけて、初めてアフリカに旅立った。まず向かったのはガーナの首都アクラで、六二年一二月に同地で開催された第一回国際アフリカニスト会議にオブザーバーとして出席した。その足で野間は翌月（六三年一月）にモシでのAAPSO会議に参加し、南アフリカの代表団と出会ったのである（野間 1970）。その数ヵ月後の六三年半ば、野間は小説家の五味川純平らとともに東アフリカを再訪する。五味川が著した旅行記に、彼らがダルエスサラーム（当時のタンガニーカ、現在のタンザニアの首都）で参加した「南阿フリーダム・デイ」（6月26日）の集会で、解放を訴える演説と会場から湧き上がるフリーダムソングに聴き入り、心を揺さぶられた様子が描かれている（五味川 1964: 122-9）。この集会にはタンガニーカに亡命していた南アフリカの人びとが参加しており、野間はこのときに「南アフリカの抑圧されている民衆と、はじめてじかに肌を接している思いがし」て、「これらの人びとのために、なにかをしなければならない」と決意したと書いている（野間 1969: 383）。

野間らによりAA連帯内に「南ア人種差別反対実行委員会」

が立ち上げられたのは、本節の最初に述べたように、同年末のことである。AA連帯の前身の日本アジア連帯委員会は一九五五年のアジア諸国民連帯会議(8)を受けて発足したものであり、五七年のAAPSOの発足当時からその会議に定期的に代表を派遣していたことから、上記のような経緯で始まった反アパルトヘイト運動団体をホストすることになるのは自然の流れであった。六三年一二月、日本政府に南アフリカとの外交、経済、社会における一切の交流を断つことを要求する抗議書を当時の外務大臣・大平正芳宛に提出したのが最初の具体的な抗議活動であったが、この抗議はAA連帯の名によって行われた(「南ア通信」No.2, 1964. 1. 15)。

日本の反アパルトヘイト運動が「アジア・アフリカ連帯」という文脈のなかで最初に立ち上げられたこと、アパルトヘイト問題をめぐる連帯は、日本と南アフリカの一対一の関係ではなく、「アジア・アフリカ」というより大きな枠組みのなかで想像されたものであったことは、「遠くの他者」との初期の連帯を成り立たせた基盤として興味深い。しかし、AA連帯内に反アパルトヘイトの組織を置く体制は長くは続かなかった。中ソ対立のあおりを受け、南ア人種差別反対実行委員会は半年ほどで分裂・解体してしまったのである(野間 1969: 384)。野間はAA連帯を離れて「南アフリカ問題懇話会」という小さなサークルを立ち上げた(のちに「アフリカ問題懇話会」に改名。以下、「懇話会」と略)。

5 市民運動のなかの／としての「旅」

野間によれば小さな「懇話会」の活動はあまり活発でなく、「ニュースも集まりも、しだいに間隔があき、惰性でやっと命脈をたもっているような有様」(野間 1969: 384)となったという。そのような状況から脱すべく、一九六七年に野間はヨーロッパとアフリカへの旅に出る。最初の目的地はロンドンであったが、それは「ヨーロッパでアパルトヘイト反対運動がどのように展開されているかを自分の眼で確かめ」(同)る目的があったからである。ロンドンの反アパルトヘイト運動(AAM)とANC事務所とはすぐ近くにあり、この二つの事務所を通じて野間はANCやAAMのメンバーやサポーター、南アフリカからの留学生らと知り合いになった。ロンドンののち、野間はパリで反アパルトヘイトの会議に出席し、さらにダルエスサラームで南アフリカのANCだけでなく、アンゴラ、ローデシア(ジンバブウェ)、南西アフリカ(ナミビア)などの解放運動とも接触した。帰国後に野間は日本の反アパルトヘイト運動にとって「教科書」となる本(野間 1969)を執筆した。

「懇話会」に集まり、野間とともにアフリカの状況を学んだ人びとが、市民運動としての反アパルトヘイト運動の最初の担い手となっていく。東京(アフリカ行動委員会、1969 結成)、大阪(こむらどアフリカ委員会、1970 結成)を皮切りに、静岡(1977)、京都(1980)、名古屋(1985)、広島(1986)、熊本(1986)、松戸(1986)、神戸(1988)、札幌(1988)、千葉

(1989) など、一九七〇年代から八〇年代にかけて日本の各地で反アパルトヘイト市民グループが形成された。

反アパルトヘイト運動の地理的な広がりは、先に始められたグループで運動に参加していた人の転居がしばしば契機となっていた(これも一種の「旅」といえるかもしれない)。たとえば静岡の「静岡アフリカを学ぶ会」は、東京で「アフリカ行動委員会」に加わっていた山口三夫が静岡に拠点を移したのち、フランス語市民講座の受講生とフランツ・ファノンの読書会を始めたのがきっかけとなってつくられたものである(「アフリカから」第1号 1978. 8)。また名古屋の「アパルトヘイトを考える市民の会・名古屋」は、関西で反アパルトヘイト運動に参加していた大島隆平が愛知県に転居し、名古屋でNGO活動を行っている人たちと接点をもつなかで始められた勉強会がもとになっている(9)。

これらの地域別グループのほか、一九八五年に発足した「日本反アパルトヘイト女性委員会」はアパルトヘイト下の南アフリカの女性の状況に焦点を当てるとともに、反アパルトヘイト運動内部の性別役割分担についても問題提起を行った(『アベシファザーネ』No.11, 1988. 9. 24. 女性委員会の活動については、くぼた 2018; 佐竹 2018 も参照)。在日外国人を中心として、英語で情報発信する「JAAC International Group」もあった。

これらのグループは、メンバーのバックグラウンドや地域性を反映して、活動内容も焦点もさまざまであったが、ゆるやかにまとまりながら「日本反アパルトヘイト委員会」(JAAC)を構成した。立教大学共生社会研究センターに反アパルトヘイト関連資料を寄贈した楠原彰は東京の「アフリカ行動委員会」(JAAC Tokyo)、下垣桂二は大阪の「こむらどアフリカ委員会」(JAAC Osaka)にそれぞれ当初から参加し、JAACの市民運動としての反アパルトヘイト運動を最後まで見届けた人たちである。

野間が築いた解放運動や海外の反アパルトヘイト運動とのネットワークは、「懇話会」に参加していたアフリカ行動委員会のメンバーらに引き継がれた。アフリカ行動委員会の創設メンバーのひとりであった大岡俊明は、一九七〇年八月から一〇月にかけてロンドンを経由してアフリカを訪れたが、その旅の前に野間がロンドンのAAMに宛てて送った、大岡の訪問予定を伝え、アドバイスや支援を求める手紙が、AAMのアーカイブズには残されている(野間からAAMへの手紙、1970. 7. 26)。ロンドンのAAM事務所は、アフリカ各地の解放運動や国際的な反アパルトヘイト運動に関する情報や人脈のハブとして機能しており、旅の出発点として理想的な場所であった。大岡はロンドンでAAMのメンバーやアフリカ研究者、亡命中の解放運動組織のメンバーなどに会った後、パリを経由してからアフリカ大陸(アルジェリア、セネガル)へと向かった(「アフリカ行動委員会ニュース」No. 9, 1970. 12. および No. 10, 1971. 4)。

一方、楠原はアジアを経由してアフリカに行くことの意義を強調する。楠原は大学院生であった一九六六年に初めて東アフリカを訪れている。この旅は、アジア・アフリカ作家会議の報告集会をきっかけとしてつくられた「アジア・アフリカの仲間」が、カンパによりメンバーをアジア・アフリカに送り出し、民衆間の直接交流をしようという試みの一環として実現したものであった(10)。このときの経験を楠原は次のように語っている。

> ほぼ一年間の予定で、当時はお金がないですから、船で横浜から出て、アジアを経由してアフリカに行き、横浜に帰ってくることになりました。この、アジア経由で行ったということが、僕にはどれだけプラスになったかわかりません。〔…中略…〕フィリピンから始まって、香港へ行って、タイやベトナムへ行って、セイロン（当時）やインドへ行って、というように、フランスの船は旧植民地のアジアの港へ泊まりながら、航海を進めていく。そうすると、一九六六年ですから、否が応でも、まだ生々しい植民地支配や戦争の傷跡を目にすることになる。つまり、これを見てしまうと、アフリカへ入るといっても素手では入れない、日本人は手が汚れている、ということがわかる。（立教大学共生社会研究センター 2018）

楠原はヨーロッパ経由を含め何度もアフリカを訪れ、旅先での経験や出会った人びとのこと、そしてアフリカの人びとの苦しみと日本社会の経済的繁栄がどのように絡み合っているかを、運動仲間だけではなく日本の一般読者に向かって書き続けた（楠原 1976; 1981; 1985; 1988 ほか）。アジア経由でアフリカの人びとと連帯することへのこだわりは、一九八〇年代後半、楠原をアジアにおける反アパルトヘイト運動のネットワーク構築の試みにも向かわせた。台湾や韓国など急成長する東アジアの新興国・地域と南アフリカとの経済関係緊密化が問題となるなか、八七年三月に楠原は台湾、フィリピン、香港、韓国をまわり、アジア地域の反アパルトヘイト会議への参加を呼びかけた。このときに培った人的ネットワークが一九八八年八月の「反アパルトヘイト・アジア・オセアニア・ワークショップ（ＡＡＡＯＷ）」開催へとつながっていく。ＡＡＡＯＷには、南アフリカの解放運動組織としてＡＮＣおよびＰＡＣの代表者のほか、台湾、韓国、香港、マレーシア、フィリピン、オーストラリア、ニュージーランド、ハワイの活動家らが参加した（楠原 1988;「反アパルトヘイト・アジア・オセアニア・ワークショップ記録集」1989. 12. 26 を参照）。

反アパルトヘイト市民運動と「旅」との関わりを語るうえで、根本利通の「オルタナティブツアー（ＡＴ）」について触れないわけにはいかない。根本はタンザニア農村でのホームステイを主眼とするＡＴの受け入れを、一九八六年から二〇一七年に亡くなる直前までほぼ毎年行っていた（ＡＴ受け入れが始まった経緯については根本 2011 を参照）。学生時代に大阪の「こむらどアフリカ委員会」に加わった根本は、タンザニアに留学し、そのまま現地に残って旅行業を営むようになり、あわせてＪＡＡＣの「タンザニア駐在代表」の役割をも引き受けていた

（「Alternative Tour ＡＴハンドブック89 旅行参加者ゼミナール　タンザニアの大地」1989頃、および「日本反アパルトヘイト委員会（ＪＡＡＣ）の確認事項（案）」1989. 9月頃を参照）。ＡＴではそれ以前にアフリカを旅行した経験のある反アパルトヘイト運動のメンバーが日本からツアーリーダーとして随行することもあった（下垣 2011）。ＡＴ自体は日本国内の旅行会社を通じた一般募集のツアーであったから、反アパルトヘイト運動とは無縁の参加者も多かった。

一方的・搾取的な日本とアフリカとの関係を変えようという思いから、日本とタンザニアの人びとのあいだの交流の機会を準備したＡＴは、「名誉白人」とは異なる関係の構築を目指す反アパルトヘイト運動そのものの実践であった。反アパルトヘイト運動の旅の目的は、解放運動や海外の反アパルトヘイト運動のメンバーに会うことだけではなく、日本とアフリカの人びとのあいだの草の根の交流を実現することも、大事な要素だったのである。

このように、反アパルトヘイト運動の参加者はさまざまな機会にアフリカに向かったが、アパルトヘイト廃止へと大きく動き出す一九九〇年より以前に、南アフリカ自体に入国することは稀であった。日本人が出張や観光で南アフリカを訪れることは珍しくなかったにもかかわらず、である。南アフリカ観光公社や南アフリカ航空は一九七五年に東京に事務所を開設しており、南アフリカを旅行する日本人観光客の数は一九七五年の３５００人から八三年には１万人を超えるまでになっていた（Morikawa 1997: 77）。短期の旅行者に加えて、南アフリカには約７００〜８００人の日本人が住んでおり、そのほとんどが日本企業の駐在員とその家族であった（須関 1991）。しかし、反アパルトヘイト運動への関わりが南アフリカ政府に知られていた人物は、飛行機で南アフリカに向かっても空港で入国を拒否されたりした（吉田・楠原 1988; 下垣 2007）。

そうしたなかで、真の訪問意図を隠して一九七四年に「休日旅行」のビザで南アフリカを訪れたアジア太平洋資料センター（ＰＡＲＣ）の北沢洋子の旅は、運動目的での南アフリカ潜入に成功した例外的なケースであったといえる。前述のように、北沢は南アフリカに進出している日本企業の経済活動をひそかに調査し、調査結果に基づく証言を同年の国連総会第４委員会で行い、日本政府を大いに困惑させた（北沢 1988）。北沢はＪＡＡＣのメンバーではなかったが、アフリカ行動委員会の「行動委員会ニュース」に寄稿するなど、ＪＡＡＣと交流があった[11]。

南アフリカに旅して現地の状況を自分の目で見たり、現地の人びととじかに交流することが難しい状況において、反アパルトヘイト運動のなかでは、南アフリカの人びとの経験や思想への理解を深めるために、南アフリカをはじめとするアフリカの作家の作品を読んだり翻訳したりすることが重視された。ミリアム・トラーディやチナ・ムショーペら南アフリカの女性作家の作品を多数翻訳し、日本に紹介してきた楠瀬佳子は、「実際に南アフリカで生きている人びとの生の声を知りたい」（楠瀬

1994: 67）という思いから、検閲と闘いながら書き続ける女性作家の作品を読み、翻訳して日本に紹介してきた(12)。

本節を締めくくるにあたって、ＪＡＡＣの関心が南アフリカのアパルトヘイトの問題だけではなく、アフリカの他地域、とりわけ独立が遅れていたポルトガル領植民地にも向けられていたことを付言しておきたい。一九七〇年代前半には写真家でアフリカ行動委員会メンバーであった小川忠博が、解放運動の招きによりギニア・ビサウ、モザンビーク、アンゴラの取材に入っている。彼の撮影した「解放区」の写真集には日・英・ポルトガル語の三言語のキャプションが付けられ、反アパルトヘイト運動のネットワークを通じて海外にも広く送付された（小川1972; JAAC 1976）。

6　海外ゲストの来日

反アパルトヘイトの「旅」は日本からの一方通行ではない。本節では、日本の反アパルトヘイト運動参加者に強い印象を残したり、運動の転機となったりしたと思われる、南アフリカから、あるいは亡命先からの、解放運動の指導者や関係者の来日事例のいくつかを見ていく。

一九七〇年に初来日したマジシ・クネーネは、市民運動として歩み出したばかりの日本の反アパルトヘイト運動に強烈なインパクトを残した。亡命先のロンドンのＡＮＣで財政責任者の立場にあったクネーネは、同年四月、ＡＮＣの闘争資金の調達を目的として来日した。詩人でもあるクネーネは、アジア・アフリカ作家会議を通じて知り合った竹内泰宏・高良留美子夫妻宅に滞在しながら社会党などと接触するも、具体的な資金調達には結びつかず、話を聞くばかりで具体的な支援をしようとしない日本への失望を隠さずに離日した。クネーネは日本で「日本は我々を殺している。日本の繁栄は我々の血のうえに成り立っている！（Japan is killing us. Japanese prosperity depends on our blood!）」と語ったとされる（竹内1970: 119）。彼の二週間の日本滞在中、結成間もないアフリカ行動委員会がアテンド役を務めたが、クネーネの落胆と憤りは、彼と行動を共にしたアフリカ行動委員会のメンバーらに強烈なショックを与えた。楠原は反アパルトヘイト市民運動への長い関わりを振り返る際に、このときの経験を「クネーネ・ショック」と呼び、七〇年六月の「フリーダム・デー」にあわせてアフリカ行動委員会が初めてデモを行ったのは、クネーネの訪日の影響が大きかったと語っている（楠原2015）。

七七年末にはＪＡＡＣの招待により黒人意識運動のランウェジ・ネングウェクルが亡命先のボツワナから来日し、同年九月に拘留中に殺害された黒人意識運動指導者スティーブン・ビコ（映画『遠い夜明け』のモデル）の追悼集会に出席した。黒人の精神的解放と白人社会の価値体系の拒否の重要性を強調する黒人意識運動の思想は、日本社会に巣食う差別的な価値体系に強い問題意識を抱く反アパルトヘイト運動参加者に深い共感をもって受け入れられた（COMRADE Anti-Apartheid News, No.

39, 1978. 2. 1)。

一九八〇年代には、さらに多くの南アフリカの活動家が日本を訪れた。一九八四年には、タンザニアにあるANCの亡命者の家族のための学校、ソロモン・マシャング自由学校（SOMAFCO）への支援を訴える目的で、ANCのセレツェ・チョアビが来日した。前年にアフリカ行動委員会の楠原が日本人として初めてSOMAFCOを訪問していたが、詳細な情報がなく具体的な支援計画が立てられずにいた。そこにチョアビの来日が実現したことについて、ある運動参加者は「具体的なイメージをつかみかねていた私たちにとって、チョアビ氏の来日は決定的な意味をもつことになった」「彼の話を直接に聞いたことで、〝相手の顔が見える〟支援が可能になったのではないか」と述べている（COMRADE Anti-Apartheid News, No. 67, 1984. 12. 1）[13]。

海外からのゲスト来日は、アフリカと日本の人びとの間に個人的な「顔の見える」関係を築くだけでなく、その準備の過程が国内の反アパルトヘイト運動のネットワークを拡大する貴重な機会ともなった。たとえば一九八六年のデズモンド・ツツ大主教（八四年のノーベル平和賞受賞者）や八七年のアラン・ブーサック牧師（南アフリカ国内の抵抗運動「統一民主戦線」（UDF）の指導者）の来日を機に、JAACとキリスト教会との協力関係が大きく前進した。ブーサックは東京集会への参加後、予定されていた大阪集会への参加をキャンセルして帰国せざるをえない事態となったが（「反アパルトヘイトこむらどニュース」No. 81, 1987. 6. 16）、大阪集会の準備のために反アパルトヘイト市民グループとキリスト教関係者らにより結成されていた「アラン・ブーサック牧師歓迎実行委員会」は、その場限りで終わらず「反アパルトヘイト関西連絡会」へと改編され、このネットワークは後に一九九〇年の大阪での「マンデラ歓迎関西委員会」にもつながっていった（マンデラ歓迎日本委員会 1992）。

また、一九八八年のドナルド・ウッズ（映画『遠い夜明け』の原作者）の来日も、国内の反アパルトヘイト運動が盛り上がる契機として重要であった。ウッズは部落解放同盟などが主催した「守ろう平和・人権・反差別青年運動」の招へいにより来日した。下垣ら大阪の「こむらどアフリカ委員会」のメンバーは、部落解放同盟と差別への問題関心を共有し、活動の初期から付き合いがあり、ウッズを先頭に立てた御堂筋デモの準備などに協力した（下垣 2007）。ウッズの来日後、大手スーパーが次々と南アフリカ商品の取り扱い中止を決めたが、これは部落解放同盟が南アフリカ製品のボイコットを呼びかけた影響も大きかったと思われる（「反アパルトヘイトこむらどニュース」No. 87, 1988. 6. 30）[14]。

おわりに

本稿では、日本の反アパルトヘイト運動に関わる日本から海外へ、海外から日本への「旅」のいくつかをたどってきた。

「旅」がもたらす対面でのコミュニケーションは相互理解と尊敬を促進するが、それは必ずしも快い経験とは限らない。「クネーネ・ショック」に見られるように、解放運動組織メンバーとの交流は、先方の要求と自分たちがしようとしていることと、現実的にできることのギャップゆえに、苦い経験になることも少なくなかった。それでも市民運動が続いたのは、苦しさと同時に楽しさ、面白さもあったからだろう。下垣は自身の反アパルトヘイト運動を振り返り、次のように述べている。

> けっこう運動は面白いんですよ（笑）。昔から繰り返し、特に市民運動ですけど、楽しくやらなきゃねえといって、そういう話をお互いしてきました。自分がやっていて少なくとも嫌にならない、つい何かしたいという気になる。そのことで何かしたいという気になるような雰囲気でないとできないですね。（下垣 2007: 89）

他の仕事や活動をしながら取り組む市民運動にとって、運動に関わる旅は必然的に非日常である。国際会議の場合は国連や世界教会協議会、海外の反アパルトヘイト団体などからの金銭的支援が出ることもあったが(15)、基本的には自腹を切っての運動であり、お金と時間を工面して旅に出たり、海外からゲストを招いたりするのは容易なことではなかった。それだけになお、実際に旅をしたり、はるばる海を渡って日本にやってきた活動家とじかに会ったりする経験は、心に長く刻まれたことだろう。反アパルトヘイト国際連帯運動は、日本を含む世界各地「で」生じた、というより、人びとが国境をまたいで旅をして、「顔の見える」関係を創り、つながっていきながら世界に広がったのである。

注

（1）言うまでもなく、「白人」「黒人」といった人種概念は実体的なものではなく、社会的に構築されるものである。ここでは、南アフリカでの一般的な用語法に従い、アフリカ系、カラード（先住民のコイやサン、マレー系など、多様なルーツの人びとがここには含まれる）、インド系など、「白人」以外のすべての人びとを指す用語として「黒人」を用いる。アパルトヘイト体制のもとでは、人口登録法によって住民一人ひとりが属する人種が国家によって決められた。アパルトヘイト後はそのような制度は廃止されたが、長年の人種差別によってもたらされた人種格差の是正を目的として各種の黒人優遇策が実施されており、公的な統計調査においても自主申告に基づく人種（Black/African, Coloured, Indian/Asian, White の4つの population group）のデータがとられている。

（2）本稿の主題は英語で既発表の拙稿（Makino 2018）と類似しているほか、研究動向や日本や海外の反アパルトヘイト運動の説明において、他の拙稿（牧野 2011; Makino 2016; 2019; Makino and Tsuyama 2018）と一部内容の重複があることをお断りしておく。

（3）UN. General Assembly (43rd session.: 1988-1989), "Policies of Apartheid of the Government of South Africa: Resolutions / Adopted by the General Assembly." https://digitallibrary.un.org/record/192646

(4) 白人でなくとも白人地区に居住できるといった取り扱いは、日本人に限らず外国人駐在員には広く適用されていた（アフリカ系アメリカ人、台湾人など）。「名誉白人」概念の起源とニュアンスの変遷、解釈の多義性についてはOsada (2002); 山本（2012; 2022）を参照。

(5) PACは、一九五九年にANCから分離して設立された南アフリカの解放運動組織。

(6) Skinner（2010）もソーンの議論を援用しながら、イギリスとアメリカの反アパルトヘイト運動について、両国のキリスト教会指導者らが南アフリカを訪問して築いていた現地の人びととのつながりが、運動の基盤形成において重要な役割を果たしたことを指摘している。日本においても、第6節でキリスト教会とJAACの協力関係に触れるように、キリスト教会がもつ国際的なネットワークが反アパルトヘイト運動に生かされることはしばしばあった。とりわけ、JAACをジュネーブの世界教会協議会とつなぐ役割を果たした在日大韓基督教会の李仁夏（イインハ）牧師、およびデズモンド・ツツ大主教と親交をもち、ネルソン・マンデラ歓迎日本委員会の委員長職を引き受けた日本聖公会の木川田一郎首座主教の役割は大きかった。ただし、アジア・アフリカ連帯の文脈で始まった日本の反アパルトヘイト運動では、イギリスやアメリカのように運動の初期に聖職者が指導的な役割を果たしたわけではなかった。木川田とツツの関係については、ツツの伝記に寄せた木川田の文章（1991）を参照。

(7) 一九九四年から二〇〇九年まで「日本国際ボランティアセンター（JVC）」南アフリカ現地代表を務めた津山直子、南アフリカの教育支援を行っている「アジア・アフリカと共に歩む会（TAAA）」の現地代表として二〇〇〇年から南アフリカに暮らす平林薫は、ともに一九八〇年代末から一九九〇年代初頭にかけてANC東京事務所でスタッフとして働いた経験をもつ。「南アフリカ座談会——アフリカの大地に生きる二人の女性が語る」アフリカ日本協議会ウェブサイトを参照。https://ajf.gr.jp/lang_ja/activities/zadankai20071128hokoku.html

(8) アジア諸国民連帯会議は、バンドン会議の直前にニューデリーで開催された民間レベルの会議で、正式名称はConference of Asian Countries for the Relaxation of International Tension であった（Stolte 2019を参照）。

(9) 名古屋NGOセンターよこのつながり勉強会主催「あるNGO活動の変遷（名古屋における反アパルトヘイト運動）」（2015. 6. 28. 名古屋NGOセンター）での大島隆平氏の講演による。

(10) 楠原（1976: 63）および渡辺一夫（2014）を参照。楠原が野間と出会い反アパルトヘイト運動に関わるようになったのは「アジア・アフリカの仲間」の活動を通じてであった。

(11) たとえば北沢は「アフリカ行動委員会ニュース」（No.18, 1975.11）に「国際帝国主義体制の中の南ア」という記事を寄稿している。同号の編集後記には「今回は行動委の活動的メンバーが分担して原稿を書きました。なお、V〔引用者注：「国際帝国主義体制の中の南ア」のこと〕は北沢洋子氏に依頼しました」と書かれており（p.101）、北沢がJAACのメンバーとしてではないが頼りになるリソースパーソンとしてJAACの運動とも関わっていたことがうかがえる。北沢の逝去に際し、楠原は「70年代の南アフリカの黒人意識運動を誰よりも早く、私たちに紹介し、アフリカやヨーロッパにいた運動の関係者と引き合わせてくださったのも北沢さんでした」と書いている（「北沢洋子さんを偲ぶ会」2015. 8. 30 私学会館 http://www.parc-jp.org/freeschool/event/kitazawa.pdf.）

(12) 大阪や京都の反アパルトヘイト運動グループの参加者の一部は、アフリカ文学研究者の宮本正興・楠瀬佳子夫妻が主催する「アフリカ文学研究会」に参加し、会報『Mwenge』にアフリカ文学作品の評論や翻訳を寄稿していた（アフリカ文学研究会『Mwenge』各号）。東京のアフリカ行動委員会でも定期会合の前に読書会が開かれていた（たとえば、アフリカ行動委員会「アフリカ行動委員会ニュース」No.24, 1984. 3. 21: 113-5）。

(13) こむらどアフリカ委員会「COMRADE Anti-Apartheid News」No. 67, 1984. 12. 1. チョアビの来日後、SOMAFCO支援のための寄附が呼びかけられ、学用品などが数次にわたりSOMAFCOに送られた。

(14) こむらどアフリカ委員会「反アパルトヘイトこむらどニュース」No.87, 1988. 6. 30. 部落解放同盟が中心となって一九八八年に結成された反差別国際運動（IMADR）にはある時期までANCから役員が送られており、部落解放同盟とANCはIMADRを通じて世界のさまざまな地域の差別の問題への取り組みにおいて協力する関係にあった。反差別国際運動「反差別国際運動　活動の概要」（1993. 1）および反差別国際運動（2018）を参照。

(15) AAAOWは国連と世界教会協議会からの財政支援を受けていたが、それだけでは足りずカンパも呼びかけられていた。AAAOW事務局「反アパルトヘイト・アジア・オセアニア・ワークショップ通信：AAAOW」No.1, 1988. 6月頃参照。また京都の大学生・大学院生による反アパルトヘイト運動に入っていた峯陽一は、一九八七年にスウェーデンで開催された反アパルトヘイト会議に出席した際、航空券代の払い戻しをスウェーデンの政府機関から受け、スウェーデン政府がこの会議のスポンサーとなっていることを知り、カルチャーショックを受けたと語っている（峯 2016）。

引用・参照資料

アフリカ行動委員会（JAAC Tokyo）「アフリカ行動委員会ニュース」No.9, 1970. 12; No.10, 1971. 4; No. 18, 1975. 11; No. 24, 1984. 3. 21（反アパルトヘイト運動関連資料・楠原彰氏寄贈分、立教大学共生社会研究センターR10。以下、RCCS R10と略）

アフリカ日本協議会（AJF）『アフリカNow』No. 92, 2011; No.102, 2015; No. 105, 2016; No. 110, 2018.

アフリカ文学研究会『Mwenge』各号（宮本正興氏・楠瀬佳子氏提供）

こむらどアフリカ委員会（JAAC Osaka）「COMRADE Anti-Apartheid News」No. 39, 1978. 2. 1; No. 67, 1984. 12. 1（反アパルトヘイト運動関連資料・下垣桂二氏寄贈分、立教大学共生社会研究センターR09。以下、RCCS R09と略）

――「反アパルトヘイトこむらどニュース」No. 81, 1987. 6. 16; No. 87, 1988. 6. 30（RCCS R09）

ヌーベルフロンティア「Alternative Tour ATハンドブック89 旅行参加者ゼミナール　タンザニアの大地」1989頃発行（RCCS R09）

静岡アフリカに学ぶ会「アフリカから」第1号 1978. 8（RCCS R10）

南ア人種差別反対実行委員会準備会「南ア通信」No.1, 1963. 12. 23; No. 2, 1964. 1. 15（RCCCS R10）

日本反アパルトヘイト委員会（ＪＡＡＣ）「日本反アパルトヘイト委員会（ＪＡＡＣ）の確認事項（案）」1989. 9月頃発行（RCCCS R09）

――「反アパルトヘイト・アジア・オセアニア・ワークショップ記録集」1989. 12. 26（RCCCS R10）

日本反アパルトヘイト女性委員会『アベシファザーネ』No. 11, 1988. 9. 24（RCCCS R09）

ＡＡＡＯＷ事務局「反アパルトヘイト・アジア・オセアニア・ワークショップ通信：ＡＡＡＯＷ」No. 1, 1988. 6月頃発行（RCCCS R10）

野間寛二郎から Anti-Apartheid Movement（ＡＡＭ）への手紙 1970. 7. 26（Asia, 1966-1989, Anti-Apartheid Movement Papers, MSS. AAM 2338, Bodleian Library, Oxford University）

反差別国際運動「反差別国際運動 活動の概要」1993. 1（RCCCS R09）

渡辺一夫「土屋とみ枝さんとアジア・アフリカの仲間」『こんてぬうあ』No. 6, 2014. 1. 14発行（楠原彰氏提供）

参考文献

クワメ・エンクルマ（1960）野間寛二郎訳『わが祖国への自伝』理論社

小川忠博（1972）『Nô Pintcha――写真報告 ポルトガル領ギニア解放闘争』たいまつ社

木川田一郎（1991）「アパルトヘイトとたたかうツツ大主教」デイビッド・ウィナー、箕浦万里子訳『伝記 世界を変えた人びと ④ ツツ大主教』偕成社 : 157-64.

北沢洋子（1988）『私のなかのアフリカ――反アパルトヘイトの旅』現代教養文庫、社会思想社

楠瀬佳子（1994）『南アフリカを読む――文学・女性・社会』第三書館

楠原彰（1976）『自立と共存』亜紀書房

――（1981）『アフリカは遠いか』すずさわ書店

――（1985）『アフリカの飢えとアパルトヘイト――私たちにとってのアフリカ』亜紀書房

――（1988）『アパルトヘイトと日本』亜紀書房

――（2010）「日本の反アパルトヘイト運動の歴史――ＪＡＡＣの運動を中心に」峯陽一編『南アフリカを知るための60章』明石書店 : 303-6.

――（2015）「反アパルトヘイト運動の経験を振り返る――アフリカ行動委員会の運動を中心に」『アフリカ Now』No.102 アフリカ日本協議会

くぼたのぞみ（2018）「南アフリカ女性の日キャンペーンで駆け抜けた一年（特集：反アパルトヘイト運動と女性、文学）」『アフリカ Now』No. 110 アフリカ日本協議会

ジョモ・ケニヤッタ（1962）野間寛二郎訳『ケニヤ山のふもと』理論社

国際連合広報センター（1975）『南アフリカとアパルトヘイト』国際連合広報センター https://www.unic.or.jp/files/print_archive/pdf/apartheid/apartheid_9.pdf

五味川純平（1964）『人間の朝――東アフリカ紀行』河出書房

佐竹純子（2018）「日本反アパルトヘイト女性委員会の1985—1988年を振り返る（特集：反アパルトヘイト運動と女性、文学）」『アフリカNow』No. 110 アフリカ日本協議会

下垣桂二（2007）「南アフリカ・ボイコット運動の経験」（聞き手・田浪亜央江）『インパクション』100: 74-92.

——（2011）「『タンザニアに生きる』著者 根本利通を語る」『アフリカNow』No. 92 アフリカ日本協議会

須関知昭（1991）「南アフリカの日本人社会」『地理』36 (10): 33-8.

竹内泰宏（1970）「日本はわれわれを殺している（Japan Is Killing Us）——南アフリカの詩人クネーネ訪日記」『新日本文学』25 (6): 112-23.

根本利通、辻村英之編集・解説（2011）『タンザニアに生きる——内側から照らす国家と民衆の記録』昭和堂

野間寛二郎（1969）『差別と叛逆の原点——アパルトヘイトの国』理論社

——（1970）「サハラ砂漠を飛ぶ——私のアフリカ紀行1」アフリカ問題懇話会編『アフリカを学ぶ雑誌a』No. 1 理論社

反差別国際運動（2018）『差別と闘う30年——これまで・そして・これから』反差別国際運動創立30周年記念冊子 反差別国際運動（IMADR）https://imadr.net/wordpress/wp-content/uploads/2018/12/1-IMADR-30th.pdf.

平野泉（2019）「［資料紹介］日本における反アパルトヘイト運動とその記録」『国立歴史民俗博物館研究報告』216: 279-90.

牧野久美子（2011）「南アフリカの移行と日本の市民社会」牧野久美子・佐藤千鶴子編『ポスト移行期南アフリカの社会変容』調査研究報告書 アジア経済研究所：143-68. https://www.ide.go.jp/library/Japanese/Publish/Reports/InterimReport/2010/pdf/2010_416_08.pdf.

マンデラ歓迎日本委員会編（1992）『ポスト・アパルトヘイト』日本評論社

峯陽一（2016）「私の南部アフリカとの関わり——峯陽一さんに聞く」（聞き手：牧野久美子・津山直子）『アフリカNow』No. 105 アフリカ日本協議会

山本めゆ（2012）「人種概念としての「名誉白人」——アパルトヘイト期南アフリカの日本人コミュニティに注目して」『ソシオロジ』56 (3): 103-19.

——（2022）『「名誉白人」の百年——南アフリカのアジア系住民をめぐるエスノ—人種ポリティクス』新曜社

吉田ルイ子・楠原彰（1988）「遠い鏡としての南アフリカ」『世界』519: 42-56.

立教大学共生社会研究センター（2018）『公開講演会「反アパルトヘイト運動を記憶する」（2016. 12. 17 開催）講演・質疑の記録』http://hdl.handle.net/11008/1350.

Alden, Chris and Katsumi Hirano, eds. (2003) *Japan and South Africa in a Globalising World: A Distant Mirror*. London: Routledge.

Ampiah, Kweku (1997) *The Dynamics of Japan's Relations with Africa: South Africa, Tanzania and Nigeria*. London and New York: Routledge.

Brock, L., V. Gosse, and A. Lichtenstein (2014) "Editors' Introduction." *Radical History Review* 2014 (119): 1-5. https://doi.org/10.1215/01636545-2401870.

Culverson, Donald R. (1999) *Contesting Apartheid: U.S. Activism, 1960-*

1987. Boulder, CO: Westview Press.

Edmondson, L. (1993) "Africa and the Developing Regions," in A. Mazrui ed., *General History of Africa VIII: Africa since 1935*, Paris: UNESCO.

Fieldhouse, Roger (2005) *Anti-Apartheid: A History of the Movement in Britain - A Study in Pressure Group Politics*. London: Merlin Press.

JAAC (Japan Anti-Apartheid Committee) (1976) *Camaradas, Independência! : Documento Fotográfico : Combate Pela Libertação Da Guiné Bissau, Moçambique e Angola*. Yokohama: JAAC.

Klotz, Audie (1999) *Norms in International Relations: The Struggle against Apartheid*. Ithaca: Cornell University Press.

Konieczna, Anna and Rob Skinner, eds. (2019) *A Global History of Anti-Apartheid: 'Forward to Freedom' in South Africa*. Cham: Palgrave Macmillan.

Lissoni, Arianna (2009) "Transformations in the ANC External Mission and Umkhonto We Sizwe, C. 1960-1969." *Journal of Southern African Studies* 35 (2): 287-301. https://www.jstor.org/stable/40283234.

Makino, Kumiko (2016) *The Framing Discourses of 'Honorary White' in the Anti-Apartheid Movement in Japan*. Discussion Paper. Chiba: Institute of Developing Economies (IDE), JETRO. http://doi.org/10.20561/00037604.

—— (2018) "Travelling for Solidarity: Japanese Activists in the Transnational Anti-Apartheid Movement," In Scarlett Cornelissen and Yoichi Mine ed., *Migration and Agency in a Globalizing World*. London: Palgrave Macmillan UK: 247-70. https://doi.org/10.1057/978-1-137-60205-3_12.

—— (2019) "Afro-Asian Solidarity and the Anti-Apartheid Movement in Japan." In Anna Konieczna and Rob Skinner ed., *A Global History of Anti-Apartheid*. Cham: Springer International Publishing: 265-87. https://doi.org/10.1007/978-3-030-03652-2_9.

Makino, Kumiko and Naoko Tsuyama (2018) "The Anti-Apartheid Solidarity Movement in Japan: Actors, Networks and Issues." In SADET ed., *The Road to Democracy in South Africa*. Volume 3: *International Solidarity* (Part 3), Austin: Pan-African University Press: 1623-52.

Morikawa, Jun (1985) "The Myth and Reality of Japan's Relations with Colonial Africa: 1885-1960." *Journal of African Studies* 12 (1): 39-46.

—— (1997) *Japan and Africa: Big Business and Diplomacy*, London: Hurst & Co.

Osada, Masako (2002) *Sanctions and Honorary Whites: Diplomatic Policies and Economic Realities in Relations between Japan and South Africa*. Westport: Greenwood Publishing Group.

SADET (South African Democracy Education Trust) ed. (2008) *The Road to Democracy in South Africa*, Volume 3, *International Solidarity* (Parts 1&2), Pretoria: UNISA Press.

—— (2013) *The Road to Democracy in South Africa*, Volume 5, *African Solidarity* (Parts 1&2), Pretoria: UNISA Press.

—— (2018) *The Road to Democracy in South Africa*, Volume 3, *International Solidarity* (Part 3), Austin: Pan-African University Press.

Sellström, Tor (1999) *Sweden and National Liberation in Southern Africa:* Volume 1 *Formation of a Popular Opinion (1950-1970)*. Uppsala: Nordic Africa Institute.

—— (2002) *Sweden and National Liberation in Southern Africa:* Volume

2 *Solidarity and Assistance (1970-1994)*. Uppsala: Nordic Africa Institute.

Skinner, Rob (2010) *Foundations of Anti-Apartheid: Liberal Humanitarians and Transnational Activists in Britain and the United States c. 1919-64*. London: Palgrave Macmillan.

Stolte, Carolien (2019) "'The People's Bandung': Local Anti-Imperialists on an Afro-Asian Stage." *Journal of World History*. 30 (1/2): 125-56. https://doi.org/10.1353/jwh.2019.0047.

Thörn, Håkan (2006) *Anti-Apartheid and the Emergence of a Global Civil Society*. Basingstoke: Palgrave Macmillan.

【特集　越境と連帯　インタビュー】

武藤　一羊さん

党・国家に依らない民衆（ピープル）のインタナショナルへ

――一九七〇年前後の経験からたどる〈越境と連帯〉の運動史

武藤 一羊さん

一九三一年生まれの武藤一羊さんは、昨年（二〇二一年）九〇歳になられたが、いまだ現役で運動に参加し続けている。一九五〇年代には共産党員活動家として全日本学生自治会総連合（全学連）や原水爆禁止日本協議会（原水協）に関わり、六〇年代はベトナムに平和を！市民連合（べ平連）に参加、七〇年代からはアジア太平洋資料センター（PARC）を設立して「国際連帯」の運動を担った。そして九〇年代末から現在まで、ピープルズ・プラン研究所を足場に活動している。幼少期の満州国経験も含め、武藤さんの活動歴には〈越境と連帯〉の要素が色濃い。特にべ平連からPARCへのつながりは、日本の運動の国際的展開という点で重要である。にもかかわらず、その間をつなぐ一九七〇年前後の運動史、具体的には『AMPO』と『連帯』という二つの「雑誌」は、これまで十分に論じられてこなかった。一方で、武藤さん自身は、日本共産党除名後に共産主義労働者党（共労党）に参加しており、七〇年前後における「国際」や「連帯」がグローバルな社会変革としての「革命」の文脈で語られていたことも見落とせない。この複雑な連結の中心にいた武藤さんに、貴重な証言を語っていただいた。インタビューは二〇二一年一二月二四日に武藤さん宅で行い、松井・大野が編集・再構成した後、武藤さんが加筆訂正した。資料として『連帯』の総目次（全四巻）を付けた。（聞き手：大野光明・松井隆志）

■ベ平連以前の国際活動経験と思想形成

――「越境と連帯」の運動史を取り上げるにあたり、武藤一羊さんの活動は外せないと考えました。武藤さんの運動史については、すでに聞き取りやインタビューがあります。一九五〇年代までの証言は『初期原水爆禁止運動聞き取りプロジェクト記録集成』(ピープルズ・プラン研究所発行2012)、一九六〇〜七〇年代については「原点としての朝鮮戦争」(『検証【昭和の思想】Ⅴ　思想としての運動体験』天野恵一・池田浩士編 社会評論社 1994)や「花崎皋平さんとの交流を軸に運動史をふりかえる」(『季刊 運動〈経験〉』26号 軌跡社 2009)などです。これらだけでも武藤さんの活動がいかに国際的だったかよくわかるのですが、一方で、一九六九年からべ平連内で英文雑誌『AMPO』を出し始め、七一年から「解放闘争国際情報」誌『連帯』(亜紀書房)を発行、これらが七三年のPARC設立へとつながる流れは、まだ十分活字になっていません。今回はその時期を中心にうかがいます。

とはいえ、まずは古い時期から確認しますが、コロンボでの世界平和評議会総会(一九五七年)の日本代表団に随行されたのが、国際的な活動の最初でしょうか。

武藤　その前が大事です。何と言っても一九五〇年、大学に入ってすぐ朝鮮戦争が始まり、占領下で学生運動は反戦闘争に取り組み、そのなかで僕は共産党に入るんですが、それは朝鮮人の同志との共同闘争だったんですね。そこから話すときりがないので今日はやめておきますが、朝鮮戦争というのは僕の社会的関わりの大元にあるんです。その後全学連の中執(中央執行委員)のときに国際学連(IUS)との連絡係のようなことをやって、その辺りが狭義の国際的活動の最初です。全学連の後、世界民青連(WFDY)日本委員会というものを山口健二と一緒にしばらくやっていました。当時は、戦争直後にできた世界的大衆組織が冷戦のなかで分裂したのですが、WFDYは世界労連(WFTU)などとともにいわゆる社会主義陣営の側の国際組織で、世界青年平和友好祭という大規模なフェスタをやっていました。日本委員会は五四年のワルシャワ友好祭への準備のためにつくられたもので、国内でも民青を中心に外国代表を招待して一万人も集まる日本大会を千駄ヶ谷の体育館でやったり、結構盛り上がった運動でした。ヨーロッパだけじゃなく、インドネシアからも青年運動の仲間が来て、僕は通訳もして交流しました。ちなみにそのとき来たインドネシア青年同盟の代表のスカトノ君は、後にインドネシア共産党の中央委員になりましたが、六五年の9・30事件のあと殺されました。

ところが一九五五年、共産党は六全協で方針転換し、民青中央も自己批判、総ざんげ、地下活動の同志は街頭に放り出され、失業し、党本部に押しかけて就職を斡旋しろと要求する。WFDY日本委員会などはあっという間に消滅。そういう事態になりました。僕は、労働組合の機関紙に記事を配信する機関紙通信社に拾ってもらって、その国際版をやることになった。当時、鉄鋼労連の書記をしていた上田建二郎(不破哲三)は、通信社と地続きの機関紙印刷というところに機関紙の校正で通っていたので、学生運動以来久しぶりに再会して、いろいろ議論しました。彼は日本国憲法下で革命はできると、当時から今と同じことを言っていました。

僕の思想的自立は、六全協後のこの五〇年代後半に始まるわけです。党の縛りから解放された雪解けの時期で、本を読んだり、理論の勉強をし始める。だからたいへん遅蒔きなんですね、僕は。当時の活動家はトロツキーを読む人とグラムシを読む人に分かれましたが、僕はグラムシの方に惹かれました。国際通信の仕事に重ねて、当時のヨーロッパの労働運動、特にフランスとイタリアの運動に惹きつけられたし、筑豊の炭坑労働者の労働運動にも強い関心をもっていました。共産党の民族独立的な発想から離れるなかで、いわば先進国革命主義に傾いていったのがこの時期です。五〇年代半ばの当時、アメリカではマッカーシズムが終わり、学生の間に「一体共産党って何だろう、話を聞いてみよう」というような関心が高まり、エリザベス・ガーリー・フリンとかハーバート・アプテカーなどマッカーシズムの下で苦難を耐えて生き残ったアメリカ共産党のリーダーが、方々の大学に呼ばれて講演するという現象が起こってくる。そのなかで、ソ連共産党二〇回大会でスターリン批判が始まる。

この辺が僕の思想形成の元にあって、だから「国内／国際」と分けた上でそれをつなぐということではなくて、激しく動く世界変革の場の中に当然自分はいて、その中で議論したり情報提供したり実践したり、というものとしてある。原水協でもベ平連でも、僕がいくらか英語ができたというのは要素としてはあるでしょうが、国際的な活動の大元にそういう思想形成があった。

■ベ平連が開いた新たな世界

――古い時代の活動からうかがったのは、国際的活動もベ平連以前と以後では質的に異なるというか、武藤さんにとっても新たな発見があったのではないかと思うのですが、いかがですか。

武藤　ベ平連で新たな世界が開けたという感じですね。それまでの僕の国際的なつながりというのは、すべて組織を通じてのものだった。原水協もそうでした。ただ、原水協では、かなりの程度、僕自身の考えをもってやれたから非常に面白かった。当時（一九五〇年代半ば）の共産党は組織はなかば崩壊状態で方針も何もない。神山茂夫の家に行って運動方針について何かしゃべったら「それはいい。明日のアカハタの主張に書け」とか言うわけ（笑）。そういう時代だから、割と自発的に運動を設計する可能性があった。

『思想』に僕の論文（「平和運動の内在的論理」4月号1959）が載りますが、これは、出版を予定して書いたのではなく、当時の原水協の一階の空き部屋で昼休みに少しずつ書き溜めたものを山田昭（後の筆名「山川暁夫」）さんに見せたら、「これはいい、発表しろ」と言って、『思想』に持って行ったら載せてくれた。当時はそれだけの自由度があった。しかし、それでも、若造の事務局員が国際担当理事などの頭越しに勝手に方針関連の主張を発表したわけで、これは恐ろしかった。「わきまえてない」行動だからです。論文はかなり反響があり、遠山茂樹さんからは雑誌『世界』での対談を提案されたりしたけれど、事務局の中では誰も一言も触れない。そういう状況なんです。つまり活動はすべて組織媒介的で、その組織を横目に見ながらどうやって自分の路線をうまく嵌め込んでいくか、という関係。僕は、原水協国際部ではかなり方針提起をしたけれど、そういうフィールドにおける主持ち（あるじもち）の国際的つながりでした。

べ平連はそこを革命したわけです。個人として思ったことを提案して、自分で実行に移せる。国際活動も、小田実の個人原理が貫徹した。共同行動をやろう、となれば、小田は即座に、その場でアメリカに直接電話をかけたり電報を打ったりする。個人原理と言っても勝手に振る舞うということではなく、やっぱりこちらも相手も運動なので、運動の中の個人とつながることで運動がつながるという回路。それは僕にとって発見で、非常にうれしいことでした。昔から分かっていたことではあったけど、桎梏が外れた。べ平連における国際主義とか国際連帯というのはすべてそういう関係で成り立っていた。今の言葉で言えばソーシャル・キャピタルで、芋づる式に引き出される関係の回路ができて、それは組織決定に縛られないことによって勝手に大きくなるわけですよね。そのことは僕にとってすごい大きな発見だった。

それ以前の、たとえばＷＦＤＹのときに結構大きな国際的な動きをやっていて、六全協前の青年運動には相当な基盤があった。当時代々木の体育館を一杯にして、一万人もの青年を動員できていたと言いましたが、それが六全協の坊主懺悔でいっぺんに解体されていく。一方、個人原理的なもので作ったネットワークはずっと長続きする。その後の僕の人間関係でもほとんど続いてます。だからべ平連の国際主義というのは、僕にとって非常に解放的なノビノビとしたものでした。

■日本の加害責任

——べ平連前後の転換という点では、加害責任の問題化もありますね。小田実の『「べ平連」・回顧録でない回顧』（第三書館 1995）に、べ平連初期に小田さんと武藤さんが、いかに日本が加害責任を問題にしてこなかったかを夜通し語り合ったとありました（同書：52）。武藤さんにとって、ベトナム戦争を考えるにあたって日本の加担を問う、という発想は何に由来しているのでしょうか。

武藤　そういうことがありましたね。僕はだいたい満州育ちですから。僕の親父は満州国の高級官僚で、東條内閣の情報局第一部長を務めました。だから、加害責任ということは、僕自身がなんであるかということそのものです。この話は長くなるのでここではしませんが、僕は基本的に根無草なんですね。故郷というものはない。にもかかわらず、日本との関係はある。なぜこんなに日本、特に日本国家というものにこだわるのかと思うと、僕はときどき自分が愛国者じゃないかと思うことがある（笑）。どこの国もポチポチだ、こだわらなくていいじゃないか、というデラシネの感覚がある一方で、なぜか日本にこだわる。批判せずにいられなくするものがある。だから確かにそれは加害者問題ですけど、それは自分に食い込んでいて、「問題」として外に取り出す、対象化することはなかなか難しい。対象化すると「戦後日本国家という問題」になってしまう。

一九四九年、新聞に中国の内戦の報道が出始め、毛沢東という名前が出てくる。中国共産党や毛沢東の名前は、新聞の小さな見出しからだんだん大きくなっていく。その年、僕は都立青山高校という高校の三年生でしたが、東洋史の人見春雄先生が、一回授業を潰して進行中の中国の革命の話をして、それがいかに明治維新以来の日本を根本的に変える最大の出来事か、諄々と語ったんですね。僕はすごい感銘を受けて、夏休みに先生に紹介状を貰って、赤坂離宮、今の迎賓館が国会図書館に使われていたんですが、その特別閲覧室に出かけた。そこで、毛沢東の『持久戦論』と『新民主主義論』を読んだんですね。ものすごい驚きと同時に解放感。毛沢東の本には、戦争の成り行きから終わり方までちゃんと書いてあって、その通りになっている。満州での自分の生活が何であったか、そこまでいっぺんに見えた気がした。

国際主義ということで言うともう一つ、五四年に、中国の紅十字会代表の李徳全が日本に来る。これは戦後初めての中華人民共和国の公人の訪問なんです。この李徳全を防衛するためとして、共産党は防衛隊というのを作って動員をかけた。僕も動員されて、特にすることはないけれど防衛隊の腕章つけて東京駅の八重洲口に立っていた。八重洲口を出てすぐ左にあった国際ホテルの入口に、車を降りて、すたすたと歩いていく李徳全の姿を見ました。小柄な普通の女性だったけれど、僕にとってその姿はすごい「何か」だった。かつて自分は満州で支配者として暮らしていて、張り切って、無理して日本国を擁護していた。その体制がひっくり返り、重荷が降りて、それは僕にとって解放だった。李徳全さんがすたすた歩いているという姿がそれを確認してくれたんだと思う。

一方、これを契機に日中友好運動が盛んになったけれど、僕にはぴったり来なかったし、好かなかった。共産党系の中央合唱団が、「東京―北京」という日中友好の歌をつくって流行らせる。「アジアの兄弟よ　はらからよ　アジアに光をかかげよう」と、さぁこれからは日中の友達が、手をつないで明るいアジアを作ろうという歌なんです。聞くに堪えなかった。あれだけひどい侵略、破壊、殺人をしておいて、それはなかったみたいに、兄弟だのはらからだの、冗談じゃないですよ。戦後日本の特質はここにはっきり出ていたんですね。過去を一切反省しないで、良い子面で通そうという。五八年には、右翼が五星紅旗を燃やした長崎国旗事件をきっかけに、中国は抗議のため日本との貿易を停止しますが、それを受けて、中島健蔵や阿部知二など20人くらいの日本の知識人が初めて日本の侵略を反省する共同声明を出す。しかしそれ止まりでした。日本のいわゆる革新勢力は、周恩来の、日本人民は騙されていた友で、悪いのは日本軍国主義だという中国人民向けの発言に、みんな乗っかっていた。恥ずべきことです。僕にとってアジアとの関係とか国際主義というのにはこういう前史があるのです。

■英文雑誌『ＡＭＰＯ』の発行

――本題に入ります。ベ平連出自の国際的な取り組みの一つに、英文雑誌『ＡＭＰＯ』の発行があります。少し前に武藤さんらの呼びかけで始まった「国際連帯運動記録プロジェクト」の聞き取りなどで、武藤さんに語ってもらっているものの、他ではあまり議論されてきませんでした。改めてその経緯などをお願いします。

武藤　ベ平連というか、特に小田実が外向けに英語のオピニオン誌のようなものを出したがっていました。ベ平連のごく初期、彼と知り合った頃にそういう企画があって、僕も小田の沖縄ルポを翻訳するなどして手伝った。今その現物はどこにもなくて、1号は出したと思うがそれで終わりだった。

――『ジャパン・スピークス』というタイトルだったようですね（小中陽太郎『市民たちの青春』講談社 2008: 58）。

武藤　べ平連を始めてから、英文の刊行物が必要だとはみんな思っていた。当時、日本の反戦運動は、ヘルメット部隊と機動隊の激突でしか伝えられていない感があって、これでは困る。けれど、やろうと言う人間が出てこない。それで六八年に京都でベ平連が開いた「反戦と変革のための国際会議」で、ニコラ・ガイガーという広島在住のドイツ人のパシフィストの女性が発言を求めて、外国への情報発信の英文刊行物が絶対必要だと力説した。でも、みんな黙っていた。仕方ないから僕が立ち上がって「そのとおり、やりましょう」と言ってしまった。

　そうしたら、小田の『週刊アンポ』の企画が持ち上がった。当時小田に限らず左翼全体に「七〇年安保」という幻想があって、一九七〇年にもう一度大きな闘争を立ち上げられると思っていた。そして小田によれば「今の日本人は週刊誌が大好きだ」と。実際に週刊誌はすごく売れていたから、根拠はあった。そこで一同、週刊誌創刊のために精力的に動き始める。誌名は『週刊アンポ』。中央公論社を辞めたばかりの井出孫六さんが編集長を引き受け、デザインも当時一流の人たちを集める。発刊のための基金を募り、千万円単位の資金が集まった。僕はそれで、よしここでと思って、『週刊アンポ』の英文版を作るという企画にして、提案した。そして、「週刊アンポ」基金から3万円もらった（笑）。そうして『ＡＭＰＯ』を始めたわけです。しかし、しっかりしたプランはなかった。出たとこ勝負というかたちで、とにかく1号を出した。

　先の国際会議で「やりましょう」と僕が言ったときに、今は連帯労組の書記長をしている小谷野毅君という若者が、当時麻布高校の高校生でしたが、「ぜひ参加したい」と志願してきた。彼はその後、家出したり、中華料理店で見習いをしたり、いろいろ苦労しながらＰＡＲＣ時代もずっと参加してくれた。それから『ＡＭＰＯ』の出発を常勤で担ってくれたのは、べ平連の事務所に主のように居ついていた河本洋一君で、彼は後のＰＡＲＣの初代事務局長。同じく制作の中心にいたのは、日本ＹＷＣＡにいた加地永都子さん。加地さんはＹＷＣＡの研修でアメリカに一、二年いて帰ってきたけれど、ＹＷＣＡはすぐに仕事に就かせず、世の中を見てきなさいと給料は払いつついわば遊ばせていた。べ平連が最初の小さな事務所を神楽坂に作った頃に、何か手伝えないかと現れたのだけど、吉川勇一にけんもほろろで追い返されたらしい（笑）。しかししぶとく関わり続けて、『ＡＭＰＯ』にも志願してきたわけです。それからダグラス・ラミスも最初からの編集メンバーで『ＡＭＰＯ』一号に小田実インタビューを載せている。マーク・セルデンなど若手のアジア学

『AMPO』1号表紙（1969年11月。PARC提供）

者も加わった。

■『AMPO』の広がり

武藤 この1号を出したのが六九年の秋、10・21（国際反戦デー）の街頭闘争が組まれていたが、警察は街を無人化して「野次馬」の合流を阻止し、一晩で何百人も逮捕される。その記事が1号に載ります。そんな内容ですが、べ平連の仲間はみんなこれはいいと。お祭りの雰囲気があり、室健二とか中尾ハジメなんかも加わって、ともかくその1号は広めた。

当時べ平連の事務所は、神楽坂の地下鉄の駅を出た正面にある中華料理屋の二階全部を使った割と広いところで、いろいろな活動がゴタゴタ同時進行、事務所が街頭化していた。そこで何かを始めるというときにはまず空間を占拠しなければならない。『AMPO』も最初に大型の中古タイプライターを一台据えて少しの空間を占拠した（笑）。1号が広まったことで「市民権」を得て、机のスペースを確保すると同時に事務所内に社会的スペースも確保したわけです。ただ、どう売るかなんて全然わからなかった。

この少し前に、石田雄さんのお連れ合いの石田玲子さんという猛烈にエネルギッシュな活動家が、本多勝一の朝日新聞連載のベトナムルポ「戦場の村」の英訳を作ってアメリカに広めるという運動を始めた。僕も呼ばれて何人かで手分けして薄いパンフレットを作りました。これが、いくら刷っても追いつかないくらいに売れた。そのときの名簿を玲子さんが『AMPO』に提供してくれた。アメリカ向けにはそれを使って発送し、購読者を募った。

――創刊前にその名簿をもらって第1号から外国に発送できたのでしょうか。

武藤 そうです。それとCCAS（Committee of Concerned Asian Scholars「憂慮するアジア学者の会」）というアメリカのアジア学者で若手左翼知識人たちが、東京支部があるくらい大勢いて、編集や販売を助けてくれた。かれらの手を通してかなり広がったと思います。日本にいる英語がわかる外国人も大勢いたし、銀座にあった近藤書店とか神田のウニタとかにも置きました。

『AMPO』はやる気のある若手の外国人を引きつけたんですね。CCASのマーク・セルデンは最初から参加しています。ハーバート・ビックスも少し関わりました。後にべ平連から独立して新宿区西五軒町に設けた『AMPO』の事務所には、グンダー・フランクも来たし、いろんな訪問客があった。アメリカのメソジスト教会の女性部のリーダーは熱心な『AMPO』支持者、彼女もやってきた。

面白い人がいろいろいました。語学の天才・ドナルド・フィリパイ、みんな「ダン」と呼んでいた。何カ国語もできて、後にアイヌ語詩集の英訳もしている。彼が親身になって参加してくれて、1号の10・21の記事も、こちらが書いた原稿をあっという間にIBMの最新機種「ゴルフボール」タイプで機関銃みたいな速さで英語にしてくれる。そのまま版下になった。印刷・発送費用以外はお金がかかっていない。それが初期の『AMPO』でした。

――そういう人たちは「面白いことがあるらしい」と集まってきたのでしょうか。

武藤 フィリパイを誰が連れてきたか覚えてませんが、誰かが誰かを引っ張ってくるんです。べ平連の事務所はゴチャゴチャしてるけど、賑やかで入りやすいし、割と居心地が良い。ふらりと来て座ってたら何かさせられるわけですよ（笑）。それでいろんな人がいました。たとえば武蔵野美術大に革命的デザイナー同盟（革デ同）というのがあって、そこの関係者でブックデザインみたいなことをやってくれた人もいる。全部の名前を控えて記録をとっておけばよかったと思うけど、そこまで考える人はいなかった。

『ＡＭＰＯ』の奥付に編集集団、ＡＭＰＯコレクティヴの名前は載ってますが、外国人は本名じゃない。通しで言えば夥しい数の協力者・参加者がいて、アメリカ人だけじゃなくイタリア人も香港からの人もいた。だから正確な記録がないのは本当に惜しい。

――外国人が本名を出さないのは入国管理の関係でしょうか。

武藤　そうです。でもマーク・セルデンなんかは名前を出していました。山谷のことを書いたブレット・ド・バリーは筆名でした。

■べ平連の傘から自立へ

――『ＡＭＰＯ』はその居心地の良いべ平連の事務所から独立して、一九七一年に先程も言及のあった西五軒町の事務所へと移る。これは『連帯』の事務所として設けたわけですが、『連帯』を始めるのに、べ平連事務所では手狭になったということでしょうか。

武藤　手狭というか、恒常的な活動にいつまでもべ平連を占拠するわけにはいかないし、べ平連から自立もしたい。やっぱりべ平連事務所の中だとべ平連文化の枠の中に入ってしまう。『ＡＭＰＯ』は『週刊アンポ』とは中身が違うものなんです。『ＡＭＰＯ』はかなりはっきりとした左の立場をもっている。べ平連はそういう成り立ちではなく、三つのスローガン（ベトナムに平和を！／ベトナムをベトナム人の手に！／日本政府はベトナム戦争に協力するな！）だけが結合点。当時はすでにいろいろな活動や潮流が入ってきていて、それぞれがやっているのは構わないけれど、べ平連全体はやはりこの三スローガンの範囲なので、『ＡＭＰＯ』はべ平連の傘から相対的に自立するのが自然だったんですね。ただ、新事務所は『ＡＭＰＯ』事務所としてではなく、『連帯』事務所として設置しました。

――新事務所に『ＡＭＰＯ』との物々交換でいろいろな外国の機関誌紙が届くわけですね。

武藤　そう。その点数がどんどん増えていく。それで事務所は紙ですぐにいっぱいになった（笑）。たとえばニューヨークの黒人コミュニティの立派な週刊紙がどさっと届く。読んでいる暇はないけれどどんどん溜まる。『ＡＭＰＯ』の購読費を払わない場合には交換ということにしていたので、こちらから送れば送るほどそういう関係も増えてモノも増える。とにかく紙の山になっちゃった。それが一九七三年にＰＡＲＣを設立する一つのプレッシャーだったことは事実です。しかしスペースがないからＰＡＲＣをつくったということではないですが。

――その話が出たので、一足とびにＰＡＲＣを始めた動機についてうかがいたいのですが、「ポスト・べ平連」の文脈があったと以前お聞きしました。その辺りはどうでしょうか。

武藤　一つは、べ平連は後半期にアジアに目を向け始めるわけですが、僕もその流れの中にいて、僕のずっと背負っていた日本帝国と植民地アジア、そしてそれを底にもつグローバルな社会変革という問題をきちんと追求したいと思っていました。しかしそれはべ平連の延長ではできない。べ平連のスタンスは先程触れた三つのスローガンなんだけど、ベトナムの解放戦争に対してどういう立場をとるかという点では常に不明確さを抱えているわけですね。それをはっきりさせなかった。実際には、べ平連にはベトナム戦争に対していくつかの考え方があった。

一つはベトナム戦争を国際関係として捉える、どっちが勝つか、どこそこの攻撃は成功したか、アメリカがどう動くかなどに関心を注ぐ。この角度は誰でもあるわけだけど、この立場だと、戦争は分析の対象になる。もう一つは、解放戦争支持。僕の見るところ、べ平連運動全体の雰囲気としては、解放戦線にシンパシーを感じていたと思う。それからもう一つ、ベトナムの一人一人の人間、子ども、コミュニティといったものからベトナムを掴む。これはみんなに共通していたけれど、もっぱらそこからこの運動に参加する人もたくさんいた。「殺すな!」というスローガンはこの心情にピッタリあてはまる。国府田恭子さんは、頭を半分吹き飛ばされた女の子の写真を見て、何とかしなきゃいけないとべ平連に加わった、といつも言っていました。本多勝一のルポ「戦場の村」のインパクトもそういうところがあったと思います。それから第四は、原理的パシフィズム。それはほかの観点とは矛盾しつつも、「殺すな!」が全体の基調にあって、そのおかげで運動が成り立っていた。これら四つくらいが、運動の中で、そしておそらく一人一人のなかでも、解決されないままずっと混在していたと思います。

開高健がべ平連を途中でやめたのはこの曖昧さがあったからだと思いますが、僕はそこは曖昧でよろしいと思っている。歴史の中の巨大な出来事だからそこは簡単に整理できない。個人として自分のスタンスを決める場合は、絶対平和主義をとることもできるし、そういう行動はモラル的な基調を決める運動として意味がある。しかし状況に対する対応をそれしかないとして、他を排除してしまうことはできないし、運動としてはすべきでもない。べ平連はそれらが混在して解決されないまま最後まで抱えていたと僕は見ています。それはべ平連運動の力でもあった。

暴力/非暴力というのいつも問われる問題で言えば、僕自身は、非暴力を選びますが、非暴力主義者とは言えないです。そう言ってしまうと、二〇世紀の歴史の大部分は全部ダメだったと意味を抹殺しなきゃならない。僕はそういうことはできない。それから、たとえば、自分が中国人で、日本の侵略に直面したらどうしただろうかと考えたら、やはり非暴力を選択しなかったろうと思いますよ。だからそこは、底辺の力が、いろんな価値観や立場を飲み込み、渾然一体となってある方向に動いていくという、そういうものだと思っています。いわゆるテロとか自爆テロには僕ははっきり否定的ですが、支持すべき解放戦争が全くないとは言えないというのが僕の立場。ただし、武装闘争で解放を勝ち取るという方式は国家の時代の方式で、時代遅れだという意味で非暴力選択が正しいと思っています。運動における暴力は、一般的には権力志向、何より国家志向と内的に結びついていると僕は思っている。そこから、日本の新左翼の暴力観というのを、少し突き放してもう一回検討することが必要だと思う。

運動的なタームで言うと、戦後日本の場合は「実力闘争」という概念が優位で、そのなかには広い意味での暴力が入っている。実力闘争には暴力か非暴力かというはっきりした線引きはないわけですよ。一九六八年の北九州での山田弾薬庫の座り込みや、相模原補給廠からの戦車を止めた闘いなどは、アメリカ式の非暴力運動にかなり近いし、線路や道路を止めるというのはフランスのレジスタンスなんかも含めてどこでもやっていた。それらは非暴力だけど実力闘争ですよ。僕はだから、実力闘争というのをもう一回日本の歴史から抽出して、概念としてきちんと構成する必要があると思っています。

■北沢洋子・高橋武智と『連帯』を創刊

——ちょうど解放闘争や暴力の論点が出たので、『AMPO』と並行して『連帯』を出していく時期の話に戻りたいと思います。英文雑誌として『AMPO』を続ける一方で、一九七一年五月から日本語で『連帯』を出し始めます。また、『AMPO』が当初は「A Report from the Japanese New Left」と副題をつけていたのに対し、『連帯』は逆向きに「解放闘争国際情報」の副題で国際的な革命運動の情報を日本国内に伝えようとしたわけですね。

武藤　革命運動の情報とは言わずに解放闘争としたのは、当時の日本のマルクス主義は圧倒的に「先進国主義」で、大抵の有名な論争は、一国単位、あるいは先進国がすべてであるかのように組み立てられていた。これはダメだというのが出発点でした。ちょうどベ平連の方は、ベトナムだけじゃなくて、日本近代の歴史に遡ってアジアという掴み方をすることが必須だという思想的な転換があったわけですが、日本のマルクス主義の理論の方は先進国しか頭にない。これはおかしい。その点ですね、北沢洋子と僕があっという間に一緒にやろうということになったのは。一九七〇年の4・28のデモを抜けて赤坂の喫茶店で話をして、本当に一時間くらいで一緒にやることを決めたんです（笑）。

——武藤さんの中ではすでに漠然とこういうプランがあって、それで北沢さんに声をかけたのですか。

武藤　はい。でも漠然とじゃなく、はっきり北沢さんと組むつもりで呼び出した。北沢さんとは、面識はなかったけれど、昔から接点とやり取りがあった。原水協の頃にカイロに赴任する当時夫の北沢正雄さんと接触があって、洋子さんについても知っていた。洋子さんは六〇年代末に日本に帰ってから国際情報についてのニュースレターみたいのを出していて、僕はそれを読んで「いいな」と。本当に一時間くらいの話で、すぐに事務所探しを始めた。

——『連帯』の編者は武藤さん・北沢さん・高橋武智さんの三人ですが、まず北沢さんと組んだのでしょうか。

武藤　そうです。高橋武智さんをどう誘ったかよく覚えてないけれど、当時の一つの評価軸はテト攻勢なんです。テト攻勢をベトナム国内の軍事的力関係の文脈で見てはならない。これは洋子さんが北京で解放戦線の代表からじかに聞いたとして紹介してくれた話ですけど、ベトナムが勝つためにどうすればいいかと考えたときに、農村から都市を包囲する中国式のやり方では勝てない。ではどうやって勝つか。アメリカ人民を味方として動員することで勝つ、つまり「アメリカは勝てない」ということをアメリカ人に確信させ、米国内の政治的力関係を変える。そのために、一千キロにわたる一斉攻撃という純軍事的には途方もない行動に出る。つまり、軍事行動であるけれど完全に政治戦略として計画されたのがテト攻勢だった。そしてそれは効果をあげ、米国は戦争終結に向かわざるをえなくなった。この話は、一国の事柄が、国際的な文脈に置き直されることで解決に向かう、一国の闘いを国際的な文脈に位置づけて行う、そのことの意味を具体的に掴ませてくれましたね。とても強いインパクトがありました。そのように一国の問題や闘争を見る必要がある。テト攻勢の教訓をそんな風に受け止めて、『連帯』を出し始めたんですね。高橋さんとはテト攻勢の意味について議論して、一致したんだと思う。

――武藤さんは、高橋さんとはいつからの関係でしょうか。

武藤　初対面は大学のときだと思います。僕が、吉川勇一、大谷喜伝二君とともに全学連の事件（3・14事件）で一九五四年に捕まったときに、彼は救援会に入って助けてくれた。その頃からの仲間です。彼はわだつみ会でずっとやっていた。その後はベ平連で、脱走兵援助活動でも協力し、一緒にやっていた。『連帯』をつくるときごく自然に誘いをかけられる仲間でした。それから彼がフランス語の達人であることも『連帯』を始めるのに重要だった。

『連帯』第1号表紙（1971年5月）

――『連帯』の名称は誰がどういう理由でつけたのでしょうか。

武藤　さぁ、「連帯」が特別良いというんじゃなくて、こんなところでしょうがないかという感じですよね。

――亜紀書房に持ち込んだのはどなたですか。

武藤　それは洋子さんです。社長の棗田（なつめだ）金治さんという人は、「アジアの時代が来る、アジアの世紀が来る」と言い続けたいわば志の人で、中国派で洋子さんと知り合いだったと思う。安藤彦太郎さんが「新左翼知識人」を集めて訪中団をつくって、僕も七三年にそれで中国に行きますが、そのときの団の秘書長が棗田氏でした。

――高橋武智さんの話にこだわりますが、高橋さんは一九七〇年前半にベ平連の第二期ジャテック（JATEC＝反戦脱走米兵援助日本技術委員会）のためにヨーロッパを回り、結果的にパスポート変造技術を学んできます（高橋武智『私たちは、脱走アメリカ兵を越境させた……』作品社 2007）。ヨーロッパに脱走兵を逃すための「穴をあける」可能性があることを手紙で示唆したのは小田さんですが（同：33）、武藤さんも「具体的な段取りをしっかりつけてこいよ」と高橋さんを送り出したそうです（同：38）。このときの高橋さんの任務について全然知らなかったのでしょうか。

武藤　脱走兵の新しい出口を探すということぐらいで、詳しいことは聞きませんでした。直接担当者以外はやたら聞かないことがジャテックの常識でした。僕は第一期ジャテックはかなり関わったが、第二期は全然関わっていません。第二期に移行するときの会議に僕は出ていますが、その後は全然出てない。

――高橋さんとのパイプもなかったのでしょうか。

武藤　パイプというかやりとりはもちろんありました。武智さんからは、彼がヨーロッパへ行った初めの頃は、しばしば手紙があり、特に当時の「南北対話」について彼は期待をもってフォローしていました。でも『連帯』で一緒にやったという感覚はあまりないんです。途中でいなくなっちゃったんだから（笑）。ただ、彼は『連帯』にアイデンティティはもっていたと思います。余談ですが、ちょうどこの時期に彼の親が亡くなって、遺産として相続した分厚い木の大テーブルを五畳半の事務所に寄付してくれ、発送などすべての作業をその上でやっていた。いつもそれを「武智さんのテーブル」と呼んでいた。それは武智さんの西五軒町での確かなプレゼンスです（笑）。

――高橋さんが七〇年にヨーロッパで接触し、その後も高橋さんと連携をとったグループが、フランスの「連帯（ソリダリテ）」だったと後のインタビューで明かされています（「越境による抵抗、あるいは抵抗のための越境――高橋武智氏に聞く（聞き手・岩間優希）」『アリーナ』18号2015）。ここでは、「「連帯」と同じようなグループを、日本でも、あるいは日本を中心にアジアを踏まえてつくろうと思った」とも話しています（同：37）。高橋さんが思い入れをもって「連帯」と名づけたということはないですか。

武藤　さぁ、そう言われれば「連帯」というタイトルは高橋さんの提案だったかもしれません。うーん、でもフランスの「ソリダリテ」の話は思い出せないです。

――『連帯』は一九七三年一一月付の第4号を最後に、予告もなく終わります。その少し前に準備されたPARCの当初の構想（「〈アジア太平洋資料センター〉（案）1973年3月2日」立教大学共生社会研究センター所蔵）では、『連帯』も『AMPO』と並んで出版の柱として想定されていたようで、実際、雑誌『世界から』が七九年に出るまで、PARCの一般向けの日本語出版物は出ていません。『連帯』が終わったのはなぜでしょうか。

気になるのは高橋武智さんのこの時期の活動です。七〇年代初頭の高橋さんは日本赤軍グループとも連携して中東やヨーロッパなどを動き回っていますが、七四年八月に在欧日本人商社員誘拐計画（「ホンヤク作戦」）が失敗して高橋さんもフランスで一時拘束されます（和光晴生『日本赤軍とは何だったのか』彩流社2010）。赤軍絡みという背景までは知らなかったとしても、ヨーロッパで問題が起き、共編者の高橋さんが関わっているから次号は出さないほうが良い、という判断があったと推測したのですが。

武藤　なるほど。そうだったかもしれませんが、そういう議論をした記憶はないですね。『連帯』を続けなかったのは、力尽きたんだと思います。PARCを設立したばかりで、そんなにいろいろやれない。そして最後は従属理論（第4号特集「新帝国主義論争」）の理論問題で締めようということにしたんだと思います。

■武装闘争、世界革命論、共労党分裂をめぐって

――『連帯』に関してもう一つうかがいたいのが、武装闘争の問題です。第2号（1971.11）の特集が「都市ゲリラの新段階」、武藤さんは巻頭解説論文「第三世界革命の拡大と「都市ゲリラ」の根拠」を書いています。この論文では「軍事行動」「武装闘争」を不可欠・必然的な契機として含む「人民権力闘争」が結論のようですが（同：32-4）、何を訴えているのか曖昧な部分も残ります。この時期の武藤さんがどんな構想を抱いていたのかうかがいたいです。一九七二年初頭には連合赤軍事件がありますが、七一年から七二年頭にかけて、武藤さんは何を目指していたのでしょうか。

武藤　うーん。五〇年前のことなので、記憶に誤りがあれば修正して下さいね。七一年から七二年というのは運動、とくに日本では、党派部分の新左翼運動が爛熟から退廃、退潮へ向かう分水嶺だったんじゃないかと思います。それは国内的には佐藤・ニクソン取り決めに依る「沖縄返還」という重大な問題が焦点化し、運動が戦略的対応を迫られる時期でもあった。そして三里塚の闘いが山場を迎えて第二次代執行が激烈な対決となり、七一年にはキッシンジャーが北京を秘密訪問し、翌年にはニクソンが訪中して毛沢東に会う。運動の政治環境が根本から変わった時期です。世界的にはベトナムが解き放った「世界は変えられる」という感覚が、膨大な数のピープル、アメリカの黒人、マイノリティ、女性、先住民などの闘いを生み、世界の抑圧的体制そのものの変革が視野に入り始めた時期でもあった。

僕のこの論文は、この時期の世界的な変革運動の展望がどのように開けつつあるか、という観点で書いたもので、ベースになっているのはブラック・パンサーのヒューイ・ニュートンの〈インター・コミュナリズム〉の提唱です。パンサーは地域コミュニティの自衛、そのための武装という出発をしたけれど、この頃、林彪の「世界の農村が世界の都市を包囲する」というテーゼにたいして、農村の「帝国主義的都市化」のなかで人民の〈公〉を都市の被抑圧者のコミュニティの公的権力の連合として、それが「帝国」を倒すという提起をしたんですね。これが反響を呼びました。相手がただの国家じゃなく帝国なので、インタナショナルではダメで、国家を介さないコミュニティの連帯でなければならないという主張。武装については、ニュートンは当然のように権力イコール武装力としています。ほとんど内戦状態の当時のアメリカでは、武装することは日常的なことだった。しかしこの論文で僕は、帝国の中核部において、人民の闘争がブルジョア国家にたいして〈公〉として、人民の権力として立てるためには軍事行動を不可欠の契機として含むだろう、と書いています。七二年にアメリカに行ってみて、どういうことか実感しました。しかし日本はおそらく、暴力に対する暴力ということでは想像つくけれど、それは武装闘争というものに展開しうるのか、すべきなのか。この問いは、当時の党派新左翼の多くが自問を繰り返した問いだと思う。そして武装を選択したのが赤軍派で、身をもってその帰結を示したんだと思います。しかしそれは今から言えることです。さらにまた、フィリピンの新人民軍の闘争をどう見るかという問題にも関わる。毛沢東路線のコピーみたいなホセ・マリア・シソンの三段階戦略の是非はあるけれど、フィリピン農村にお

ける暴力的支配が凄まじいものなので、それに対する民衆の組織された抵抗としての対抗暴力には正当性があると考えていました。

——武藤さんは当時共産主義労働者党（共労党）の理論的リーダーの一人で、党の方針に影響を与える位置にいました。その共労党が目指したのは世界革命です。といっても、一国革命の足し算ではなく、世界全体を有機的つながりとして捉え、先進国の中にも「第三世界」問題があるという議論。

「……言葉をかえれば各国社会の根底的批判の立場は、そのままベトナム人民との連帯の立場に通じているのである。革命主体はプロレタリア国際主義的なものとしてしか形成されないとも、あるいはプロレタリア国際主義を媒介せずには、新資本主義によって足もとをほりくずされた労働者階級は自己を自発的階級に再形成することはできないとも言うことができる」（武藤一羊「現代世界革命論についての予備的考察」いいだ・もも編『現代世界革命と七〇年代』東洋出版 1970: 156）。

この構図を前提にした場合に「武装闘争」とは具体的に何をすることになるのでしょうか。

武藤　問題の中心は帝国の中心構造のなかで、国際主義に立って、ピープルの〈公〉として人民の権力を立てることはいかにして可能か、ということ、そしてその実現には武装を必要とするだろうという見通しですね。これは共労党の中では「人民権力闘争」という路線として提起されて、内部の論争を呼び起こしました。

——武装闘争の問題は共労党の分裂とも関係しますよね。つまり、七一年末以降、共労党が三分解し、樋口篤三さんらの労働者革命派（右派）、白川真澄さんらのプロレタリア革命派（中間派）、そして赤色戦線（左派）へと分裂し、武藤さんは少なくとも初期には左派と一緒だったそうですが、その辺りの事情をお願いします。

武藤　路線の違いが分裂に行くバネは、やはり七一年九月の三里塚第二次代執行闘争における、東峰十字路での機動隊との〈遭遇戦〉で三人の警官が死んだことです。三里塚は実力対決で、その「実力」のなかには警官隊との肉体的、物理的衝突も含まれていたけれど、そのなかで警官の死を招いたことは予期せぬ猛烈なショックで、内部での深刻な議論がありました。その結果、否定的には総括せず、勝利と位置づけた。この衝突自体は、警察の圧倒的な支配の下に置かれていた三里塚での非常に特殊な権力関係のなかで発生したので、一般化の契機を含んでいなかった。しかし「勝利」と総括することはそれを肯定し、武装闘争の必要に一般化して、路線化することにつながった。それが党内の激しい分岐と最終的な分裂を招いたのです。

——今回のインタビューの前に、白川真澄さん（一九六九年以降はいいだももに次ぐ共労党のナンバー2の役職）に話をうかがいました。白川さんも、最終的に左派が割れるにあたって、東峰十字路事件の評価の違いが大きかっただろうという解釈でした。白川さんたちはかなり動揺した（白川真澄「「革命的暴力」と「抵抗の暴力」」『季刊ピープルズ・プラン』83号 2019）のに対して、これを「勝利」と位置づけ「この線でやって勝てる」というふうに立てたところが大きな分かれ目だったんじゃないかと。

武藤　そうですね。分裂の経緯は省きますけれど、僕は、樋口篤三の労働者派は完全に六五年以降の新左翼のダイナミズムから外れてるし、白川の折衷主義からは何も生まれないと思った。それに比べて左派は、新しい道を切り開く能動的なスタンスをもっているように見えました。結局いいだももの選択があって、僕は左派の立場を取りました。いいだももが書いた赤パンフという文書があって、それに賛成するのが左派。僕はこの文書の割り切り方に危惧があったけれど、支持にまわった。でも、いいだださんの政治スタイルにはひどく違和感があったので、三分裂後、党活動から事実上外れていきました。

——白川さんによると、七一年一一月に「全人民武装決起の11月へ」という論文をいいださんが書いて、直後の四大会臨時九中総（中央委員会総会）で、いいださんと武藤さんが解任される。白川さんや左派の戸田徹さんはなぜか再任されたとのことですが、武藤さんとしては「なぜ」という感じはあったのでしょうか。

武藤　左派が成立するとすればそれは戸田君のリーダーシップしかないと思っていましたからね。でも「なぜ」とも思いませんでした。分裂後、組織としては白川を中心とした政治集団が残ったけれど、僕は、共労党は党としては事実上そこで解体したと考えています。左派の有志は「赤色戦線」という組織を作ったけれど、僕は参加しなかった。

——武藤さんからお借りした当時のノートの中に赤色戦線の機関紙『人民の意志』（1972. 4. 10付）が挟まっていました。四月一五日のかれらの集会の講演に武藤さんと北沢洋子さんが呼ばれています。左派にとって「我が派の理論的リーダー」という感じに見えます。武藤さんとその程度には親和性があったわけですよね。

武藤　親和性というより、分裂のときの選択の責任はとるという立場でした。親和性は人脈的にはありましたが、赤色戦線の路線とその担い手の能力への信頼はなかったし、とうていそれに一体化できなかったので、組織的には加わらなかった。赤色戦線の方の路線もひどく左右に揺れていて、ある日、笠井潔（聖志）が訪ねてきて「ボリシェヴィキ化をやります」というので、それは何のことだ、ダメだと言ったことを覚えています。最後はそれで、完全に切れました。ただ、こういう曖昧なコミットメントの仕方は、僕としては良くないことでした。決別宣言も出してないですからね。そのうち笠井はフランスに消えました。

——『戸田徹遺稿集　彼方へ』（同編纂委員会 1985）に寄せた笠井潔「戸田徹と第三世界革命論」では、左派として自立した矢先に連合赤軍事件が起き、すでに党派的主体性は解体しかかっていたことが書かれています。ともあれ、この七一〜二年の時期の武藤さんの中では、国内である種の「攻勢」に出て、それが世界革命に通じていくというビジョンがあったのではないかと思うのですが。先程触れた『連帯』第2号の「あとがき」は、署名が「K・M」なので、北沢さんと武藤さんだと思いますが、ここでは、先ほどの東峰十字路事件について次のような「評価」をしています。

「七一年九月一六日朝の三里塚における人民的ゲリラ闘争の勝利は、わが国において第三世界革命と連帯しかつ同質性をもつ闘いの始まりをつげたのであった。日本人民の六七年一〇・八以来の反帝実力闘争は、ここで陣地戦（デモ・バリケードなど）から遊撃戦へ、防御より攻勢へ、合法から非合法時代へ、大衆代行思想から大衆との一体性確立への転換への突破口をひらいたのであった」。

武藤　そうですね、この文章は多分僕のものだと思いますが、これが東峰十字路を勝利とする見方でした。七一年にはまだこうした楽観論を支える運動的現実があり、新左翼運動圏は生きていました。東大闘争はつぶされたけれど、その後全共闘の学園占拠は全国一七〇ヵ所に広がり、沖縄では、反戦復帰、基地付き返還協定反対の運動が燃え盛り、コザ「暴動」が突発し、沖縄青年同盟の運動があり、水俣はチッソ前座り込みを始め、「ウーマン・リブ」が声を上げる。下からの民衆の運動が社会を揺さぶっている状態が続いていたんですね。そして世界的にもベトナムは勝利に近づいていた。六五年から始まった下からの世界的変動のプロセスは継続していた。チェ・ゲバラの言葉と行動と死が国境を越えて人びとの変革の意思をむすびあわせていた。そういうダイナミックな時代がまだ続いていたんですね。

——共労党＝武藤さんの世界革命論に戻りますが、ある種世界システム論的なつながりとして論じるところに新しさがあったのかなとも思ったのですが、その点はどうですか。

武藤　そういうふうに考えたことはなかったけど（笑）、ともかく日本新左翼の一国的なものの考え方には根本的な苛立ちがあり、立脚点をグローバルに、歴史の文脈において立てる、というのが僕の立場でした。その頃の僕の考えに大きいインパクトを与えたのはやはり六八年のフランス五月。ベトナム解放戦争という南からのグローバルなインパクトがあるなかで、北の内部から、全く新しい、体制を揺るがすようなピープルの蜂起が起こった。運良く直後にパリに行けたから、活動家や思想家にインタビューもできたし雰囲気もわかった（武藤一羊『フランス五月の教訓』統一新聞社 1969）。

社会革命の先行、というのがそこからの教訓で、まず国家を取れとするレーニン主義的な思想・戦略は、完全にダメな時代になったと感じた。『フランス五月の教訓』の記述は少し分かりにくいかもしれませんが、一国における変革が、国境を越えた「世界革命」に媒介されていく構造を探ろうとしたものです。そして、前衛党という観念も終わりになった、と考え始めていました。

——七一～二年頃には『AMPO』も続けながら『連帯』も始まって、そちらにアイデンティティが移っていたのでしょうか。

武藤　そうですね。ベ平連の会議には必ず出ていたし、共労党左派とも細くつながってはいたけれど、僕の活動と関心の中心は『AMPO』と『連帯』、そしてPARCの立ち上げに移っていました。党は分裂し、僕は左派に属したが、左派のリーダーのいいだももさんへの信頼は失っている。この頃が、五五年の六全協以後も根っこのところで保持していた党観念というものから離れていくプロセスの始まりで、僕の中で党観念の実質部分が別の次元に吸収されていく時期だったと思えます。でも思想的にはすっきりしない過渡期ですね。国家権力奪取という既成の革命観念に未練を残しつつ、「社会革命の先行」というそれとはなじまない考えを温めていたので、一時、僕はそれを〈党〉の言語に適合させるため「社会・政治同時革命」などという折衷主義を党のボキャブラリーに持ち込んだりしていた。しかしそれは無理でした。

党というものに預けられていたある大事な作用は、別の形で、別の展望に媒介されなければならない。そういう考えはＰＡＲＣでの活動を展開していくなかで次第に形をとっていくんですね。

■アメリカへの講演旅行

――ちょうどこの時期、七二年三月に武藤さんは初めてアメリカを訪れてスピーキング・ツアーを行われたとのことでした。このときにブラック・パンサー党とも交流はあったのでしょうか。

武藤　サンフランシスコで接触を試みましたが、ここは完全に失敗しました。かれらの警戒がすごくきつくて、面会の許可がおりない。僕の強みはクリーバーの『氷の上の魂』（合同出版 1969）の訳者なので、それを身元証明にして、接触して交流したかったのですが、ダメでした。ようやく、ニューヨークでニューヨークパンサーのトップ・リーダーの女性に会って話をすることができましたが、古い角のビルで、入口は土嚢で固められ、その土嚢のすぐ内側の玄関みたいな空間で話を聞く、という状態。武装警察との死闘の現状を聞く以上のことはできませんでした。

七二年のアメリカ合州国はほとんど内戦下と言ってもいい状態にありました。シカゴではパンサーのリーダー、フレッド・ハンプトンが殺された現場にも行きましたが、小さいアパートなんですが、夜中に武装警官隊が押し入って、一家が寝ているところを全員射殺した。だから運動弾圧というよりもう戦争ですよ。西海岸では、オークランドにメキシコ戦争で非合法に取られたテリトリーを取り戻す運動があって、そのリーダーにアポをとって彼の自宅に出かけたんですが、不用意にも訪問が夜になった。大通りから路地に入るんですが、路地の入口を探して、暗いなかをうろうろしていたら、警察のヘリが現れて、上からバーっと投光器で照らされた。そのヘリは、僕のあとをつけてくるんです。本当に怖かった。ベトナムから米国本土まで戦争の戦線はつながっていたんですね。それを実感しました。

――サンフランシスコでは、「インターナショナル・ホテル」（略称「Ｉ（アイ）ホテル」）でアジア系アメリカ人の運動とも接触したと聞きました。三里塚の映画を上映したのですよね。

武藤　それは古い大きなホテルで、取り壊しが計画されていたんですが、そこには貧しいフィリピン系やメキシコ系の人たちが住んでいて、立ち退きを拒否して当局と対決していた。サンフランシスコでは、このホテルがピープルの闘争の焦点になっていた。僕はそこで小川プロの三里塚の映画を上映したんですが、地下の広間は何百人かの男女でぎっしり埋まった。映画のなかで、機動隊が老人行動隊の人たちに向かってワーと襲いかかるシーンになったら、観客が一斉に立ち上がり、抗議の叫びを上げて、スクリーンにコカコーラの瓶を投げつけ始めた。スクリーン上での機動隊との乱闘（笑）。びっくりしたけど面白かったです。当時のアメリカの内戦のような状態、そういうことがよくわかりました。

――武藤さん自身が映画フィルムを持参したんですか。

武藤　そうです。持ち歩きました。それと『ＡＭＰＯ』の拡販も大きい目的でしたので、『ＡＭＰＯ』を大量に持ち歩いて、あちこちで売ったり、書店への配本ルートの開拓などをして歩きました。

——このツアーのアレンジ全体は誰がされたのですか。

武藤　ダグラス・ラミスさんです。ラミスがちょうどアメリカに帰っていて、カリフォルニアにいた。彼が精力的に全米に電話をかけ、僕と『ＡＭＰＯ』を売り込んでくれた。とても回り切れないほど多くの大学から招待が来ました。

——武藤さん自身がアメリカに行ってみたかったとのことですが、『ＡＭＰＯ』の拡販以外に、どういう目的があったのでしょうか。

武藤　日本の運動状況を伝えて、共闘関係を広げることですね。日本の状況、左翼や民衆運動の状況や思想などは、アメリカの運動の中でおよそ知られていない。その状況に穴をあけたい。それはかなり成功し、その後の展開につながっていったと思います。

■第三世界の自治・自律

——もう一回共労党の話に戻りますが、共労党は「ベトナム反戦派」の党派と呼ばれ、ベトナム戦争を世界革命に結びつける論理を武藤さんが組み立てた。白川真澄さん作成の共労党年表では一九七〇年七月四大会三中総のところに「東アジア革命戦略と「第三世界解放革命との合流」論の提起」とあるのですが、白川さんによればこれは武藤さんの提起だったそうです。要するに武藤さんは共労党を第三世界主義派の方向に引っ張っていったと思うのですが、こういう志向性は何に由来しているのでしょうか。

武藤　それは『連帯』をなぜつくったかについて話した通りです。当時はまだ「第三世界」というタームは一般的ではなかったと思いますが、僕は第三世界主義という「主義派」であったわけではなくて、「先進国」主義の批判派として、〈南〉の解放闘争との合流を探ろうと主張していたのです。確かに共労党は自分たちを「ベトナム反戦の党」だと強調していました。これには、一般的な意味だけでなく、結党のいきさつがあるわけです。共産主義者の総結集ということで、最初はソ連派の志賀義雄なんかと一緒に協議していた。ところが、すでにベトナム戦争が始まっているのに、志賀は「今の世界の中心はベルリン問題である」と言いだした。ベトナムではない、と。それはモスクワの方針だったらしく、僕らはびっくり仰天した。それに対して我々は「とんでもない、焦点はベトナムだ」と主張した。僕が引っ張っていったというより、それが共労党結成のスプリングボードとしてあった。

ベトナム戦争については、共労党ができるずっと前、六五年三月に、共産党から離れたグループや独立左派が結集して、ベトナム反戦のデモと集会を東京でやっています。べ平連もできる前です。おそらく僕らは東京で最初のベトナム反戦デモをやったんじゃないかと思います。

——「第三世界主義」について聞いたのは、共労党の沖縄闘争の方針に関連してです。共労党は最初は沖縄奪還論でしたが、後から自治解放論になった。そこには武藤さんのこういう問題の立て方や、植民地問題への感度が影響していたのかと思ったのですが。

武藤　どうでしょう。その方針は内部で相当議論して、集団的な認識としてそうなった。当時は奪還論が中核派、解放論が革マルというなかで、独立論はとらなかったけれど、米国の軍事植民地状態とそれを支えるヤマト支配を打ち破るためには、沖縄の人民主体としての自立と高度な自治の確立が大事だと考えた。沖縄の運動の中にもこれと近い考えの人たちがいました。

――『連帯』第3号の「国内植民地」特集は、私（大野）にはたいへん印象的で、沖縄青年同盟やアメリカ国内のいわゆるエスニック「マイノリティ」運動、たとえばヤングローズ党などの各地の運動が紹介されています。ここでは自治や自律がキーワードです。それは武藤さんの中にあった問題意識ということでしょうか。

武藤　そうです。ニューヨークで、ヤングローズの本部を訪ねたんですよ。事務所はリーダー個人のお宅で、ちょうど、カルロス・フェリシアーノというプエルト・リコ独立闘争の闘士で一〇年近く獄中にいた有名な活動家が釈放になった日で、割と大物も集まっていて、そのお祝いでごちそうになったりした（笑）。僕がヤングローズに興味をもったのは、地域を仕切っている粋がった若者（lords）の組織だったという点。初めはシカゴですが、そういう地域の組織が政治化して、はっきりした綱領をもつヤングローズ党になる。ニューヨークではプエルト・リコ独立運動との接点があって、一緒に同志の釈放を祝う。これが微妙で面白い。今の問題としても、僕は地域コミュニティの形成にとって、こういう展開は大事な要素だと思います。

■PARC設立の背景

――改めてPARC設立の話に戻りますが、そもそも「アジア太平洋資料センター」という名称は、スピーキング・ツアーでアメリカの様々な「リソース（資料／情報）・センター」を見て、それが発想の源流になったと、以前うかがいました。

武藤　そうですね、resource centerという存在が運動の中に位置づけられていることを発見して、「これだ」と膝を叩いたと言っていいでしょう。アメリカでは非常に進んだ運動側のニュース・サービスがあるのに感心しました。みな『AMPO』とすでに交換関係にある集団です。その一例はリベレーション・ニュース・サービスで、立派な印刷機と広い事務所を構えていました。サンフランシスコには、パシフィック・ニュース・サービスというものがあって、ラディカルな立場で質の高いフィーチャー・サービスを提供していた。これは米国だけじゃなく、世界中でいろんな自主的な情報センターが簇生していた。欧米はもちろんですが、フィリピンでもシスター・マリアーニというカトリックのシスターがマニラで一人で始めた運動のための情報センターのIBONはいまでも質の高い活動を続けています。

僕は一九六〇年代初めにジャパン・プレスにいたので、通信社的なものにやはり執着があった。だから、PARCを始めてすぐに「New Asia News」（NAN）という英文の週刊ニュース・サービスを山田昭（山川暁夫）さんとアメリカ人のジム・ステンツェルさんを共同編集長にお願いして始めました。山田さんは、共産党系列のジャパン・プレスの編集長だったジャーナリストで、ジャパン・プレスに僕を引っ張ったのも山田さん、僕を追い出したのも山田さん（笑）。七〇年代に今度は彼自身が追い出された。僕はそれを聞いて、すぐに彼の家に行って、昔のことは何も問わずに（笑）、一緒にやりませんかと口説いたら、彼も何も言わずに参加してくれた。

――アメリカの「リソース・センター」をある種のお手本にしつつ、『AMPO』の事務所に外国の機関紙誌があふれることのプレッシャーもあり、七三年一〇月にPARCを設立したわけですが、ベ平連の解散（一九七四年一月）を目前に、その人脈をかなり含むかたちで新たな組織を作った動機について改めて教えて下さい。

武藤　ベ平連は画期的な運動だったと思っていますし、僕はそれに強いアイデンティティをもっています。でもやっぱり僕の考える世界との関わりはベ平連には還元できないわけで、小田実のアンブレラの下にある神楽坂ベ平連の文化からちょっと離れたところに新しい足場を作りたいということですよね。「ポスト・ベ平連」では、ベ平連の主流は日市連（日本はこれでいいのか市民連合、一九八〇年設立）に行くわけですが、ベ平連の二番煎じみたいで、これには僕はあまり魅力を感じなくて、参加しませんでした。

――PARC設立準備段階の武藤さん名の文書「アジア太平洋資料センター設立世話人会（3月2日）についての報告」（1973.3　立教大学共生社会研究センター所蔵）には、次のようにあります。

「①目的――センター［PARC］の目的は言うまでもなく反帝的なものであることを世話人のあいだで再確認するとともに表むきのたてまえとしてはそれを露骨に打ち出さず、武藤（案）の〝目的〟の項にある程度にとどめ、あくまで資料センターとしての性格を中心に押しだす。

②AMPOとの関係――AMPOが旗色鮮明な反帝の立場を打ち出していることが、資料センターの物質的条件（交換による資料の蓄積）であることを確認するとともに、センターはAMPOから資料の提供を受けるという形式をとり、ふたつの事業の責任を二重化する。AMPOの内容についてはAMPO編集委が独自の責任を負う。（従って財政の項もAMPO製作費としてではなく、AMPOからの資料提供費として計上するという風に）」。にもかかわらず、一、二年で組織統合してしまうのですね。

武藤　まず、そもそも両者を分けたのは過渡的・便宜的なものです。PARCという新しく立ち上げたものを維持する場合に、営業体として生存しなきゃならないわけで、それ自身運動集団という出し方をするとそれが難しい。要するにどんな資格で社会に位置づくかの問題です。当時の状況で言えば、日本社会にはアジアについての情報、特に民衆の状態や動きについての情報が非常に少ない。マスコミは完全にダメで、特派員はいるけれど、社会運動とか社会問題に関心を示さない。したがって東京の本社も、知識も乏しいし、あまり興味もない。そういうなかで、タイやインドネシアで予期しない反日事態が展開した。そこで、一体どうなってるんだ、ということになる。そうした社会主流に、すでに集積されている情報を提供することで代価を得て、それで経営を支えるという考え方です。そのためには左翼の看板ではなく、社会全体への公共的な情報提供者としての資料センターという打ち出し方をする。しかしそれはただの企業になることではないと。だから『AMPO』は旗色の鮮明なメディアとしてやっていく。それで初めて情報も集まる。

こういう考えで、PARCは企業やマスコミを会員にして、「Info-Index」サービスを提供することにしました。30～40本の記事を選び、タイトルに10行くらいの要約・紹介をつけた10頁くらいの情報を定期的に提供する「PARCインデクス通信」。それで、法人は月1万円だったかな、それを会費として徴収する。この方式は割と成功して、会員は間もなく30口くらいに増えた。それから会員サービスとして、情報通で分析の得意な山川暁夫さんのブリーフィングをやる。彼の情報や解釈を聞きにジャーナリストや編集者が、毎週PARCのブリーフィングに大勢来るようになった。当時「調査報道」に手をつけて、タイのクラ地峡に水爆で運河をつくる問題などを手掛けていた鶴見良行さんもブリーフィングに加わる。北沢さんや僕も加わった。質問や議論も活発で、狭い事務所が参加者で一杯になる状況でした。赤坂の表町ビルに移った頃が最盛期で、雑誌『潮』の西原賢太郎編集長などはほとんど毎週現れて、ブリーフィングに加わっていましたね。ここでできた関係はその後長く続きました。

そこでは、PARCとしての情勢分析をやるわけで、もう二重の使い分けなどしないでもよくなり、PARCは『AMPO』の発行主体になった。そういう経過です。PARCは本来の顔でやっていける。そういうものとして社会的に認知されたのが、この時期です。そういうわけで形式的に分けてみた両集団は一緒になり、『AMPO』はPARCの雑誌になりました。

■世界を変えるというビジョン

——PARC設立以降は、『連帯』の時期とは時代も取り組みも変化していったと思いますが、武藤さんにとっての世界革命のビジョンはその後どうなったのでしょうか。

武藤　僕は「世界革命」という言葉は、相当手垢に塗れているので、今はあまり好きじゃないし、使いたくないんです。新左翼時代に「スターリン主義＝一国社会主義」へのアンチテーゼとして使われすぎてきましたから。

僕はPARCの活動に力を入れることになりますが、そこでまず追求したのは、日本企業や政府のアジア民衆への加害的経済活動に対して日本と当事国のピープルの共同の抵抗をつくりだすことです。つまりピープルレベルの国際連帯の活動。PARCはそこから、日本政府や資本による「援助」（ODA）の姿での支配とそれを支える日本側の「援助の思想」の批判へと進み、僕もその過程を推し進めることになります。「世界革命のビジョン」というものを、グローバルな規模で組織された支配システムの民衆による根本的変革と捉えるなら、今の僕のビジョンは、ピープルの連合によるグローバルな民衆自治をどのように実現するかということになるでしょう。これは、歴史的な総括を基礎に、現在を批判・克服し、未来を引き寄せるという事業です。資本の要求に沿ってエリートが未来を設計しようとすることに、次第に戦略的に結びついていくピープルが立ちふさがり、別の世界を形成していく。

PARC事務局長だった大橋成子は、「ナンバーのないインタナショナル」という僕の言葉にえらく共感してくれました。党や国家を基盤にした「第○インタナショナル」ではない、という意味です。かなり古典的ですが、「インタナショナル」の歌は、フランス語では「L'Internationale sera le genre humain インタナショナル、それは人類そのものになるだろう」というリフレインで終わる。党のインタナショナルじゃなくて、ピープルのインタナショナル、それは将来の世界社会そのもの。歴史のコンパスの脚をそこまで広げなければ、人新世の中での変革は構想できないと僕は思う。ピープルがどうやって国境を越え、重層的で交差する抑圧構造を壊しつつ主体化するか、そして、抑圧と搾取の構造に対抗するグローバルな対抗線を形成していくか。大事なことは、そのためのプロセスを見つけ動かしていくことでしょう。このプロセスに変革の手がかり、鍵があると考えています。

僕自身は、ＰＡＲＣが呼びかけた一九八九年の「ピープルズ・プラン21世紀」（ＰＰ21）を準備し実行する過程で、本当に幅広い活動分野の人びとが寄り合って、つくり合うべきオルタナティブな世界について討論し、合意をまとめるプロセスがありうるんだと、実感できました。ＰＰ21の八九年の水俣宣言も、その後の九六年のサガルマタ宣言も、現実に生じたそのプロセスをしっかり書き留めているると思います。

サガルマタ宣言は、運動を起こしたピープル、闘うピープルには、その基盤に生活するピープルがあり、そこにオルタナティブな社会の形成の場やプロセスがある、としています。それは、マルティテュードがコモンとしての社会関係をすでに実質化しているとするハート&ネグリの見方に似ているように見えるけれど、決定的に違う。かれらは支配体制に組み込まれたピープル集団間の相互関係について非常に楽観的。僕は、マルティテュードは支配システムの中で分断されたかたちで組織されており、その壁を越えてピープルが自己を構成していく実践的プロセスこそ重要だと考えている。抑圧、搾取、支配の関係をめぐる無数の線引きと、それをめぐる対決、その累積的解決を通じて、大きい支配・搾取の構造が次第に析出、可視化、対象化され、ピープルが自治の連合として姿を見せる。そんな風な長期的見通しをもっています。

ピープルというもののそういう生成過程があり、グローバルな支配に多様なかたちで、しばしば相互敵対的に組み込まれたピープルが、媒介された相互作用（インタラクション）によって、相互関係を解放と平等に向かって変えていく普遍化プロセスが必要だろうと思います。相互作用は殺し合いにもなりうる。だからそれがどのように媒介されるかが大事です。媒介者が党ではダメなのは、党というのは、媒介を果たすべき普遍化要素を集団の外に引っ張り出して一つの特権化した外部の存在にしてしまうからなんですね。そうではなくて、いろんな環境のなかから普遍的解放の志向性をもつ人格が必ず現れてくるんだが、その人たちが集団の中に集団の一部として集団のアイデンティティを保持してとどまりつつ、外との関係を開いて、交流しながら相互関係を作っていく。それは集団間の相互関係だけでなく、必ず内部関係の変化をもうながし、全体として新しい解放的な状況をつくりだしていく。そういうことが必要だろう。空想的に聞こえるかもしれないけど、よく現実を見れば、それはすでに起こっているプロセスだと思います。それが幾何級数的に自己増殖するプロセスがあるはずです。僕は長い目では楽観主義者なんです。

――同じことを裏側から聞くことになりますが、先ほどうかがった一九七〇年代前半までの武藤さんの第三世界主義と言いますか、第三世界の捉え方についての反省という点ではどうですか。

武藤　何を反省しろと言われているかよく分かりませんが、六〇年代は「第三世界」は抽象的概念だったが、七〇年代になって具体的な生きている人、人たちとして、またその人たちのつくっている社会として見えてきた、と言えばいいでしょうか。

最初は、在日アジア各国の人びととの衝突を含む付き合いから具体性をもってくるけれど、アジア社会での人びととしての出会いはやはり七〇年代になってからです。具体的な第三世界とは、アジアやラテン・アメリカなどの人びととの付き合いのなかで見え、感じられ、作られる関係性のことですね。それはPARCがACFOD（Asian Cultural Forum on Development）などいろいろな国際組織やネットワークに参加して、一緒に運動をつくっていくなかで生まれた関係性です。もう一方で、第三世界という概念は、PARCを立ち上げた頃に僕らが依拠したいわゆる従属論、「低開発の発展」（development of underdevelopment）を基準にする認識装置でした。確かにこのテーゼはその後の東南アジア経済の目覚ましい成長や韓国の急成長、NIEsの発展などで反証されました。その後、世界システム論がその弱点を補うかたちで広められ、僕もこの理論の西洋中心主義に批判を持ちつつも、広い意味ではそこに連なることになります。

しかし僕は、そうした体系的理論を軽んじるわけではないが、むしろ、ダーバン会議のような場で地下から頭を出しかけている「グローバル・サウス」と呼ばれている何か大きい〈歴史力〉とでもいうべき力に注目したい。それは地質学でのプレートの動きみたいな巨大な動きで、とりあえず方々で地震のような形で現れる。しかしそれらは地下の構造でつながっている。BLM（Black Lives Matter）の運動が、二〇二〇年のジョージ・フロイド殺人事件を引き金に、あっと言う間に奴隷貿易でのし上がった歴史的人物の像の破棄の運動に広がる。それは、現在を五〇〇年に渡る「ノース」の侵略と征服の歴史の露頭と捉え、その全体を引き抜き、廃棄する力が働き始めたことの兆候だと見える。そう僕は考えています。

——これまでの教訓や失敗も踏まえたお話だと受け取りました。その点にも関わって、沖縄ヤングベ平連の運動が終わる要因のひとつに、共労党から派遣された活動家の存在があったと聞いています。沖縄の「復帰」直前、沖縄のベ平連運動が反自衛隊闘争に取り組んでいた時期です。共労党から送られてきた活動家が運動のイニシアチブを取るようになった。それが運動内部の人間関係に緊張をつくりだしてしまった。

武藤　そうです。僕らはM君という同志を派遣した。彼の路線は受け入れられ、非常に良い関係ができた。だけど自分が共労党だとは言わなかった。ところが、沖縄での活動は共労党の機関誌に載る。つまり秘密裏に活動を盗んでいたことになる。それがわかった途端に関係はダメになったわけです。で、彼は引き上げた。ものすごく大きなショックだった。そこが党というもののダメなところです。二重のアジェンダをもつことになる。これは大きい失敗の経験でした。

——Mさんの派遣については、武藤さんもだいぶ関わっておられたんですか。

武藤　もちろん送り出す側にいました。

■第一期ジャテックへの関与

――最後になりますが、先ほど聞きそびれたことで、ベ平連時代の第一期ジャテックへの武藤さんの関与についても教えて下さい。

武藤　一九六七年の空母イントレピッドからの四人の脱走兵から始まった第一期のジャテックには、僕はずっと関わっていました。ちなみにジャテックという名前を考えたのは僕です。

　最初の四人をバイカル号（ソ連の定期船）で出国させた後、その次をどうするかというときに、一九五四年以来会ってなかった山口健二から連絡があった。最初に言ったように、五〇年代に世界民青連日本委員会という場で彼がトップ、僕は編集長みたいな立場で一緒にやっていて、個人的にも親しく付き合っていた。イントレピッドの四人についての記者会見の直後、その彼から電話がかかってきて、御茶ノ水の喫茶店で会うと、脱走兵の出国はすごい快挙である、自分も手伝いたいと。脱走兵援助などいうことは、この人にピッタリの仕事なんですね。「レポ船」を通じてソ連経由で国外脱出するという「北方ルート」のアイディアは山口健二の提案で僕は細部までは知りませんが、彼の関係者でソ連と関係が深い人の助けでソ連側と「レポ船」方式での合意ができ、彼が根室に出かけて段取りをつけるということになったと思います。山口健二という人は、本心がどこにあるか、何者であるかというのはいまだに僕はわからないけれど、なんというか不思議な魅力がある人でした。

　他に、脱走兵を受け入れる際に、本物の脱走兵かどうかの「首実検」というかテストを何人分か僕はやっています。ただスパイが入ってしまったようだから、成功したとは言えませんね。脱走兵を匿って連れ歩くことは、もう少し若い仲間がしていたので僕はあまりしていません。

　親身になって関わった脱走兵に（ジョセフ・ルイス・）クメッツという陸軍伍長がいました。厚木基地で逃げて、基地内の日本人労働者用長屋に住む基地勤務の日本人女性に匿われ、ずっと屋内にいて、一日中分からないテレビを見て暮らしていたから歩くのも困難な状態で連れてこられたのを、日高六郎さんと僕ともう一人が青山の喫茶店で夜中に会って受け入れました。彼を匿ったのは基地のPX（売店）で働く中年の女性で、広島の被爆者でした。援助の結果、彼は無事スウェーデンに到着し、僕はその後、どうなったかを確認するのにスウェーデンに寄ったとき、彼やテリー・ホイットモアなどの元脱走米兵に会いました。

　山口健二のことで言うと、金鎮洙（キムジンス）という脱走兵は、最終的にはベ平連が北方ルートで送り出すのですが、山口が当時中国共産党の林彪派とコネがあるということで、横浜中華街の華僑を通じて中国に行かせる計画を立てた。それで神戸に停泊している中国の貨物船に乗せたらしいのだけど、船の中で造反が起きて出港できず、戻されてきてしまった（笑）、ということがありました。しばらく東京の小さいアパートに匿い、最終的には北方経由の最後の便で、スウェーデンに送りましたが。このいきさつのうち神戸の話はすべて山口経由の話なので、どこまで真実かは確かめようがありません。でもこの件は、僕が山口と組んで関わったケースです。僕は脱走兵援助についての方針決定の場には加わっていましたが、個別のケースはあまり多く参加していません。第二期ジャテックについては全然噛んでいませんでした。

――山口さんはレボルト社と関係があったわけですが、武藤さんはレボルト社やレボルト社発行の『世界革命運動情報』をどう見ていましたか。

武藤　貴重な情報を出してくれるので雑誌は愛読していましたが、暴力がやたらと好きな革命ヤクザみたいな雰囲気の人がいて、それは好きじゃなかった。そういう文化は嫌いでしたから、雑誌は読んでいましたけど、直接の付き合いはありませんでした。

――『連帯』の副題が「解放闘争国際情報」であちらは『世界革命運動情報』、しかも『世界革命運動情報』の方は七一年四月の二七号が最後のようで、ちょうど『連帯』と入れ替わりみたいになっています。バトンタッチのようなことはあったのでしょうか。

武藤　それはありませんでしたが、『連帯』を始めるとき北沢さんが挨拶に行っています。僕自身は接点がなかった。山口健二との付き合いはあったけどそれは昔のよしみで、脱走兵のときも、レボルト社の人として会ったわけではないです。

――長時間にわたり、興味深い話をありがとうございました。

（２０２１年12月24日、武藤一羊さん宅にて。大野光明はオンライン参加）

【資料】

『解放闘争国際情報　連帯』総目次

「連帯」編集部編（亜紀書房）
ＮＯ．１〜４

「連帯」編集部：
北沢洋子＋高橋武智＋武藤一羊
装丁：粟津　潔

本総目次は原則として各巻巻頭の目次の表記に基づく。ただし以下の点は改変を加えている。
・各記事内の節タイトル等の情報は割愛した。
・記事の区分は「■」、副題は「――」、執筆者名等は「／」の後に記した。
・発行年月は奥付に準拠した。

（作成・松井隆志）

韓国社会の実態調査（1）

NO．3（一九七二年五月）【特集：国内植民地——その歴史と解放闘争の展望】

■分析

「国内植民地」解放闘争を特集するにあたって／北沢洋子

復帰運動の総括によせて——沖縄解放闘争が世界史の現段階に登場しうるための人民的根拠の模索／大東島正安

ヤングローズ党とは何か——プエルト・リコ人民闘争の形成／ファン・ゴンザレス

ヤングローズ党行動綱領

チカーノ運動——メキシコ系アメリカ人より主体的変革者へ／インドロ・マシアス

米国東部のアジア系アメリカ人運動／テリー・ドフー

■

インタビュー　アメリカ・インディアンは何をめざすか／シャーリー・キース

インタビュー　移民労働者の闘争は革命運動の重要な一部分となった——イタリア・ベルギー・フランスにおける経験の報告／『ル・パリア』活動家

アイルランド革命闘争——八世紀にわたるその歴史と現段階／マイケル・メイヤーソン

ルポルタージュ　〝赤毛の黒人〟たちの国——アイルランドの火薬庫の中で／ジール・クール＋ジャック・アバリー

自由ケベック万歳——ケベック解放戦線の社会的背景と闘争／『ソリデール』誌

民族主義から階級闘争へ——自由バスク運動（ETA）の発展／マリア・ガレアーダ

インタビュー　〝ゴルゴス裁判〟以後——ETAは語る

■紹介

イタリアにおける階級闘争と革命的左翼の発展／ステファノ・ベリエニ

パンと正義と独立を求めて——現体制と全面対決するポーランド労働者／K・S・カロル

特別寄稿　南朝鮮における抵抗運動の発展／ディビッド・バレンス

■資料

北フランス炭鉱労働者諸君に告ぐ！——フランス人民法廷における論告と判決全文

NO．4（一九七三年一一月）【特集：新帝国主義論争——第三世界革命論・先進国革命論】

《新帝国主義論争》を編集するにあたって／北沢洋子

■第一部　第三世界革命論

〈紹介と批判〉

アルジリ・エマニュエル『不等価交換』——国家間の経済的諸関係における諸敵対関係についての試論／花崎皋平

ガンダー・フランク『資本主義とラテン・アメリカにおける低開発』／武藤一羊

ピェール・ジャレ『七〇年代帝国主義』／北沢洋子

〈翻訳〉

帝国主義の歴史的概観／ハリー・マグドフ

七〇年代帝国主義論への問題と展望／『マンスリー・レビュー』編集部

■第二部　先進国革命論

現代帝国主義の推進原動力について／エルネスト・マンデル

新たな勢力圏確立をめざす現代帝国主義／マイケル・バレット・ブラウン

現代帝国主義の特徴は統一か対立か／ボブ・ロウソーン

【特集　越境と連帯】

地続きの朝鮮に出会う

――ウトロ地区と向き合った京都府南部地域の市民運動の軌跡

全 ウンフィ

1　ウトロ地区の居住権運動と二つの主体

(1)ウトロ地区の居住権運動

「異なる世界を生きる」人びとが共に、ある目標に向かって、自らのこととして行動する。そのような行為や状態を私たちは連帯と呼ぶ。私が研究者として、そしてその一員として関わっているウトロ地区の運動を語る際に、連帯は重要な言葉である。

ウトロ地区は、京都府宇治市にある在日コリアン（以下、「在日」と記す）の集住地区の名前である。近鉄線・京都駅から南に向かう普通電車で約30分、伊勢田駅から徒歩10分ほどに位置する。戦時期に始まった軍事施設建設の朝鮮人労働者が日本の敗戦と植民地の解放後も住み留まり、そこが主要な集住地区となっていった。その集落がウトロ地区である。この小さな集住地区に、最盛期の一九八〇年代後半には約85世帯400人が暮らしていた。

私は二〇〇九年一二月から現在まで支援団体「ウトロを守る会」での参与観察を中心とした調査を行っており、支援運動に関わりながらその日々の活動を記録してきた。私が調査を始めた頃は、戦前に渡日した一世と戦後生まれの二世を中心とする住民たちが、住環境と高齢化の問題を、二世より少し若い地元の日本人支援者と一緒に訴えていた。

ウトロ地区の運動の特徴は、その運動が「在日」の住民と地元の支援者との連帯によって始まり、現在も続いている点である。その運動は、一九八六年、水道管敷設の要求から始まった。一九八六年からの三六年間で、運動の目的や敵手は状況に応じて変化していったが、ウトロ地区住民とその支援者がほぼ一貫して運動の主体として活動してきた。

一九八六年の後、それまでの地権者である日産車体株式会社から西日本殖産という不動産会社へ、住民の合意なしに土地が転売された。その会社は住民の立ち退きと土地の明け渡しを求めて、一九八九年二月からほとんどの住民（世帯主および代理人）を提訴していった。その動きに対して、水道敷設要求運動に取り組んできた住民とその支援者は一九八八年後半から立ち退き反対運動を始めた。本稿では、一九八六年の水道敷設要求運動と、一九八八年後半に始まった立ち退きに反対するまちづくり運動を合わせて、居住権運動と呼ぶ。

ウトロ地区では水道などの生存・防災インフラが未整備なままであった。それに加えて、土地の立ち退き訴訟が起きた。いずれもウトロ地区での住居を「不法占拠」とみなすことで成り立つこれらの問題に対して、居住権運動は概ね次の二つの点を追及してきた。

一つは、住民が最低限の住環境で住み続ける権利の獲得である。そしてもう一つは、この地域だけが、周辺地域に比べて明らかに劣悪な住環境において長期間放置されていたことに対する日本社会の社会的責任である。その社会的責任は、ウトロ地区における住民の定着過程をめぐる植民地支配の歴史や戦後補償、そして居住権という人権保障などの重層的な問題に対する、日本政府、日産車体（企業）、自治体（行政）、市民など様々な主体に向けて提起された。

住民と支援者の運動に対する行政の応答がみえ始めたのは二〇〇七年頃である。二〇〇〇年、最高裁への上告棄却により裁判闘争は住民側の敗訴で終了した。立ち退きの強制執行を止められない状況のなかで、住民と支援者は新たな目標へと向かっていった。すなわち、それまでも続けてきたまちづくりの取り組みを基に、行政による住環境整備事業をウトロ地区に適用させるという実践的な目標が設定されたのである。また、支援者は国際社会へと働きかけを広げ、二〇〇一年には国連社会権規約委員会による日本政府への勧告を引き出した（斎藤 2015）。二〇〇五年からは韓国の市民団体との連帯運動を始め、二〇〇七年、韓国政府が土地購入金額の一部支援を決定した。同年、日韓の市民募金と韓国政府の支援金による地区内の土地の一部買い取り計画と、それまでの住環境整備事業に向けたまちづくり運動を基に、国土交通省・京都府・宇治市三者による事業実施が現実化した。こうした一連の過程において、ウトロという名は「在日」の集住地区として全国に知られ、二〇〇〇年代以降はいわゆるネット右翼の攻撃対象の一つになっている。

ここで一枚の写真を紹介したい。居住権運動において行われた数々の集会のなかの一つの様子である。先頭に立った「ウトロ農

日産車体の周りをデモ行進するウトロ農楽隊と支援者たち（2004年8月8日　中山和弘さん撮影・提供）

楽隊」は、女性の住民を中心に一九九一年に結成された「農楽」のユニットで、農楽は朝鮮民衆に伝わる民俗芸能の一つである。一九七〇〜八〇年代、韓国の民主化運動と「在日」の社会運動(1)の両方において農楽は民衆文化運動として普及した。農楽隊はウトロの居住権運動では女性住民を中心に組織され、朝鮮半島にルーツをもつ「在日」住民の社会運動を表わすシンボルの一つにもなった。支援者も農楽隊の一員であった。農楽隊の後ろに続く長い行列のように、居住権運動の歴史は様々な背景をもつ人びとや団体によって支えられていた。

(2)「在日」の社会運動の複数の主体

本稿では、ウトロ地区の居住権運動を「在日」の住民と日本人支援者間の連帯という視点から検討したい。先述した通り、居住権運動では様々な背景をもつ支援者が参加し、韓国の市民運動などとの国際的な連帯も重要な役割を果たした。本稿で注目したいのは、そのような居住権運動が成立するまでの過程であり、具体的には、運動の形成の軸となった住民と日本人支援者との連帯である。日本人支援者の市民運動は、どのようにウトロ地区の住民と出会い、連帯し、住民の運動の一端を担うこととなったのだろうか。本稿の主題はこの点にある。

この二者の連帯は、国境をまたがる国際的なものではない。しかし、その連帯は、一九七〇〜八〇年代を中心に知識人や市民社会において進められた国際的な連帯運動の盛り上がりを背景としながら、沖縄やアイヌの人びとなど、植民地支配に由来する日本国内の「内なる他者」を自己反省的に捉えなおすものであった。本稿では国内における複数の民族的主体による連帯を、国際的な連帯と区別して「越境的な連帯」と呼ぶ。

「在日」の社会運動における連帯に関する研究は、二〇〇〇年代以降に歴史学を中心に広がり(金[2011]2020)、李(2018)などの社会科学的な研究も増加している。これらの研究に共通するのは、市民運動の生成と展開という時代的な文脈を重視している点である(道場 2011; 金[2011]2020)。ここでいう市民とは、一九六〇年の安保闘争以降に登場した新しい政治的主体を指す。市民は、専業の活動家ではなく職業をもつ生活者として、生活の場の様々な問題に対して自発的に取り組む人びとである。市民の取り組みは個々人の生活圏に軸足を置いた多中心的なものでありながら、人権や平和などの普遍的価値を共有し、重層的なネットワークにより展開される、集合的な動きでもあった(荒川 2012; 道場 2015)(2)。こうした市民運動はウトロ地区をめぐる社会運動においても重要な役割を果たしてきた(全 2018b)。

これまでの研究が明らかにしてきた「在日」の社会運動と比べると、ウトロ地区の居住権運動には以下のような特徴がみられる。まず、時期的な違いである。ウトロ地区の居住権運動が始まった一九八〇年代後半という時期は、公営住宅入居や職員採用試験における国籍条項の撤廃を求める運動など、生活上の権利をめぐる「在日」の社会運動が取り組まれた時期からすこし後になる(全 2018a)。この時期的なずれの背景は、ウトロ地区の支援者たちの生活史に注目するとみえてくる。すなわち支援者は六〇年代の社会運動の影響を受けた上で、七〇年代以降に宇治市という郊外都市に居住・就業し、その生活圏において市民運動を始めたという経緯があった（全2018b）。

また、本稿で詳述するように、住民と支援者との間に明らかな社会・経済・文化的な差異がみられることだ[3]。これまでの研究は、運動に参加する主体の複雑さや多様性を捉えつつ、互いを連帯の対象として承認しあう対称性や（金［2011］2020）、差別の対象となってきた地域に住む住民間の共同性の経験など（山本2020）、ある時代の特定の地域のなかの人びととの共通の認識や理念を浮き彫りにしている。こうした研究は、運動体の形成の社会的意義を示す重要な視点をもっている。しかし、ウトロ地区の住民と支援者との連帯を考える際に、運動の異なる主体間の認識的な共同性に注目する視点はどこまで有効性を持ち得るだろうか。

本稿がウトロ地区をめぐる連帯の歴史を見る視点として注目するのは、時代や空間の共通性にもかかわらず、人びとに連帯の難しさとその模索を促す、地域社会の複雑さと多様性である。地域社会は、住居の近接性を基盤とした共同体がつくられ、そこに住む人びとが主体性を生み出す条件の一つである。その一方で、地域社会の内部には労働や趣味、そして市民運動など必ずしも居住にとどまらない多様な人びとの生活に根差した重層的なネットワークがつくられる。こうした生活圏は周辺都市の変化やナショナル、グローバルな変化にも影響される。

本稿における「地域社会」は、ウトロ地区の近隣地域を中心とし、自治体としては宇治市を、生活圏としては周辺自治体を含む京都府南部地域を指す。宇治市のような郊外都市は、とりわけ京都市と京阪神都市圏から密接な影響を受ける。その影響下にありながら、宇治市を含む京都府南部地域の市民運動は独自のネットワークをつくっていき、それが居住権運動へと長い年月をかけて結実していく。

本稿ではこのような問題関心から、宇治市におけるウトロ地区の支援者の形成過程に焦点を当てた拙稿（2018b）を土台にしつつ、居住権運動が成立するまでの過程を、ウトロ地区とその地域社会との関係に注目して振り返り、複数の主体性や重層的な差異をもつ人びととの越境的な連帯がいかに始まったのかを検討する。このことは、様々な立場が政治化され、社会的な分断が進む近年の状況において重要な示唆を示すと考えられる。

本稿の具体的な内容は次の通りである。まず、前史として占領期を取り上げ、ウトロ地区の形成の歴史と、地区内部と地域社会との連帯の動きについて検討する。次に、一九七〇年代半ば以降の地域社会における市民の登場と、市民による越境的な連帯の試みを紹介する。最後に、ウトロ地区住民と市民による居住権運動が始まるまでの過程を二者の交差的な差異に留意しながら論じる。

なお、本稿で使用した資料は、宇治市史と地域紙、半構造化インタビューの記録、そして筆者のフィールドノートである。これらの資料を用いて学界や宗教界などの国際的なネットワークをもたない生活者たち[4]が、いかに越境的な連帯を図り、壁にぶつかり、「内なる他者」に出会ったのかを論じる。

2　占領期の反戦運動

ウトロ地区の始まりは、一九三九年に逓信省の国策事業として始まった京都飛行場建設に集められた朝鮮人労働者の宿舎（飯

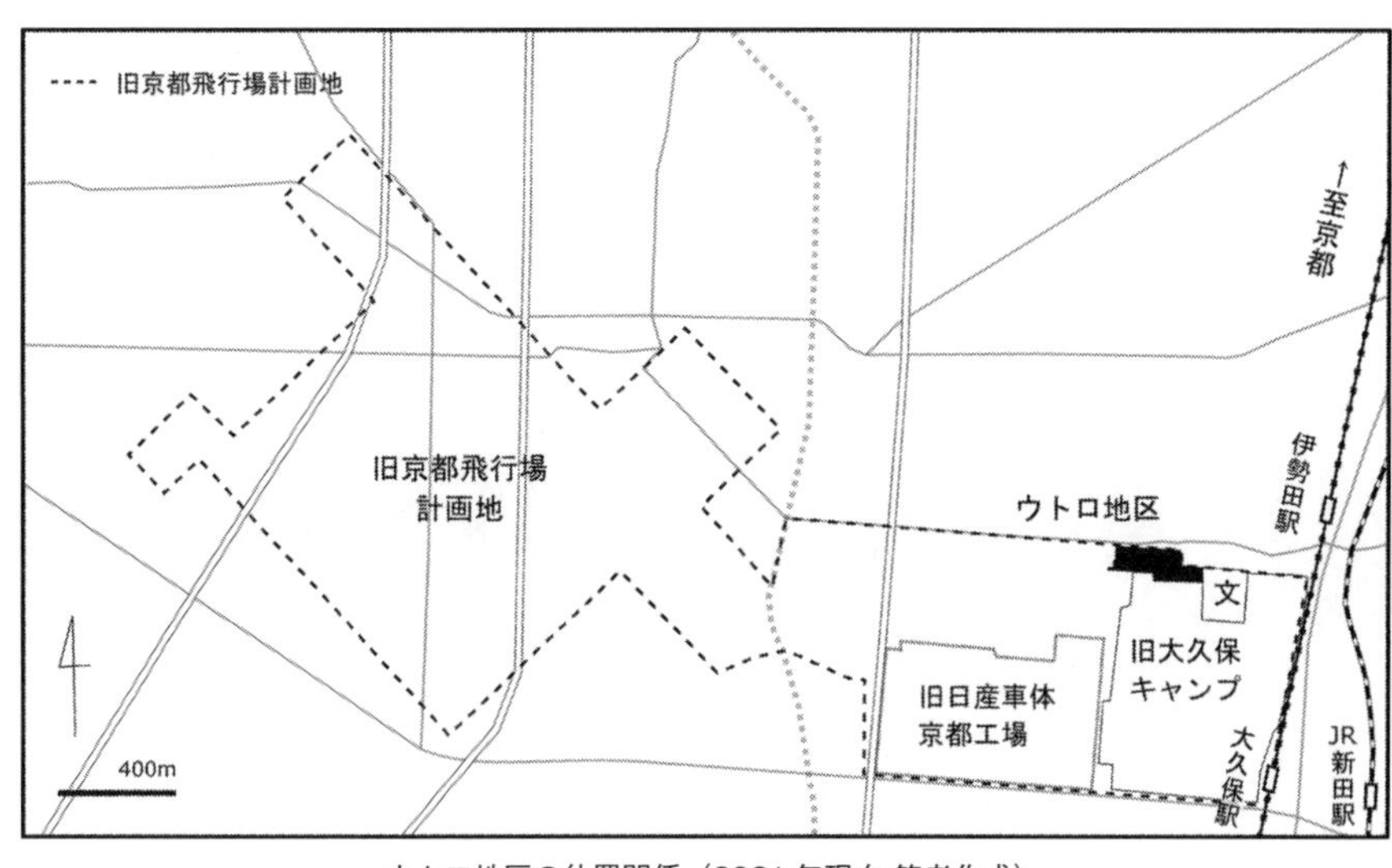

ウトロ地区の位置関係（2021 年現在 筆者作成）

場）である。現在のウトロ地区に朝鮮人の居住が始まったのは戦時中の一九四三年頃と推定される。

それ以前の宇治市での朝鮮人の居住は、火薬製造所や宇治川の水力電気開発など、京都市の近郊農村開発に伴うものだった。これらの建設工事の現場では朝鮮人労働者による労働争議が起こり、その記録が残されている。また、朝鮮人の建設労働者が形成した集落に対して、同化政策を進めた協和会の存在が確認できる（林屋・藤岡編 1978: 399-401; 473; 千本 1988）。

一九四五年八月の敗戦と占領軍による接収によって飛行場建設は中止となったことで、職を失った一部の朝鮮人労働者とその親族がそこに留まった。さらに住宅難や、朝鮮半島への帰国のために東から西へと移動する朝鮮人がウトロ地区に流れ込み、同年十月には地区内に朝鮮人連盟久世支部が結成された。この団体はその後、朝鮮人連盟の解散と青年団体などへの移行を経て、一九五五年に在日本朝鮮人総聯合会（朝鮮総連）南山城支部に再編されることになるが、戦後の京都府南部地域の「在日」の民族運動の中心を担った。以上の経過から、図のように、占領軍の駐屯地（大久保キャンプ）に隣接して左派系の民族組織が拠点をもつ朝鮮人集落としてウトロ地区が生まれた(5)。

ウトロ地区は朝鮮人による様々な運動の拠点となった。そのなかでも、ウトロ地区をめぐる連帯を考える上で興味深いのは朝鮮戦争が勃発した一九五〇年六月以後である。朝鮮戦争時、左派系民族組織を含む共産主義者は各地の軍事施設に対して反戦運動を行い、京都でも活発に取り組んだ（大内 2017: 222-46）。宇治市での運動はウトロ地区を中心に行われ、その様子を地域紙から確認できる。

『洛南タイムス』は、朝鮮戦争当時は共産党系のメディアとして、全面講和の達成や民族教育、生活支援などを要求するウトロ地区の運動と、市警によるウトロ地区での取り締まりについて詳細に報道していた(6)。次は、一九五二年三月に掲載された記事の一部である。

> 去る十日正午頃、『戦争反対』『吉田内閣打倒』と口々に叫びながら腕を組み宇治橋通りをデモ行進して行く一団の婦人達があった。中には子供を背負った多くの母親の姿も見受けられた。一行は市内伊勢田ウトロの朝鮮人部落の婦人達で、去る一日山崎市長に要望した①強制送還反対②民族教育の援助③部落の衛生設備の完備④耕作中の田畑取り上げ反対等の回答を求めるため折から市内川東公会堂で開会中の市会に押しかけたものである［…後略…］（「生活・教育を守れと朝鮮婦人の悲痛な叫び！―何故デモは行われたか」『洛南タイムス』1952. 3. 15）

在日本朝鮮民主女性同盟系の抗議行動を描いたと思われるこの記事からは、反戦という大きなフレームが掲げられていたことが読み取れる。その上で、①~④のような「在日」の様々な要望を取り上げていた。

まず①（朝鮮人の）強制送還反対に関しては、二つの解釈が可能である。一つは、戦争への反対や避難のために朝鮮半島から渡日を試みたものの、日本政府によって「密航」と扱われ捕まった朝鮮人を強制送還することへの異議申立てである。もう一つは、外国人登録令の施行（一九五二年四月）直前という時期に、文字通り国内の朝鮮人が強制送還されるかもしれないことへの異議申立てである。いずれにせよ強制送還への反対要求は、それまでウトロ地区で要求されてきた②とともに、「在日」全体の動向と密接に関係するものだった。

また、興味深いのは、ウトロ地区内部の生活の問題と直接関連する③と④である。住環境や土地の権利保障など、住民の生活に基づいた異議申立てを、反戦という大きなフレームの下で主張している。すなわちフレームの「ローカル化」が行われていた。このフレーム調整は、次の記事にみられるように、自らが生活するローカルな感覚をウトロ地区を越えた地域社会へと広げている。朝鮮戦争の状況がさらに進んだ一九五二年七月の記事である。

> ウトロの朝鮮人はこう叫んだ「日本で爆弾がつくられ日本から飛行機が飛びたち、われわれの故郷は爆撃の戦禍によって荒されてゆく、これは日本人の責任でない、しかし朝鮮の悲劇を早く終らせ日本にもこんな悲劇が再び来ないために我々は南山城の軍事基地化反対に生命を捨てても戦うと…」［…中略…］小倉町のX茶問屋店主は「飛行場や火薬庫が出来たら宇治市は爆撃の焦点になる、誰が起す戦争か知らないが、その犠牲になるのは真平だ」と不安そうな表情で語った。（「宇治火薬庫復活反対の叫び――観光都から軍都へ変貌する宇治市」『洛南タイムス』1952. 7. 30）

記事中の「戦禍」とは、離れた祖国で起きた朝鮮戦争のことでである。この語り手は、戦争を「日本人の責任でない」とし「日本にもこんな悲劇が再び来ないために」運動していると主張している。ここでの「日本人」は「ウトロの朝鮮人」と民族的に対立する側を意味しない。語り手にとって、「日本人」とは戦争の悲劇に遭い「犠牲になる」可能性を共有し、戦争反対を掲げて連帯できる民族的他者を指している。そして、両者にとって共同の敵手がだれかは、記事中の「誰が起す戦争か知らない」という地元住民の言葉にやんわりと示されている。

一九五三年になると、行動を共にするわけではないものの、反戦の共通認識をもった異議申立てが、ウトロ地区内外でさらに具体化する。ウトロ地区の立ち退きと近隣の公立中学校の廃校案を伴う、大久保キャンプの軍用飛行場建設計画の噂が地域に広がった。ウトロ地区だけでなく、その外側の地域社会でもこの計画に反対する市町村民大会が開かれ、米軍関係施設の撤去を求める陳情が学校関係者からも提出された[7]。この際に、ウトロ地区と地元の住民が、それぞれ反戦平和のフレームを共有し、米軍という共通の敵手を設定し、別々に運動を行っていた。

以上のように、占領期の宇治市には、反戦平和運動がウトロ地区内の左派系民族団体と地域社会の住民にそれぞれ存在した。ここまで紹介した資料だけでは検証できないが、両者は活動家同士の個人的な関わりは別として、集会や抗議行動そのものでの協働はみられないものの、朝鮮戦争に対する共通認識が窺える。また、これらの運動はおそらく、他の地域と同様に、当時の日本共産党の指導を受けた動きであったと考えられる（大内 2017: 232）。当時の『洛南タイムス』では、ウトロ地区が日本社会の他者として表象されながらも、オピニオン欄にその運動や現況についての記事が多く存在しており、日本共産党の組織的な運動の影響が感じられる（全 2018a）。

そして一九五五年五月、左派系民族団体の路線転換が議論され、朝鮮人共産主義者が日本共産党から脱党し、朝鮮総連を結成した。続く七月には日本共産党第六回全国協議会（六全協）で日本共産党の武装闘争の放棄と「国民化」への路線転換が決議された。翌年には大久保キャンプが返還され、翌々年の五七年、陸上自衛隊がその敷地に駐屯し始めた。左派系の活動に関する報道が大幅に減少し、特にウトロ地区に関する報道は、一九六〇年代の犯罪報道を中心とする差別的報道を除き、一九八六年に居住権運動が始まるまで姿を消していった（全 2018a）。

3　地域社会で連帯を試みる市民たち

いま、敗戦直後から一九五七年の時期を振り返るならば、ウトロ地区やその近隣地域でばらばらに取り組まれていた諸運動がその後の連帯の形成へとつながっていく[8]。その一つの軌跡をみていこう。

(1)郊外都市化と市民の登場

一九六〇年代半ば以後、宇治市では急激なベッドタウン化が進み、ウトロ地区の近隣地域も住宅で埋め尽くされた。京都府南部地域での日本人市民による「在日」の社会運動は、この時期に宇治市に転入あるいは就職した人びとによって開始されている。本稿の主題であるウトロ地区をめぐる連帯の歴史を考える上では、特に一九七〇年代末から多くの社会運動が生まれ、相互の連携が生成されていった点に注目したい。表は、そのおもな運動とそれらが影響を受けた関西の都市圏や全国の運動、さらには国内外の出来事を時系列にまとめたものである。

一九七〇年代末以後のこれらの運動は、多くの市民運動と同様に、多様なテーマに関する多中心的で重層的なネットワークを形成しながら行われた（道場 2015: 127）。

支援者の一人、浅井厚徳さんによれば、特定の問題に興味をもってそれに関係する催しに行くと、「またあの人がいる」といったことがよくあったという（22年1月14日、浅井厚徳さんへの聞き取り）。人びとが「在日」に関わる様々な課題に取り組んでいくと、宇治市やその周辺地域における運動のネットワークとそのなかで結び目のように活動している常連のメンバーがみえてきたという。表にある運動体は、そのような結び目としての役割を担っていた市民とそのネットワークによってつくられていた。そして、課題ごとに異なる運動ネットワークがつくられた。

なかでも、ウトロ地区の居住権運動の形成を中心的に担ったのは、「山城朝鮮問題を考える会」と「指紋押捺を考える宇治市民の会」である。二つの会は、メンバーはいくらか重複し、そのほとんどが団塊の世代かそのすぐ後の世代で、学生運動の影響を受けた人びとから構成されていた。本節では、まず宇治市を含む京都府南部地域で「在日」に関わる問題を広げ、以降のウトロ地区の居住権運動につながる市民と労働者のネットワークをつくった「山城朝鮮問題を考える会」（以下、考える会）を中心に、その連帯の実践を検討したい。

(2)労働者と「朝鮮」の連帯

「山城朝鮮問題を考える会」は、一九七九年に竹原八郎さんの呼びかけで生まれた市民グループである。竹原さんによると、「考える会」の始まりは次の通りである。

竹原さんは奈良県で生まれ、一九六九年に京都市内の私立大学の史学科に進学し、いわゆる「ノンポリ」として過ごした。「社会のことを仕事に」したいと考え公務員を目指し（12年7月30日、竹原さんへの聞き取り）、一九七四年に宇治市役所に入職した。彼の社会への関心は、入職後は地域社会に向けられたという。労働組合での活動のなかで、京都府南部地域の中小様々な労働組合運動や市民活動に触れ、「在日」や「朝鮮」の問題も身近に感じるようになった。

そのようななか、京都市で開かれたあるイベントに参加した竹原さんは、その場で当時の韓国青年同盟の委員長から映画『オモニ——怒りが燃え上がる』（1978）の上映運動開催の依頼を受ける。その映画は、在日韓国民主統一連合（韓民統）が中心となって、韓国の労働運動家・全泰壱（チョンテイル）の評伝を日本で映画化した作品であった。竹原さんは、それまで関わりをもっていた労働組合のネットワークを総動員して上映会に取り組んだ。その時のことを、竹原さんは次のように述懐する。

なんで僕にきたかよくわからなかったですよ。きっと他にやる人がなかったと思うんだけど。いわゆる〔朝鮮〕総連系の人も

表　京都府南部地域の「在日」をめぐる社会運動　主要な動向（1978～89年）

年	宇治市とその周辺地域	日本国内	日韓関係
1978	12月　映画『オモニ』（1978）南山城上映会 12月　「京都山城に夜間中学をつくる会」発足	4月　奈良市に公立夜間中学開設 高槻市で朴秋子（パク・チュジャ）さんの採用差別事件 京都市で「九条オモニハッキョ」開校	12月　［韓］金大中釈放、金芝河減刑
1979	6月　「日韓を学ぶ労働者学習集会」開催 7月　ミニコミ誌『オンドル』開始（1号） 10月　「山城朝鮮問題を考える会」発足（以下、考える会） 12月　［ウ］『オンドル』4号でウトロを初めて紹介	2月　辛基秀さんによる自主制作ドキュメンタリー映画『江戸時代の朝鮮通信使』完成、上映運動開始	8月　［韓］YH貿易占拠座り込み事件 10月　［韓］朴正煕暗殺事件 12月　［韓］全斗煥らが軍事クーデター
1980	3～7月　［ウ］『オンドル』5～7号でウトロの歴史を紹介 5～7月　『オンドル』6～7号で光州民主化運動（光州事件）を紹介 10～12月　考える会が宇治市、城陽市、八幡市などで金大中救援運動に連帯 12月　考える会が「金大中氏の死刑執行阻止！韓日共同行動」京都集会に参加	7月　［全］日韓連帯委員会、韓国問題キリスト者緊急会議、日本カトリック正義と平和協議会の3 団体による合同声明／日韓連帯委員会と韓国問題キリスト者緊急会議主催の市民集会 9月　［全］東京で韓宗碩さんが指紋押捺を拒否	5月　［韓］金大中内乱陰謀事件、非常戒厳令／光州民衆抗争（光州事件） 9月　［韓］全斗煥第11代大統領に就任、金大中死刑判決 12月　［韓］金芝河釈放
1981	1月　『オンドル』8号で金大中救援に連帯 4・7月　［ウ］『オンドル』9～10号でウトロの水道問題を詳細に紹介 5月　「日朝日韓連帯宇治久世連絡会議」発足	6月　高槻市採用差別事件に対する市民集会 10月　［全］盛善吉さんによるドキュメンタリー映画『世界の人へ―朝鮮被爆者の記録』完成、上映運動開始	1月　［韓］金大中死刑判決確定後、国際世論を受けて減刑 3月　［韓］全斗煥第12代大統領に就任、第五共和国へ
1982	9月　映画『江戸時代の朝鮮通信使』（1979）南山城上映会および講演「南山城と朝鮮文化」を開催● 11月　映画『世界の人へ―朝鮮被爆者の記録』（1981）南山城上映会 12月　韓国民団南京都支部が城陽市に外国人登録法の改正を求めて請願、採択	6月　川崎市で「川崎在日韓国・朝鮮人教育をすすめる会」結成	1月　［日］国連難民条約の発効、出入国管理及び難民認定法施行、国民年金、児童手当等の国籍条項撤廃 6月　［日］第一次教科書問題 12月　［韓］金大中刑執行停止、米国へ強制亡命
1983	6月　映画『이름（イルム）なまえ―朴秋子（パク・チュジャ）さんの本名宣言』（1983）南山城上映会★ 9月　「朝鮮近・現代史勉強会」開始	辛基秀さんらによりドキュメンタリー映画『이름（イルム）なまえ―朴秋子（パク・チュジャ）さんの本名宣言』制作、上映運動開始 10月　大阪市で第1回「生野民族祭り」開催	1月　［韓日］中曽根首相訪韓、全斗煥と会談
1984		9月　［全］指紋押捺拒否予定者会議発足	
1985	6月　「指紋押なつを問う集い」開催★ 10月　「指紋押捺を考える宇治市民の会」発足	5～10月　［全］韓国民団が「押捺留保」方針と運動を展開 12月　［全］「民族名をとりもどす会」結成	1月　［日］国籍法・戸籍法改正施行 8月　［日］中曽根首相、靖国神社公式参拝
1986	3～6月　［ウ］考える会で水道敷設のための署名運動を開始、広げる 9月　［ウ］「ウトロ地区に水道敷設を要望する宇治市民の会」発足	6月　川崎市で「ふれあい館」開館 秋　京都市東九条で民族民衆文化運動グループ「ハンマダン」結成	［日］第二次教科書問題
1987	3月　［ウ］日産車体がウトロ地区の水道敷設を認める		6月　［韓］民主抗争と民主化宣言、憲法改正宣言
1988	1月　［ウ］ウトロ地区の一部世帯に水道管が引かれる ［ウ］土地所有権問題の顕在化とウトロ住民の自治組織発足 10月　［ウ］第1回「ウトロ町づくりの集い」開催		2月　［韓］盧泰愚、第13代大統領に就任、第六共和国へ 6月　［日］外国人登録法改正施行（93年1月同法改正施行で指紋押捺廃止） 9月　［韓］ソウルオリンピック
1989	2月　［ウ］西日本殖産、ウトロ住民に立ち退きと土地明け渡しを求めて提訴 3月　［ウ］「地上げ反対！ウトロを守る会」発足、翌月に「ウトロの集い」開催		1月　［日］昭和天皇死去

（出典）全（2018b: 62）を、『在日コリアン辞典』（2010）、鄭（2013）、山口（2022）などを参照して加筆・修正
＊　［ウ］はウトロ関係、［全］は全国レベルの運動、［日］［韓］はそれぞれの国の情勢変化や日韓関係に影響を与えた出来事
＊＊「★」は日朝日韓連帯宇治久世連絡会議主催、「●」は各々の実行委員会主催

〔在日本大韓民国〕民団系の人もたくさんいるわけだからね。でも日本人の運動だったでしょうね。その上映運動ってきっと。僕、今わからないけどね。たまたま日本人で〔京都の〕南の方で僕が来てたんだからそう言ったでしょう。で、わりと簡単にやりましょうと受けたんですね。若かったせいだろうかな。なんでだろう。おそらく僕の頭のなかでは、さっき、地域でいろんなことをやるようになったと言っていたでしょう。その当時、地域にある小さな労働組合とか争議している組合とかがあって、みんなでその組合を助けましょうみたいな動きがあったりとかをしていたんですよね。(9)

『オモニ』の上映運動は日韓連帯運動の一環として全国の大都市を中心に行われていた。当時の韓国における軍部独裁政権を糾弾し、民主化運動を支援する日韓連帯運動は、韓国政府側に立つ当時の民団から厳しい批判を受けていた。総連系の人びととの連携も批判や敬遠の対象となり、「在日」の民族運動の内部では韓国の民主化と「在日」の権利保障のどちらを運動の目標として優先すべきかをめぐって亀裂が生じていた（李 2018: 138-139）。

このようななか、竹原さんは日本人の市民や労働者の運動として、総連と民団のどちらかに肩入れせずに「朝鮮」に触れる集まりを生活圏につくることを目指した。上映会の情報は、全日本自治団体労働組合（自治労）や公共企業体等労働組合協議会（公労協）をはじめとする、それまで竹原さん自身が関わった大小様々な労働運動のネットワークを通して広げられた。

その結果、一九七八年一二月の上映会は600人の会場が満席となる成功を収めた。盛況の背景には、宇治の郊外都市化に伴って、様々な運動を担う労働者や市民の増加と、そのような人びとを組織の論理を越えたかたちでつなげていった竹原さんの柔軟な姿勢があった。

上映会の盛況を受け、竹原さんは朝鮮の歴史や植民地の問題、「在日」の社会運動を学ぶ労働者の集まりを提案した。彼は上映会参加者のなかで興味を示した人びとと意気投合し、二～三ヵ月に一回の頻度で学習会を開き、その結果をミニコミ誌にまとめ発行する活動を始め、精力的に取り組んだ。それが考える会の始まりである。表からその内容の多彩さと活発さが窺える。

考える会のメンバーは約20人前後であった。様々なテーマの集会や学習会を開くと、約20～40人が参加した。京都府南部地域に生活圏をもつ市民や労働者が参加でき、総連と民団、日朝友好と日韓連帯運動、市民など民族や思想の異なる人びとが「朝鮮」に対して連帯する場をつくりあげようとする開かれた運動へと成長していく。一九八一年五月、『オモニ』の上映会以降の労働組合運動のつながりを維持するための連絡会が設立された。その名称を「日朝日韓連帯宇治久世連絡会議」としたのは、運動の特徴をよく表している。

(3) 金大中救援運動にみる越境的な連帯

考える会でもっとも多く取り上げられた課題は、軍事独裁に反対する民主化運動のリーダーであった金大中（キムテジュン）の救援運動とウトロ地区に関する問題であった。

金大中救援運動は一九七三年と一九八〇年の二度、それぞれ別々の出来事をきっかけとして大きな関心を集め、取り組まれた。まず、一九七三年には金大中の拉致事件が東京で起こったことが運動のきっかけとなった。七〇年代前半には市民社会のなかで日本国内の「朝鮮」や沖縄、アイヌの人びとなどの「内なる他者」に対する反省的な認識が広がっており、この事件が大きく報道されたこともあり、金大中救援運動は広い支持を集めた。韓国に留学し、民主化運動を支持していた「在日」から発信された情報をもとに、日本の市民やキリスト教団体、社会党と総評などの労働運動から救援運動に対する連帯が表明された（李 2018: 128-34）。

また、一九八〇年の二度目の金大中救援運動は韓国における民主化運動とその鎮圧という激動の過程のなかで形成された。この当時、韓国各地で労働者と学生による運動が活発化し、軍部独裁政権を握っていた朴正熙（パクチョンヒ）が暗殺され、その後、全斗煥（チョンドゥファン）の率いる新軍部がクーデターによって政権を発足させた。全政権が拘禁した金大中の釈放などを掲げて光州で開かれた集会が武力によって鎮圧され、それに対抗する民衆蜂起が起きた。いわゆる光州事件である。新軍部は光州の民衆蜂起の背後に金大中がいたとし、彼に死刑判決を下した。

考える会は発足から間もない一九七九年末以降、このような激動の韓国情勢に向き合うこととなった。韓国の政治状況に関する情報は、考える会のミニコミ誌『オンドル』でほぼリアルタイムで共有されていた。『オンドル』は、一九七九年七月の1号から同年一二月まで4号が発行され、一九八〇年五月一八日に光州事件が発生してから一〇日後の五月二八日には6号を出している。6号では「光州市内をデモする若者たち」の写真が表紙を飾った。

考える会は、一九八〇年七月から全国的な取り組みとして始まった金大中救援運動に参加していく。特に同年一〇月から一二月の間に十数回にも及ぶ催しに関わっている。会のメンバーは京都市内で開かれた座り込み集会に参加したり、宇治市やその周辺地域でのカンパや署名運動も行った。また、メンバーはそれぞれの職場でビラの配布や労働組合への支援の呼びかけに努め、抗議ハガキの発送にも取り組んだ。

考える会の金大中救援運動を通じて、連帯はいかに認識されていただろうか。当時の『オンドル』をみると、金大中の死刑判決は「金大中さんと民衆を切りはな」す策謀であり、「たんに金大中さん個人に対する攻撃ではなく、韓国の民主化と祖国統一をねがう韓国民衆と、その運動に対する攻撃」とみなされている（『オンドル』8号、1981.1.8）。つまり、金大中は民衆の代弁者であり、金大中への支援は民衆との連帯を求める行動であったのだ。この行動は考える会のメンバー自身を民衆として位置づけ、日本の市民と韓国の民衆＝労働者との連帯を求めるものだった。

だが、このような図式では、日本と韓国、日本の市民と「在日」の労働者との間の非対称な関係は、ともすると後景におかれてしまう（全 2018b）。しかし、次に紹介するように、運動の進行とともに、『オンドル』ではこの非対称性について自覚的で反省的な記述が増えていく[10]。

たとえば、それまでの活動を振り返りながら、一九八〇年十二月に京都市内で行われた金大中救援のための座り込み集会を紹介した『オンドル』8号をみてみよう。ある参加者はこの運動の意義が「日本と韓国の歴史を話し、金大中さんを救出することは日本帝国主義の韓国への経済・軍事復帰を阻止すること」にあると述べている。また、日韓の民衆の非対称な関係を次のようにより繊細に捉えた手記がある。

一二月六日、高島屋前の歩道に一日座り込んだ。風の冷たさが身にしみる。座り込んで様々の思いが頭の中をよぎっていく。

寒さ―ひもじさ―私の体験している寒さひもじさは、一定時間過ぎれば、がまんすれば暖をとり、腹一杯食べることができるもの、それに比べて全泰壱青年の手記の中にある彼の味わった寒さひもじさとは、どんなものであろう。学校をやめ、家をとび出し、幼い弟をつれて厳寒のソウルの街はずれの路上でダンボールをかぶって寝る彼の姿が浮かぶ。やりようのないさみしさ、頼りようのない不安。眠けをさます寒さ。決して同じ寒さではない。見知らぬ町で何日もすき腹をかかえて歩き廻り、川に浮かんだキャベツの切端を見つけ思わず川に入ってその切端を食べた彼のひもじさ。決して同じひもじさではない。

目の前を、素知らぬ顔つきで着飾った若い娘が通っていく。私の心に、虐待されながらも戦いに決起し、団結しているYH貿易の女子労働者と鮮明なコントラストが浮かぶ。〔…中略…〕同じ資本に搾取され収奪される労働者でも、侵略、抑圧する国の労働者とされる国の労働者が連帯することの困難さと重要さを痛感する。

現在、金大中さんへの最終審判決が予想より遅れているが、依然として金大中さんの生命は、全斗煥の手中にある。私達はこの運動をさらに一層押し広げ、同時にその中で、日韓労働者の連帯をより確固たる内容にしなければならない。冬の寒空に一日座り込んで、「一部の労働者だけでなしに、労働者はストが打てなアカン。」と強く思った。(『オンドル』8号1981.1.8)

この手記は、寒さ(ひもじさ)という感覚から二つの非対称な関係を捉えている。一つは、この手記の筆者である「私」と韓国の民衆との空間的な非対称性である。「私」は韓国の民衆に共感して協働を試みているが、韓国の民衆は「私」の運動空間には存在しない。「私」は韓国の民衆と対話をしたり、共に学んだりすることはできず、なんらかのメディアを通して想像するしかない。そこで「私」は自らの座り込みの経験を通じて、共通の感覚=「寒さ」を想起しようとしている。

しかし、「私」が気づくのは、もう一つの非対称な関係である。それは、「私」と全泰壱、あるいは「着飾った若い娘」と「女子労働者」との社会・経済的な非対称性である。「私」は、「私」を含む日本の民衆と侵略と抑圧を受ける国の「労働者」=民衆とを区別し、両者の連帯の「困難さ」をつづっている。つまり、生身の人として触れ合うことができず、つくられた理念型の「民衆」と生の民衆が、この経験では区別されているのだ(11)。

考える会のメンバーの「民衆」に関する知識は、国際的に行動する知識人や文化人が発進した情報に基づくものだけでなく、生活のなかで学習し獲得されたものでもあった。メンバーはそのような限定的な条件にありながらも、「同じ資本に搾取され収奪される労働者」の国際的な連帯を試みることの「重要さを痛感」して、行動したのである。

そして、この時期に金大中救援運動を行っていた考える会のメンバーは、地域社会のなかの「朝鮮」問題、すなわち考える会の言葉を借りれば「身の回りの朝鮮問題」への取り組みをスタートさせていた。ウトロ地区の住環境のことである。次節では、人びとが生活のなかで生身の朝鮮の人びとに出会い、越境的な連帯を形成していく過程を追っていきたい。具体的には、考える会と、「在日」の指紋押捺拒否を支援するもう一つの市民グループがウトロ地区の居住権運動に合流する過程を取り上げる。

4　越境的な連帯と地続きの朝鮮

(1)安全地帯の外の地域社会

〔一九七四年頃〕もうすでに「ウトロ」というエリアがあってことはお友達から教えられて、宇治にきた頃からそういう話は聞いていたんだけど、だけど特別にそれだけに興味があるというわけじゃなくて、いま言ったように……差別というか理不尽というかそういうことには何か引っ掛かりがあったのではないかしら。まあ、きっとずっと安全地帯で生活していたからでしょうね。僕自身が。サラリーマンの子どもで、中産階層なんでしょうね。（13年7月23日、竹原八郎さんへの聞き取り）

竹原さんは「在日」の社会運動に取り組み始める以前、ウトロに対してもっていた認識をこのように振り返っている。考える会は発足当初からウトロ地区の問題を調べ、情報を発信していた。表の「ウ」（ウトロ関係）で示した項目がその具体的な内容であるが、ウトロ地区の歴史から上下水道の未整備といった生活上の具体的な問題まで、多岐に渡る情報が共有されていたことが確認できる。その情報源は市民とウトロ地区、そして京都府南部地域の「在日」をつなげたキーパーソン、金善則（キムソンチク）さんであった。

金さんは韓国出身の在日一世で、朝鮮総連の専従の活動家であった。「安全地帯」の内にいる考える会のメンバーとその外にいるウトロ地区住民との出会いは、金さんを介して生まれた。考える会の催しに金さんが参加したことをきっかけに、メンバーは「在日」の状況をそれまでよりも身近に感じ、ウトロの住環境問題に関わるようになったという。

金さんは一九六〇年代後半にウトロ地区に赴任し、それからウトロ地区の同胞の生活支援を続けた。そんな彼は、地区内部だけでなく、京都府南部地域の運動関係者からの人望があった。総連の活動家でありながら、民団系の人びとからの信頼も厚く、考える会とのつながりが生まれてからは食事会やスポーツなど市民との日常的な付き合いをもち、日朝・日韓の人びととの家族ぐるみの交流を支えていた(12)。竹原さんを含め、本稿で紹介している居住権運動の支援者たちは、金さんの人間性を深く信頼した。3節(2)で述べたように、この地域で「朝鮮」に関する異なる民族や立場、思想に開かれた運動のネットワークが形成されたのは、金さんの役割も大きかった。

こうした運動のネットワークは、居住権運動において重要な役割を果たしていく。その一方で、そのネットワークは在日一世で民族運動の世界にいた金さんと、基本的には労働組合に所属し、

「朝鮮」の情勢や歴史に興味をもつ「いい年」の男性に偏っていたともいえる。この点を踏まえ、以下、ウトロ地区の水道敷設要求運動への展開をみていきたい。

(2) 地続きの朝鮮に出会う　宇治市民の会

一九八五年、宇治市に「在日」に関わる新たな市民のネットワークが形成された。「指紋押捺を考える宇治市民の会」（以下、宇治市民の会）である。同会は、宇治市在住の指紋押捺拒否者・留保者の支援を目的に、環境運動や女性運動、障がい者運動、被差別部落解放運動、キリスト教団体など、マイノリティの人権問題に関する活動に取り組んでいた市民が集まり結成された。その後、考える会の竹原さんのほかに、宇治市会議員（当時社会党）、主に京都市で市民運動をしていた大学教員なども加わった。

この会は当初、京都市最大の「在日」の集住地域である京都市東九条の活動家Aさんの押捺拒否を支援するために立ち上げられた。この会が宇治市で始まったのは、Aさんの居住地が宇治市だったからである。押捺拒否とそれを支援する運動は、当事者の住民登録がなされている各市町村の行政に対して行われていた。宇治市民の会が活動を始めると、ある指紋押捺留保者が支援を求めた。その人はかつてウトロ地区の住民だった（22年1月14日、前掲浅井さんへの聞き取り、および21年12月1日多芸正之さんへの聞き取り）。宇治市民の会のメンバーは、その人を通してウトロ地区を知り、当時ようやく同地区の水道問題に関する運動を始めた考える会と、活動を共にすることにした。両会のメンバーは運動のテーマは異なっていたが、「朝鮮」への認識や生活圏、市民運動のネットワークなどにおいて接点をもっていた。

一九八五年当時、ウトロ地区では土地所有者が水道管の埋設を承諾しないために上下水道が敷設されていなかった。ウトロ地区の土地は民間企業の日産車体が所有していた。この土地はもともと京都飛行場の施設の一部である飛行機製造会社の敷地であり、その財産を継承した会社が、朝鮮戦争後に日産グループの傘下に入っていたという経緯がある。行政はウトロ地区の上下水道が未整備なままの状況を、たんなる民間と民間（日産車体と住民）との間の問題と捉え、介入することはなかった。

考える会は、ウトロ地区の水道問題がウトロ地区の住民による要請だけでは解決できないことを把握していた（『オンドル』10号表紙）。考える会には宇治市の職員が数人おり、ウトロ地区の住民のなかには水道工事に従事している人がいた。

しかし、すぐに両者がつながり運動を始めるわけにはいかなかった。何よりもウトロ地区住民との日常的つながりがなかったためである。住民の合意形成や意見の調整に関しては、外部の市民より金さんの見識や手腕を信頼することとなった。その間、地下水の衛生問題と、地区内に消火栓がないという防災上の問題も明らかとなっていった。それがウトロ地区内部にどう影響したかは不明であるが、一九八六年初頭にようやく支援者と連帯して、異議申立てをしようという住民の合意が形成された。指紋押捺の問題に取り組んでいた宇治市民の会がウトロ地区の問題を知ったのもこの頃であった。

考える会は運動の理念を生存権に絞り、水道管の設置に向けて行政を動かすことに集中した。運動のネットワークをさらに広げ、宇治市民の会をはじめ、幅広い団体や人びとが合流するかたちで水道管設置を求める署名運動を展開した。一九八六年三月から七月の間に5004筆の署名が集まり、考える会と宇治市民の会のメンバー、ウトロ地区の住民、公明党と社会党の市会議員三人が宇治市水道部に陳情と署名を提出した。この活動をきっかけに、同年九月頃、両会とその他の市民は「ウトロ地区に水道敷設を要望する宇治市民の会」(以下、水道要望の会)を発足させた。署名提出の結果、宇治市は日産車体本社との交渉を始め、一九八七年三月に日産車体が水道管の埋設に同意し、宇治市はそのための予算を編成した。

このようにして、京都府南部地域の労働運動と日朝・日韓連帯運動のネットワーク、そしてマイノリティ運動のネットワークが、ウトロ地区の生活上の問題を解決しようとする共同の取り組みを成功させた。一年ほどの運動によって、ウトロ地区で長年未解決だった水道の問題が解決に向かうこととなった。異なる民族や立場、思想をもった人びとが、地域社会の問題に対して共に連帯したのである。この運動の成果は、郊外化が進み新たな都市社会が形成された当時の京都府南部地域ならではの、市民社会の現れの一つとしてあったと考えられる。

『オンドル』10号(1981年7月17日)表紙
地区内で使われている井戸の写真を載せて、ウトロ地区の水道問題を訴えている(竹原八郎さん提供)

(3) 突きつけられた住民の経験

一方、この時期の連帯に関するもう一つの重要な語りを紹介したい。語り手は宇治市民の会の運動を通じてウトロ地区に関わり始め、現在も「ウトロを守る会」で住民の支援を続けている田川明子さんである。田川さんは一九四五年に鹿児島県で生まれ、京都市内の私立大学の学生新聞局で活動した。その後、マスコミ関係の職に就いたが、結婚後は専業主婦となって、宇治市で子育てに専念しながら女性運動に関わっていた。そのようななか、かの女は宇治市での指紋押捺拒否運動の話を聞いた。

「指紋押捺」は、かの女に二つの意味で衝撃を与えた。一つは、留保者が面識のあった同年代の女性であったことで、もう一つは、「指紋押捺」のことをまったく知らなかったことであった。かの女は大学時代、「日韓条約反対運動」の集会に参加したことがあった。その時はじめて「在日」の存在、総連と民団の対立を知り、植民地支配に対する責任がある日本人として、日韓条約を阻止できなかった経験をずっと抱えていた。そんな自身が「指紋押捺」を、あの時一緒に声を上げたはずの「在日」青年の苦悩を知らなかったことが「すごく恥ずかしかった」(22年5月5日、ウトロ平和祈念館開館記念ミニシンポ「これからの平和祈念館」)。同時に、押捺拒否は「在日」の人びとからの日本社会への応答であると直感した。宇治市民の会への参加は、その想いを踏まえたかの女の「在日」の人びとへの応答であった。この頃、田川さんはパートタイムの仕事を始めた。そして、ウトロ地区の水道敷設要求運動へと向かっていった。

ウトロ地区の住民代表のみが「市民」と交流をしていた一九八六年に、田川さんはウトロの在日一世の女性と親交を深め、その女性——文光子（ムングァンジャ）さん（1920年生まれ）に関する文章を、ふだんから活動している女性運動のミニコミ誌に投稿した。掲載が決定してすぐに、田川さんは文さんの家を訪ねた。片手には掲載されたミニコミ誌を持って、かの女は嬉しさに満ちあふれながら、それを文さんに見せた。「よかったですね」と声をかけたが、文さんからの反応はすぐには返ってこなかった。かの女はしばらくとまどってから、次のように返事した。「ごめんなさい。私、字が読めないのです」と[13]。

この女性から上の年代の「在日」は、識字教育を受けていない人が多く、そうした不就学者は女性に集中している。終戦直後の民族教育を要求する運動が活発だった時期には学齢期はすでに過ぎてしまい、この女性のように、不就学の状態で老年期を迎えた人びとも多かった（徐 2012; 山根 2017）。

本稿の2節では、この女性の少し上の世代にあたる、占領期に主婦だった女性たちの反戦の訴えと生活上の問題に関する要求を紹介した。占領期に提起されていた住環境の問題は、水道敷設要求運動が始まるまで手つかずのまま残り続けていた。朝鮮戦争への反対デモの先頭に立っていた女性たちは、その子どもたちのために民族教育を要求していた。しかし、かの女たち自身は教育そのものを受ける側にはなれなかったのである。筆者自身、本稿を執筆するなかでそのことにようやく気づいた。

水道問題に立ち向かい、市民と運動を始めた一九八〇年代後半のウトロ地区は、田川さんが出会った一世の女性だけでなく二世の生活の拠点であった。二世は一九六〇年代、一世のもつ土地やネットワークに頼って就業した世代である。多くの「在日」が大都市内に集まり、就職差別のなかにあって製造業やサービス業への就業が増加した。そのような変化のなか、ウトロ地区の住民はウトロ地区に留まり、土木・建設業や回収業の仕事にたどり着いていた（全 2021）。同じ地域社会にいながらも、市民とは異なる生活が蓄積されていた。

田川さんの語りは、「在日」のための運動のなかで突きつけられた経験のものであった。「その時初めて、読めない人がいるというのを知ったね。私は本当にあほだった。何にも知らなかった」。その経験は、「指紋押捺の「し」もしらなかった」という自責に立ち戻る（19年7月26日、フィールドノート）。以降、田川さんの居住権運動の取り組みは、ウトロ地区で建設業や回収業を生業としてきた男性の住民、そして生業を共に営んできた女性たち、子どもなどとの交流とその支援に向かっていく。

以上のように、水道敷設要求運動は住民と支援者に大きな変化をもたらした。そして、一九八八年一月、無事に一部の世帯に水道管が引かれた。しかし、その年の冬、ウトロ地区の新たな土地所有者から住民の立ち退きと土地の明け渡し要求が届いたことで、状況は一変した。土地所有権は元の地権者からある一人の住民へ、さらに西日本殖産という実体のない会社法人へと転売されていた。

一九八九年二月、新たな所有者となった西日本殖産から住民を被告とする裁判が始まった。これを受けて、水道要望の会は、裁判と住民のまちづくりを支援する運動グループ「ウトロを守る会」に再編された。困難な状況が続くなか、ウトロを守る会は住民と交流を進め、共に運動を進めていく。

5　市民の連帯とそこから取り残されるもの

本稿では、戦後、宇治市を中心とした京都府南部地域において日本人と「在日」の住民との越境的な連帯が形成されていく歴史的過程を検討した。市民運動と「朝鮮」、そしてウトロ地区住民との連帯が形成されていくその過程を、三つの時期に区切って考察してきた。すなわち、共産党の指導のもとで部分的な連帯意識がみられた占領期、宇治市を中心に韓国の労働者や「民衆」との連帯が試みられた一九七〇年代後半、さらに、市民がウトロ地区の住民というこれまで以上に具体的な連帯の対象と出会い、その生活環境改善を勝ち取っていった一九八〇年代後半である。この軌跡からみえてきたのは、連帯の次のような特徴である。

第一に、大都市とは異なる郊外都市における連帯の特徴が浮かび上がった。市民は大都市において登場した新たな運動主体であった。「在日」の社会運動は、大阪市や京都市、東京や川崎などの大都市の集住地区において住民がイニシアティブをとって行われてきた（全2018a）。これに対し、郊外都市である宇治市では、大都市でつくられた組織や情報を基盤としながらも、自らの生活圏に密着したかたちで新たな開かれた運動のネットワークをつくり、そのなかで複数の主体の間の連帯が模索された。運動は郊外特有の歴史的な地理条件に規定され、新たな市民の登場と優れたキーパーソンによってつくられた。

第二に、運動が異なる民族の間の連帯や共同性を強調することによって、地域社会や運動内部の構造的な差異、すなわち階層やジェンダーなどの差異が見落とされることである。この点は、詳述はできないが「在日」の運動史に関する先行研究が抱えてきた課題でもあった。これに対し、ウトロ地区の居住権運動の歴史を追ってきた本稿では、日本人支援者と民族組織の人が住民の生活のために協力し、日本人支援者が不就学の「在日」一世の女性と出会って新たな関係を築いていったように、支援者の一部が見落としがちな構造的な差異に気づき、向き合うべき重要な課題として認識していったことを明らかにした。

自らの生計に直接つながらないにもかかわらず、社会について考え、学習し、運動し続けること、つまり、市民であることは、参加者の問題意識や思想だけでなく、一定の社会・経済・文化的な資源や条件を必要とする。当時の「在日」が市民になるにはもっと制約があったはずだ。このような市民の特権性を考えると、日本人の市民とウトロ地区の住民の出会いそのものがいかに困難なものであったのかがみえてくる。実際に、総連の活動家を除くと、考える会に参加したウトロ地区の住民はいなかった。同じ社会、同じ地域で居住していても、両者は別々の生活圏を生き、互いを境界の外の存在として認識する。こうした難しさがあるからこそ、ウトロ地区の居住権運動やその他の無数の支援運動には越境的な連帯運動としての大きな意義があるのだ(14)。

本稿を書いていた二〇二一年一二月六日、ウトロ地区で発生した放火事件の容疑者が逮捕された。同年八月に地区内の空き家で火事が発生し、居住権運動で使われた立て看板のほとんどを燃やしてしまったが、それが放火だったのである。逮捕されたのは二〇代の青年で、おもな動機は二〇二二年四月開館予定の「ウトロ平和祈念館」に対する不満であった(『朝日新聞』2022. 2. 28)。この青年は、同年七月にも名古屋市にある民団施設に火をつけるなど、在日コリアンに関係する施設などに放火を続けていた。

悲しく根の深いこのヘイトクライムに対して、ウトロの住民や支援者が確実な対応策をもっているわけではない。ウトロ地区の現場では、祈念館の開館を機に住民と支援者が集い、議論しながら、これまで誠実に積み重ねられてきた知恵やネットワークの軌跡をいかに残していくかを熟考している。

本稿が明らかにしてきたのは、市民が地続きの朝鮮に出会うまで、これまで長い時間と努力を費やしてきたことであった。ウトロ地区をめぐる連帯の歴史過程は、「朝鮮」との連帯を目指した市民が、地続きの朝鮮の民衆と出会うまでの長い旅程だったかもしれない。

二〇二二年四月三〇日、ウトロ平和祈念館が開館し、一週間で二〇〇〇人以上の人びとが訪れた。この祈念館が、連帯を目指し、実践してきた人びとが生み出したもう一つの異なる世界に出会う場になることを、心から祈っている。

謝辞
執筆に当たって、竹原八郎さん、田川明子さん、中村一成さんに内容に関する意見を、中山和弘さんに写真の提供を、佐久真沙也加さんに文章に関する助言をいただいた。心から感謝を申し上げる。

注

(1) 本稿での「在日」の社会運動は、一九六〇年代初頭の日韓条約反対運動を先駆けに、ベ平連(ベトナムに平和を!市民連合)の影響を受けて各地で展開された「朝鮮」に関わる諸問題に関する諸運動を指す。その内容は概ね植民地支配に関わる歴史認識と民族表象に関わる諸活動、同時代的に進められた日韓連帯運動、戦後補償および国籍条項をめぐる各種の権利運動を含み、一九七〇～八〇年代のメディアでは「朝鮮問題」と呼ばれていた。これらの運動は日本社会で生まれた社会運動として、在日コリアンに関わる歴史・民族問題、あるいは社会的マイノリティとしての問題などに対して展開された。

(2) 日高([1960] 1973)によると、市民運動の主体は①無党無派で、②政治的野心を持たず、③有職の生活人として「パートタイマー」的参加者であり、④自発的・自給的であるなどの特徴を持つ。ただし、ここでの市民は、地元の問題に異議申立てをする「住民」でもあったことに留意する必要がある。

(3) このような差異は、住民・市民運動に関する研究では初期から指摘されている。たとえば、日高(1973)は市民運動に関する一九六〇年の議論に対して、水俣の運動などの住民運動から提起された問題を取り上げ、市民の特殊性を指摘している。「日本人」内部の非対称性を扱ったこの議論は、住民と市民の文化的差異を指摘した荒川(2012)や道場(2015)ともつながる。

（4）拙稿（2018b）ではそういった市民らをコスモポリタンかつエリートの「市民」と区別して「大衆的市民」と呼んだ。留保的ではあるが、エリートとした場合、労働運動がそこからはみ出すため使用したタームである。

（5）「ウトロ」という地名は、旧字名の「宇土口」の誤伝と考えられ、レッドパージ以前の新聞紙上では「朝鮮人部落」や「伊勢田飯場」と記されていた。

（6）『洛南タイムス』の「在日」およびウトロ関連記事の一覧を全（2015）から確認できる。

（7）「大久保飛行場反対ののろし——大久保小で市町村民大会開催」『洛南タイムス』（1953. 4. 14）では基地に反対する周辺住民の集会が開かれたことが、「大久保飛行場の境界に杭打ち込まる——話合いつかぬうちに強行」『洛南タイムス』（1953. 5. 26）では中学校の組合会とＰＴＡが米軍キャンプの撤去を求めて外務省に陳情したことが報じられている。

（8）たとえば、以下のような記事がある。「日韓会談粉粋のデモ行進——四、五日に国民共斗会議が」『洛南タイムス』（1963. 1. 30）「日韓会談反対の行進通過——きのう山宣墓地で決起大会」『洛南タイムス』（1963. 2. 6）ほか、後者は「北鮮だより①」『洛南タイムス』（1965. 3. 10. 以降③まで掲載）。

（9）傍点は筆者による強調。〔 〕内は筆者による補足をさす。すべて以下同様。

（10）ここでの解釈は、「考える会」の考え方としてではなく、労働者を主体化する言説としての解釈であることを断じておく。

（11）在米韓国人の歴史学者Lee（[2007] 2015: 23-30）によると、「民衆」は、韓国の一九七〇～八〇年代の民主化運動において、学生（原著では운동권 運動圏）によって運動の敵手への対抗言説としてつくられた歴史的・社会的主体の表象である。つまり「民衆は通常エリート、指導層、さらに教育を受けた人や教養人ではない「一般大衆」を指していたが、特に既存の社会・政治体制のなかで抑圧された者でありながら、抵抗して立ち上がれる者を意味するようになった。民衆はこのような文脈において歴史の真の主体として想定された」（28頁）。

（12）たとえば、南山城朝鮮問題を考える会、『オンドル』13号（1983. 5. 31）に掲載された金さんの個人史からは、考える会のメンバーが生身の「在日」の人を知り、信頼関係を築いたことが窺われる。

（13）田川さんによると、文光子さんは、幼少期を東京で送り、終生、東京弁で話していた。

（14）「支援」を伴う運動は、「逸脱者」とエリートの支援者（鈴木 2007）、夜間中学校の教師と学生（徐 2012; 山根 2017）という主体間のポジショナリティの違いの中で進められ、なかには川松（2021）のように民族当事者の主体がそもそも生きていない場合さえある。

引用・参照資料

『朝日新聞』（2022. 2. 28）「ヘイトクライムに狙われた故郷——立ち向かう弁護士の心揺さぶった一節」

『オンドル』1号［1979. 7. 14］～14号［1985. 1. 29］（3、11号除外）山城朝鮮問題を考える会

『洛南タイムス』（1946. 12～2018. 9）内『新宇治』（1951. 9～1953. 9）

参考文献

朝日新聞社編（1992）『イウサラム（隣人）――ウトロ聞き書き』議会ジャーナル

荒川章二（2012）「地域のなかの１９６８年」安田常雄編『シリーズ戦後日本社会の歴史3　社会を問う人びと――運動のなかの個と共同性』岩波書店：226-57.

大内照雄（2017）『米軍基地下の京都――1945年～1958年』文理閣

川松あかり（2021）「炭鉱犠牲者の供養と日・韓・朝の友好――日本の旧産炭地筑豊における住民実践を事例に」『日常と文化』9: 97-115.

金敬黙（［2011］2020）「日本のなかの「在日」と社会運動――市民運動と国際連帯による再検討」李鍾元・木宮正史・浅野豊美編『歴史としての日韓国交正常化Ⅰ――東アジア冷戦編　新装版』法政大学出版局：231-58.

国際高麗学会日本支部『在日コリアン辞典』編集委員会編（2010）『在日コリアン辞典』明石書店

斎藤正樹（2015）「強制立ち退き問題ウトロ地区から次に何を伝えるか――国際人権基準と国内法のギャップを見つめる」『居住福祉研究』20: 56-65.

全ウンフィ（2015）「京都府宇治市の地域新聞『洛南タイムス』における在日及び圏内在日集住地区・ウトロに関する記事一覧（1946～2010年）」『空間・社会・地理思想』18: 59-90.

――（2018a）「戦後宇治市の地域新聞にみる在日像の変遷過程――不法占拠地区への空間的黙認はいかに続いたか」『コリアン・スタディーズ』6: 26-41.

――（2018b）「「朝鮮」はいかにして「私たちの問題」となったか――１９７０年代後半以後の宇治市における日本人支援者の形成」『都市文化研究』20: 54-67.

――（2021）「宇治市A地区にみる高度成長期以降の「不法占拠」の存続要因」『都市文化研究』23: 3-14.

鈴木道彦（2007）『越境の時――一九六〇年代と在日』集英社新書

徐阿貴（2012）『在日朝鮮人女性による「下位の対抗的な公共圏」の形成――大阪の夜間中学を核とした運動』御茶の水書房

地上げ反対！ウトロを守る会（1997）『ウトロ――置き去りにされた街』かもがわ出版

千本秀樹（1988）「京都府協和会と宇治の在日朝鮮人」『歴史人類』16: 173-215.

鄭根珠（2013）「韓国民主化支援運動と日韓関係――『金大中内乱陰謀事件』と日本における救命運動を中心に」『アジア太平洋討究』20: 359-71.

林屋辰三郎・藤岡謙二郎編（1978）『宇治市史4　近代の歴史と景観』宇治市

日高六郎（1973）「市民と市民運動」『岩波講座　現代都市政策Ⅱ　市民参加』岩波書店：39-60.

道場親信（2011）「ポスト・ベトナム戦争期におけるアジア連帯運動――「内なるアジア」と「アジアの中の日本」の間で」和田春樹・後藤乾一・木畑洋一ほか編『東アジア近現代通史8　ベトナム戦争の時代――1960～1975年』岩波書店：97-127.

――（2015）「戦後日本の社会運動」大津透・桜井英治・藤井譲治ほか編『岩波講座 日本歴史19 近現代5』岩波書店：115-48.

山口祐香（2022）「1970～80年代日本の市民運動史における映画『江戸時代の朝鮮通信使』と上映運動」『コリアン・スタディーズ』10:

53-65.

山根実紀著・山根実紀論文集編集委員会編（2017）『オモニがうたう竹田の子守唄――在日朝鮮人女性の学びとポスト植民地問題』インパクト出版会

山本崇記（2020）『住民運動と行政権力のエスノグラフィ――差別と住民主体をめぐる〈京都論〉』晃洋書房

李美淑（2018）『「日韓連帯運動」の時代――1970―80年代のトランスナショナルな公共圏とメディア』東京大学出版会

이남희 지음 유리、이경희 옮김（2015）『민중 만들기―한국의 민주화운동과 재현의 정치학』후마니타스 Lee Namhee（2007）*The Making of Minjung: Democracy and the Politics of Representation in South Korea*, Cornell University Press.

【特集　越境と連帯　インタビュー】

内海　愛子さん

在日朝鮮人問題を出発点に、日本の「帝国主義」を問う

——日本朝鮮研究所、アジアの女たちの会の時期まで

内海愛子さん

内海愛子さんは、朝鮮人BC級戦犯などの戦争責任問題への取り組みや、鶴見良行や村井吉敬とともに取り組んだ東南アジアへの日本企業の進出についての調査などでも知られている。内海さんのこうした幅広い研究・活動の出発点は、在日朝鮮人問題だった。一九六〇年代末には日本朝鮮研究所（朝研）に関わり、出入国管理体制改悪反対運動にも参加。その後、七五年からの二年間のインドネシア滞在を機に朝鮮人戦犯問題への関心を深め、アジアの女たちの会やアジア太平洋資料センター（PARC）に参加しながら、前述の研究・活動を展開していった。今回のインタビューでは、内海さんの東南アジア体験や、BC級戦犯問題・戦後補償などの展開については踏み込まず、その前史にあたる一九八〇年頃までの活動を中心に話をうかがった。インタビューは二〇二一年一〇月二六日・一一月八日に、内海さんと縁の深い出版社である梨の木舎にて行い、松井が編集・再構成した後、内海さんが加筆訂正した。（聞き手：松井隆志）

■敗戦・占領下の東京で

——戦争裁判や戦後補償の研究をされている内海さんのことを、歴史学者だと思いこんでいたので、社会学出身と知って驚きましたが、学部は教育学部だったと最近知ってさらに意外でした。まず、大学入学までの生い立ちを教えて下さい。

内海　一九四一年一〇月、東京芝三田の生まれです。父が大磯、母が二宮（共に神奈川県）出身なので戦争中はその両方を行ったり来たり、縁故疎開をしていました。自宅は焼け残り、父親は病気だったので兵隊にとられなかった。直接の戦争被害はありませんでしたが、深川にいた叔母一家が三月一〇日の東京大空襲で焼け出されて、

三田の家まで逃げてきた話は聞いていました。父は疎開先の二宮までリアカーで家財道具を運んだ帰りに黒焦げの死体を見たと話していました。家には焼け出された一家が一九五二年頃まで同居し、一人暮らしのおじいさんもいたので、狭い家に三家族がひしめきあっていました。

もう一つの戦争の記憶は戦災孤児。クラスには父親が戦死した人もいたし、何よりも上野の浮浪児の写真を見たり話を聞いていました。傷痍軍人もよく見かけた。引き揚げの悲惨な話も。そのせいか、戦争の被害をほとんど受けなかったのに、戦争は身近でした。家が国道1号線の近くだったので占領軍の米兵を見かけることもありました。「ギブ・ミー・チョコレート」と寄っていった話はよく聞きますが、私は逆に怖くて逃げた記憶がある。それとアメリカにすり寄る風潮がいやだった。四六年二月には平川唯一の英会話放送が始まって「カムカムエブリバディ」が流行っていたけれど、戦争で死んだ人がたくさんいるのに……と。どこかひねくれてるんです(笑)。

父が、戦前は愛宕印刷で働いていたこともあって、戦後は近代映画社に勤めていました。映画雑誌『平凡』の創刊号が四五年一二月ですが、父の会社も『近代映画』をその頃に創刊したと思います。手元にあるのは一九四九年新年号からですが、奥付には第五巻、通巻第37号となっているので一九四六年一月に創刊したと思います。洋画雑誌『スクリーン』は一九四六年五月に創刊しています。会社は銀座六丁目の尾張町ビル、不二家の後ろ側にあり、七輪で暖をとりながら仕事をしていたそうです。まだ、日販・東販という出版取次もないので、雑誌が出る頃は本屋さんがリュックを背負って買いに来たと言っていました。今見ても印刷も用紙もしっかりしている。もともと印刷工だったので、印刷や用紙への職人的なこだわりはあっても、映画にはあまり関心がなかったようです。『スクリーン』や『近代映画』は家にありましたが、小学校の頃に家族で見に行ったのは東映のチャンバラ映画、中村錦之助や東千代之介の全盛期でした。

——内海さんは私立の女子中学・高校(東京女子学園中学校・高等学校)に通われたそうですが、ご家庭が裕福だったのでしょうか。

内海　違います。闇市場で紙を調達したりしてとにかく雑誌は出していましたが、給料の遅配もあったのか、母親が暗い顔をしていたのを覚えています。後で調べたら、一九五一年五月、ちょうど私が一〇歳の頃に出版用紙の割当制が全廃になって紙価格が高騰し、出版界が経営危機に見舞われていたそうです。ある関係者が「よくつぶれなかったなぁ」と言っていたのを聞きました。

紙の調達が難しく、闇で買っては雑誌を出していたそうで、統制令違反かなにかで捕まって、一晩留置場に入れられたと聞きました。気の小さい父は、子どもをかかえてどうしようと悩んだそうですが、一晩で釈放されたそうです。ある在日朝鮮人が闇取引に関わって父の名前を出したので捕まったが、容疑が晴れて一晩で釈放されたとのことでした。

雑誌社なので校了間際は夜中の二時、三時に帰宅することもあります。心配なので、とにかく父親が帰ってくるまで寝ないで待っていました。サイレンの音が聞こえると、あれが父親だったらと考えたりして……。稼ぎ手が一人の家族は不安定なことを実感していたので、とにかく早く自立しようと思っていた。「親は死んでも子は残る」と。家族のために懸命に働いている父でしたが、ときどき「お前が男だったら……」と言われたりすると「女でなぜ悪い」と反抗したりしていた。戦後、民主主義と言っても、「女のくせに」「女だから」という言葉は、どこでも日常的に語られ、聞かされていた。

――「おしとやか」にさせるために女子校に行かされた、という事情はないのですか。

内海　それはない。当時の新制中学の評判がまだあまりよくなかったこともあり、同じ小学校から七人が入学しています。それと、男の子とよくケンカしていたので、男子がいない学校に心惹かれたことはありました。

■ラジオの記憶、暗かった中高時代

――中高時代の政治的関心はどうだったのでしょう。

内海　原爆被害者の写真が初めて公開されたのが一九五二年八月の『アサヒグラフ』です。同じ頃、ラジオで広島一中の生徒の作文の朗読を聞いた記憶があります。原爆の被害が広く語られるようになった時に、マーシャル群島のビキニ環礁でアメリカが水爆実験をして日本のマグロ漁船が被災した事件が重なってきました。一九五四年三月一日、小学校六年の時です。焼津に水揚げされたマグロをガイガーカウンターで測っている「ガー、ガー」という音がラジオから流れていました。

敗戦の翌年七月に始まった「尋ね人の時間」という放送もよく聞いていました。視聴者からの手紙で、戦争で行方不明になった肉親や知人の消息を求める番組で「元満州の××にいた○○さん」というような放送です。海外からの引き揚げのニュースもありました。母が仕事をしながらよくラジオを聞いていたので、外で遊んで帰ってくるとそんなラジオ放送が流れていたり、傷痍軍人も電車や街頭で見かけていた。今でも好きなのが田端義夫が歌う「帰り船」（一九四六年）、戦犯になった金完根(キムワングン)さんがジャワから日本に送還されてきた時、この歌を聞いて泣いたそうです。祖国が解放されて三年半、ようやく「うちのクニ」に近い日本にまでたどり着いたとの想いでしょう。それぞれの人の引き揚げ体験を重ねてこの歌は歌われていたので、私もよく聞いていました。「戦争」はこういう形で日常生活の中にあった。もう一つは空腹。いつもお腹を空かせていた。配給のサツマイモやカボチャを食べていたので、今でも見かけるとつい買ってしまう。

そんな時代だったからか、小学校の夏休みの宿題に、新聞を読んで毎日一つ、気になった記事を取り上げて要約して感想を書かせるというのがありました。

中学に入るとビキニ環礁で被爆した第五福竜丸の無線長・久保山愛吉さんの重態が報道されていた。おそらく先生が指導したのでしょう、私の中学から七、八人が久保山さんにお見舞いの手紙を送っていたそうで、その中に私のもありました。忘れていましたが、第五福竜丸展示館学芸員の市田真理さんが久保山さんのもとに届いた約三千通の手紙を整理するなかで、私の手紙を見つけて連絡をくれました。下手な字で原爆の被害に「まだ賠償問題も解決せずに居り」ますのに、などと書いていました。

――学内の部活などはどうでしたか。

内海　中一の時に学級委員長になって、一貫校なので高二で生徒会長までやりましたが、中学の頃は特に社会的な活動はしていません。ただ、中三の時に宮本百合子の『伸子』や太宰治の『斜陽』の読後感を書いた学校新聞が出てきました。

先生の中に軍隊帰りの人もいたし、若い米川哲夫先生はおそらく大学院生だったのでしょう、授業が面白かった。米川先生の試験だったかはっきりしませんが、高一の時の「社会」の定期考査の答案も残っていました。その問題を見ると、上段の人物・事項に関係のある下段の選択肢の記号を入れなさいとあります。

上段には、チャーチスト運動、ロックアウト、片山潜、ロバート・オーエン、鈴木文治、第三インターナショナル、クララ・ツェトキン、ロイド・ジョージ、幸徳秋水、トーマス・モアと名前が並び、下段には国際婦人デー、コミンテルン、大日本労働総同盟友愛会、大逆事件、工場閉鎖、労働組合期成会、全国公正労働交換所、世界最初の組織的社会主義運動、ユートピア、健康保険失業保険といった選択肢が並んでいます。

第二問は社会思想の実例を記入し、その代表的人物又は政党名を二つずつ記入しなさいという問題です。私は答案に自由主義、空想社会主義、社会民主主義、民主主義的社会主義、マルクス主義、共産主義、と書き、代表者・代表政党を書いていました。

このような問題を出す先生がいたのです。ほかにも熱のこもった授業をやる先生がいました。

――そういうなかで、学校教員になろうと思い始めたのですか。

内海　それと、高校の時に出会った先生の影響もあります。新任の永井進先生が校内誌に「未来に賭ける」という文章を寄せていたのを読んで感動して、直接、授業を受けることはありませんでしたが、先生の指導する世界史班に参加して、将来は先生が出た早稲田の政経学部に入ろうと思ったのですが、政経学部ってどんな勉強するのかよくわからない……。聞きに行ったりしたのですが、よく理解できなかった（笑）。

当時、私の学校から四年制大学、しかも共学に行く人はほとんどいなかった。学校の雰囲気を物語る記事が学校新聞に出ていました。一九五六年、中三の時に新聞班が行った「世論調査」の結果によると、「将来」については圧倒的に就職希望が多く57・7％、つぎに家庭が18・7％、進学は18・8％――その内訳は洋裁13・3％、つぎに国文・理数が各10・3％となっています。こういうなかで、女子にはこの程度を教えておけばいいと言った先生もいたので、転校しようと塾に通ったりしたが、ズルズルと高等部に行ってしまい、高校の時は代々木ゼミナールに通ったり、全国模試を受けたりしていました。英語の先生からは「世の中に逆らってばかりいないで順応して生きなさい」と言われたことも覚えています。

社会的関心のことに戻ると、高校の生徒会長の時に、日比谷高校の生徒たちが原子戦争の防止を呼びかけたストックホルム・アピールの署名活動をしていることを知って、生徒会はこのような活動に加わるべきだと考えたのですが、どう働きかけるのか、自分の「言葉」をもっていないことを思い知らされた。それもあって、先の永井先生にいつか追いつきたいと思いながら活動していました。まさに「未来に賭ける」気持ちでした。

大学は早稲田と上智を受けました。「早稲田は男子が多いから危険だ」、そんな風に言われたこともあります（笑）。結局、早稲田大の教育学部英語英文科に入ってしまった。合格発表まで学校には報告もしなかった。

――反骨ですね（笑）。

内海　鬱々としていたのでしょう。いつも下を向いて歩いていたので、時々お金を拾ったりして（笑）。

母は小さい時に父親をなくして苦労していた。それもあったのか、母は「結婚しろ」とは言わなかった。自立して生きることはある意味では母から学んだのだと思います。その母は高等小学校を出ると長い間、郵便局に勤めていました。結婚後は、ラジオの第二放送が彼女にとっての学校だったのでしょう、家ではいつもラジオが流れていた。北村透谷の番組があった時、一所懸命メモをしたのですが、どうしてもわからないところがあったので、放送局に手紙を出したらディクレターか誰かが、私の書いたノートに手をいれて送り返してくれました。それで、NHK第二放送の「中学生のおさらい」という栃折愛助先生と生徒三人がつくる番組が生徒役を募集していたので応募して、半年か一年くらい出演していました。先生の質問に答えるという単純なものですが、出演料で万年筆を買ったことを覚えています。

――話をうかがうと、「暗い」というより「超真面目」という感じがしますが。

内海　真面目ではなくて、とにかく現状から抜け出したいと思っていたのでしょう。いつもふくれっ面をしているような可愛げのない子でした。先生も扱いにくかったと思います。

大学に入って嬉しかったのは、解放された、将来が少しは見えてきたと、早稲田の構内を上を向いて歩きまわっていた。明るくなったことは自分でもわかりました。六〇年安保闘争の時の早稲田がエネルギーに溢れていたこともあったかもしれません。

■六〇年安保と学生運動

――大学では何が解放だったのでしょう。

内海　受験の年に早稲田祭を見に行きましたが、立て看に安保条約に反対・「国会突入」と書いてあった。何で国会に突入するのかと思っていたので、国会突入（1959年11月27日）のニュースが流れて、びっくり、階段から落ちた（笑）。そのあと『朝日ジャーナル』に関連の記事があったので読んだのですが、「ブント」（共産主義者同盟）の意味が分からない。辞書を引いても出てこなかった。そんなこともあって早稲田に入ったら学生運動をやろうとは思っていましたが、すぐロックアウト。入学式の総長の話は何も覚えていませんが、学生自治会の森委員長が、道徳教育が導入されたことを話していたのは覚えています。

――当時の大学だと周りはほとんど男性だったんじゃないでしょうか。

内海　英文科は半数近く女子がいました。高校の制服のまま毎日学校へ行きましたが、ロックアウトで入れない。門が開くのを待ちながら「真面目」に演説を聞いていました（笑）。
七月に文京公会堂で全学連大会があることを新聞で知って、一人でノコノコ出かけていきました。運動の総括を知りたかったので。北小路敏さん（当時は全学連書記長）が話していました。雰囲気に圧倒されました。

――大学入学は一九六〇年の四月ですね。すぐ安保闘争のデモに行かれたわけですか。

内海　四月・五月はデモに行かなかった。なぜ安保条約に反対するのか、デモとは何か……と考えながら大隈銅像前で開かれていた学内集会には出ていました。初めてデモに行ったのは六月一八日、安保条約自然成立の前日です。早稲田車庫から貸し切りの都電で行きましたが緊張していました。六月一五日に国会正門前で樺美智子さんが殺されていたのと、友達も怪我をしていたので。一五日は私も参加する予定でしたが、たまたま、卒業した高校の校長が外遊するので、元生徒会長は送別会に出るようにと連絡があり、デモには行けなかったのですが、友人たちは初めてのデモなので最後尾にいて、右翼に襲撃されて怪我をしました。ともかく抗議の意思を示そうと初めてデモに行ったのが6・18でした。

――その頃はまだ、全学連の主流派／反主流派もよくわかっていない感じですか。

内海　全学連（主流派＝反日共系）と全自連（反主流派＝共産党系）ですね。教育学部の自治会は全学連が握っていましたが、なぜか私には、「反帝反スタ」というスローガンはすんなり入った。スターリンのあの写真やシベリア抑留の話を聞いたりしていたのでソ連には違和感をもっていた。「アメリカが嫌い・ソ連が嫌い」では単なる感情的な「反帝反スタ」ですね。鶴見俊輔さんが大衆は感情で動くと書いていましたが、まさに感情で動く大衆です（笑）。秋に教育学部歴史学研究会（教育歴研）に入りました。サークルでは先輩たちがよく政治や運動について議論をしていました。

――教育歴研では何をされていたんですか。

内海　現代史部会に入って真面目に勉強してました、と言いたいところですが、その年の秋には大学野球の早慶六連戦があって毎日、神宮球場に行っていた。先輩に「ちゃんと勉強しなさい」と怒られたので、「はい、授業は出てます」と答えたら、「授業なんか出るな、勉強は自分でするもんだ」と……、良い先輩たちがいました（笑）。
部室の近くに自治会室がありましたが、国会突入の時の全学連委員長唐牛健太郎さんや、後の中核派幹部の清水丈夫さんなどを見かけました。自治会室には壁いっぱいに落書きというか想いが書かれていて、ルイ・アラゴンの詩なども書いてあった。五〇年代の早大闘争の熱い想いが書きこまれた半地下の狭い自治会室の雰囲気が好きだった。
現代史部会ではいろいろなテキストを読まされました。朝鮮植民地支配をふくめて近現代史を学んでいたはずですが、自分のものになっていなかった。

――学生運動をやろうと思って早稲田に入って、活動したり動員されたりということはなかったのでしょうか。安保後も、政暴法や改憲の公聴会などへの反対運動があったと思いますが。

内海　デモや学内集会に参加したり、クラス討論などはやりました。

内海さんの教育学部時代のノート

六〇年の秋には反戦運動がありましたが、学内集会やデモがあっても百人くらいしか参加していない……、私がデモに行くようになったのはこの時期です。「はだか動員」などといわれて、活動家ぐらいしか参加していない時です。安保の総括にいろいろ苦しんでいる時だったのかもしれませんが、早稲田から数千人から一万人規模でデモに行っていた頃の熱気はどこへ行ったのかという雰囲気でした。デモに行っていた友達に「安保に反対していたのに、なぜ、今、動かないんですか」と聞いたりしても納得いく返事がない。そのなかで、秋季闘争が始まるとデモや集会で動き回るので痩せてきて、冬休みに太って、春季闘争でまた痩せる、こんな調子で動いていました。ちなみに単位は全部とってました（笑）。

　大学管理法案反対闘争の前後に革共同（革命的共産主義者同盟）が中核と革マルに分裂しています（1963年）。早稲田の自治会やサークルの先輩が中核と革マルとに分かれていきましたが、分裂の理由、理論がよく理解できなかったので、私は参加しませんでした。

――革共同の学生組織であるマル学同（日本マルクス主義学生同盟）には誘われなかったんですか。

内海　当時のノートを読み返すと、「大衆闘争を大きくするなかでいかにマル学同を強化していくか」という議論をメモしている。自治会のヘゲモニーを革共同が握っていたので、大衆組織のマル学同の会議などにも参加していたと思いますが、本人にそんな自覚がなかったのか、誘われても組織には入らなかった。「あなたは最後になると腰砕けになるんだから」と怒られたけど、「はい」って答えて……（笑）。自信がもてなかったからです。

　オルグは、その人の人生を変える、そのようなオルグは自分ではとてもできないと思っていた。その人の人生を引き受けるつもりでないとオルグなどできないと、いまひとつ踏み切れなかった。そのうち内ゲバも始まって、早稲田でも何人か殺された。知り合いも……。

　その後、迷いながらテニスばっかりやっていた（笑）。

■英語教員を一年でやめ社会学へ

内海　それでも、就職しないと食っていけないので教員試験を受けました。就職課に行っても「男子のみ」とか、「給料男子〇〇円、女子××円」と初めから格差があった。なかったのは公務員と教員ぐらいだった。卒業は六四年。ちなみに男女雇用機会均等法が成立したのは一九八五年五月です。

　面接試験の時、「組合はありますか」と質問したら「ある」と言うので、ある私立の女子校に就職しましたが、組合とは共済組合のことだとわかりました（笑）。私立ですから何十年も勤めている、自分の将来を見るような先生たちがたくさんいました。『世界』とか『思想』を机の上に置いたまま授業から帰ってくると、裏返しにされていたり……。初めは気がつかなかったのですが……。そんな時に、遅まきながら辞令交付がありました。これを受け取ったら辞められないと思って、「いりません、辞めます」と、手を引っ込めてしまった。「授業が始まってるんだから、困るよ」と言われて、「では、一年はいます」と答えたので、いずれにしても辞めなきゃいけない。自ら退路を断ってしまった感じです。

――就職した直後に辞令を拒否したんですか？

内海　拒否というか、瞬間的に「いりません」と（笑）。計画してたら言えなかったと思う。卒業後も時々、早稲田のキャンパスに行ってみたり、教育学の大槻健先生のゼミに出させてもらったり、迷っていました。その頃『日本読書新聞』に連載されていた「ドキュメント朝鮮人」などを読んで、こんなことも知らなかったのか、今まで何をしてきたのかという思いもあって、社会学に学士編入することにしました。歴史学に行くか迷ったけれど、在日朝鮮人差別の問題を勉強するならば社会学がいいと同僚からのアドバイスもあったので。

受け入れてくれたのは武田良三先生、専門は社会哲学で、『社会学の構造』という有名な本を書かれていますが、マイノリティ研究は専門じゃない。喜多野清一先生がいるから農村社会学をやらないか、それなら就職口があると言われましたが、「いえ、このテーマをやります」と。

――教師を一年で辞めちゃって、ご両親は何も言わなかったんですか。

内海　何も言わなかった。「決める前に相談しなさい」と昔から親に言われていた（笑）。中学くらいから「こうする」って決めてから親に報告していたらしい。自分では気が付かなかったけれど……。ただ、学費を含めて自分で稼がなければならないので、家庭教師をかけもちでやっていた。

早稲田はおおらかというか、好きなテーマを自由にやらせてくれました。M・ウェーバー、T・パーソンズ、デュルケム、マンハイムなど社会理論の報告のなかで、私一人が「在日朝鮮人差別」などの報告をしているので、ゼミの仲間もよく分からなかったようです。先生からは調査をしなさいとは言われましたが、日韓条約反対の運動の中で調査などできる条件がない。卒論は戦前の東京都の細民調査やそれまでの在日の研究者の成果を使って書きました。

非常勤講師に鈴木二郎先生がいらしたので大学院の修士課程に入りました。その後、在日朝鮮女性の聞き取りをしていた「むくげの会」にも参加しました。

――むくげの会編『身世打鈴（シンセターリョン）』（東都書房 1972）には、会は六五年に発足したとあります。

内海　数年遅れて六七、八年頃に参加したと思います。全共闘運動が始まる頃になって、戦争責任とか植民地支配の問題が運動の中でも語られるようになってきました。後で聞いたのですが、梶村秀樹さんや宮田節子さんなども朝鮮史では食えないと言われて、中国研究から始めて朝鮮研究に変わったそうです。

――学士入学をした六五年に日韓条約調印・批准ですが、日韓闘争には結構通ったのでしょうか。

内海　学内集会や代々木公園での集会などには参加しましたが、安保闘争と違って今一つ、盛り上がらなかった。「日韓軍事同盟反対」ではあっても、日本の植民地支配の清算という視点が希薄で、目の前の在日朝鮮人の「存在」も見えていなかったと思います。そのなかで歴研（歴史学研究会）が出した反対声明は優れた声明でした。和田春樹さんが書いたことは、あとでご本人からうかがいました。

――六五年末からの（第一次）早大闘争には全然関わらなかったんでしょうか。かつての知り合いが現役の活動家として学内にいたと思いますが。

内海　学費値上げ反対の運動にはほとんど参加していません。おっしゃる通り、友人がまだ活動しているので時々、集会に出たりはしていましたが、早稲田では内ゲバが激しくなっていた。昨日の友をなぜ……と信じられなかったこともありました。

■院生時代、むくげの会

――当初は、社会学から社会科教員になろうとしていたにもかかわらず、大学院に進んだのはなぜですか。

内海　学士編入の二年では短すぎたので、修士課程には行こうと思っていましたが、武田先生から「博士課程に行かないか。女子が行かないんだよ」と言われたので、「行きます」と二つ返事で（笑）。特に研究者になろうと思っていたのではなく……。

――六七年度以降が大学院生ですね。大学闘争時代に始めた院生共闘はどんな感じでしたか。

内海　文学部や理工学部の人たちと一緒に、デモに行ったり、立て看を描いたり、ビラを作ったりと、いつも15、6人くらいでやっていました。全共闘運動の頃の早稲田は、革マルや社青同解放派、共産党といろいろな党派が自治会のヘゲモニーを握っていたので、院生は別個に「院生共闘」を組織して「大学に8・15はなかった」という立て看を作ったりしていました。教授会と団交して要求したことの一つに、大学院入試の第二外国語に韓国語を入れること、まだ中国語でも受けられなかった頃です。入試が英語のほかに、フランス語、ドイツ語、スペイン語などから選択して二か国語の試験です。

「大学に8・15はなかった」の言葉に象徴されるように、院生の間では、大学の戦争責任を話し合っていました。大学が戦争にどう向き合い、戦後はそれをどう考え、総括してきたのか。教員の中には学生を学徒出陣で送り出したことを何の痛みもなく話している人もいて、その学生は生きて帰れたのか質問しても知らない……。その先生に限ったことではなく、大学は戦前・戦後の連続性のなかで、戦争責任など論議することもなく来ていたのではないのか。メディアについてはよく指摘されていますが、大学も法曹界も似通った状況でした。

その頃はべ平連デモにも行っていました。新宿通りを車道いっぱいにひろがってフランスデモをしていました。ある時、デモの解散地点の新橋土橋で集会をしていた時、機動隊が襲ってきて思わず逃げ出そうとしたら、小田実さんが「皆さん逃げないでください。私たちは合法的にデモをしているのです」とマイクで叫んでいた。一瞬でも逃げようとした自分が恥ずかしくて、小田さんを見るとそのことを思い出していた。

六七年一〇月八日の第一次羽田闘争の時は、みんなで羽田に行こうと、車を持っている人がいたので、便乗して行ったところ、途中でガス欠で動けなくなって、羽田まで行けなかったのですが、あとで山﨑博昭くんが弁天橋で殺されたことを知りました。

――内海さんもガリ切りとかしていたんですか。

内海　やりました。これができれば、将来食べていけると思ったので、通信講座で鉄筆からガリ版まで購入して習ったりしました。カッティング、スッティング――ガリ版切りと印刷のことですが――と年中やっていて研究はあまりしてません（笑）。

六九年は出入国管理令改悪法案（後述）が出された年です。さきほどお話したように、その前に「むくげの会」に参加していました。

――むくげの会は、当事者に接触するための手がかりとして参加したのでしょうか。

内海　それもあります。武田先生は調査しろと言われましたが、在日の人と接点がない。書物から問題に入っているので。むくげの会の聞き書きグループの存在を知って、入れてもらいました。その前に朝鮮史研究会の例会案内が新聞に出ていたので、明治大学に行って、受付をしていた宮田節子さんに「参加してよろしいでしょうか」と恐る恐る尋ねたのを今も覚えています。むくげの会もそこからつながり、日本朝鮮研究所（朝研）ともつながりました。日本朝鮮研究所には朝鮮語を習いに行きましたが、その頃は朝鮮語を教えるところがなくて、教科書も朝鮮学校のを青焼きコピーして使っていました。

この後、朝研は、機関誌『朝鮮研究』の誌面で被差別部落への差別発言（「朝鮮史研究は、なにか日本の歴史のなかでも特殊部落的なものになっている」68年12月・80号）を掲載したことで、部落解放同盟から糾弾されて、事務所を閉鎖してしまいました。

――むくげの会の話に戻ると、『身世打鈴』には、聞き書きだけじゃなくて年表やグラフも載っていますが、これは内海さんの仕事ですか。

内海　平林久枝さんや菅間きみ子さん、『奴らを通すな！』を翻訳した久保文さんがつくっていると思います。私は彼女たちにくっついて歩いていた。金嬉老（キムヒロ）事件（68年2月）の時には、人質にされた人にみんなで手分けして手紙を出したりしました。金嬉老のオモニに話を聞きに清水まで行ったりしましたが、『身世打鈴』を出した後、活動が少し停滞するなかで私はさぼっていましたが、平林さんはハガキの「むくげ通信」を出したり、のちに分厚い『百萬人の身世打鈴』（東方出版 1999）の刊行にも加わっています。

■日本朝鮮研究所での活動

――朝研との関係では、内海さんは『朝鮮研究』76号（68年8月号）に「戦後在日朝鮮人問題に関する文献目録／戦後在日朝鮮人運動年表」を載せています。これが同誌初掲載ですね。

内海　当時は朝研に出入りしている受講生でまだ所員でもなかったのですが、「内海くん、これやってくれないか」と、佐藤勝巳さんから言われて作ったと思います。

――先ほど話のあった六八年末の糾弾があったとき、内海さんはどのように考えましたか。

内海　この時は一受講生として朝研と解放同盟とのやりとりを聞いていました。この糾弾闘争の後、『朝鮮研究』90号（69年12月号）は神戸尼崎工業高校での在日朝鮮人生徒による教師の糾弾闘争の報告・金昭一「先公よ、しっかりさらせ――俺は糾弾する」とその関連記事を載せ、翌月の91号では「「先公よ、しっかりさらせ」を読んで」を特集しています。

私も原稿を書きましたが、直接この糾弾に応えるというのではなく、当時、栄養学校で非常勤講師をやっていたその経験を書きました。学生の中には元暴走族などもいて、いわゆる普通のコースでは大学に行けなかった、行かなかった若者たちです。かれらにいま、大学で起こっている運動のことを話しても通じない。「おれは組合運動なんかやらない、他の人にやらせてその成果だけはいただく」と話す学生もいたし、今まで見えなかった世界の若者たちを目の前にしていました。

「先公よ、しっかりさらせ」も、生徒たちは必死で学校に来ているのに、教員はいい加減に教えて、懸命に生きている自分たちに向き合わない。論文を書くのに忙しいとか……そんな教師への糾弾で、私もそうなりかねない。今、目の前にいるかれらのおかれている状況や被差別部落、在日朝鮮人、それぞれの実態も痛みもわからないような研究は信用できないという大きな問題提起でした。

この解放同盟からの糾弾をどう受けとめるのか、それぞれの考えがあって研究所をやめた人もいました。講座もなくなったので、私も疎遠になっていましたが、七〇年に佐藤勝巳さんの講演を聞きに行ったところ、「今、事務局で集まってるから来ないか」と誘われて行ったのが池袋の喫茶店ルノアール。事務局会議には梶村秀樹さん、小沢有作さん、桜井浩さん、佐藤勝巳さん、後で国会図書館の三満照敏さんも参加して、差別語の糾弾を受けて、改めて日本の朝鮮研究のあり方を問い返そうと模索していました。

――『朝鮮研究』の100号（70年12月号）に「「韓国技術研修生」受け入れ計画」という内海さんの記事が掲載されています。今の外国人技能実習生問題につながる制度ですよね。この号の編集後記には、「S」とあるので佐藤勝巳の文章だと思いますが、「本号は、内海愛子氏に、無理をいって「韓国技術研修生受け入れ計画」を書いてもらった。マスコミ用語でいうなら〝特ダネ〟である」と特記しています。

内海　これは梶村さんから「調べてくれないか」と言われてやったのだと思います。その前に出入国管理令改悪に反対して運動をしていたので、なぜ、今、「技術」なのか、労働力と日本企業の海外進出の両方の視点で考えていく必要があるとの趣旨で書きました。当時、『構造』という雑誌でも技術研修生について調べている人がいて、似たような趣旨で書いていました。新設された在留資格は、技術研修生という名の労働者であり、場合によってはアジアに進出した企業の現地での中間管理者ともなりうる人たちです。こうして活動の軸足が朝研に移っていきました。

――内海さん個人は当時どういう将来像を描いていたのでしょうか。

内海　事務所もない朝研でしたがそこの所員になり、雑誌の編集や活動に参加していましたが、いずれは教師になろうと思っていたこともあって、家庭教師や各種学校の非常勤講師はしていました。朝研はもちろん無給です。
院生共闘の人たちもいろいろ生き方を模索していていた時です。

――和田春樹・高崎宗司編『検証 日朝関係60年史』（明石書店 2005）で、和田春樹さんが日本朝鮮研究所の歴史をまとめています（同書第3章）。これによると、差別語問題で六九年は割と解体状態、七〇年一月に事務所を佐藤勝巳の自宅に移しています。そういうなか、内海さんは70年12月号に先ほどの記事を書いた。

内海　朝研の定例の事務局会議は、その後、目白にあった村井吉敬さん（七〇年に結婚）の親の家を借りてやったりしていました。金時鐘（キムシジョン）さんや高峻石（コジュンソク）さんなども参加していました。彼の家には日系ブラジル人やカナダ人が同居していたり、学生や若者たちが泊まっていたり、出入り自由な下宿のような雰囲気でしたから、応接間で事務局会議をやっても特に何も言われなかった。私も下宿人のような形で転がり込んでいたので。
事務所をたたんだ後も佐藤さんは資金繰りに苦労していたし、梶村、桜井、小沢さんたちがカンパして支えていましたが、私は稼ぎがないので労力提供で。でも校正もよくできていないと怒られていた……。

――先の論文のあと、『朝鮮研究』72年1月号にも内海さんは「「経済援助」と「国民的合意」の意味――技術研修生導入計画のその後」という記事を書いています。議論の枠組みは１００号と同じで、前回は「研修生」について韓国に特化した話、今回はそれがアジア全体に広がっている。両記事ともに、「研修生」は単なる「安い労働力」に見えるかもしれないがそれでは認識を誤る、むしろ日本企業が進出した先での尖兵＝中間管理職を育てている、という趣旨ですね。

内海　日本企業が戦後賠償をテコにアジアに進出し始めていた頃で、『朝日アジアレビュー』が創刊（朝日新聞社 1970.1）されたり、メディアにもアジア情報が増えていました。七四年一月の田中角栄首相の東南アジア歴訪に、タイで学生デモがあり、一五日にはインドネシアのジャカルタで反日暴動が起こり、トヨタ・アストラ社が焼き討ちされたりしています。
企業のアジア進出に対して労働組合がどう関わったか、関わっていくのか、七四年九月に同盟（全日本労働総同盟）に取材に行き、国際局の中村さと志さんたちにお話をうかがいました。新聞では日経連会長だった桜田武が、「日本は外国人労働者を受け入れない」「朝鮮人の苦い経験があるから、必ず帰ってもらうことが前提だ」という趣旨の発言をしており、経営者は植民地時代と現在とを連続して考えていた。余談ですが、この１００号の文章を読んで加地永都子さんが訪ねてこられて、そこから後のＰＡＲＣへとつながりました。

――ちなみに、『朝鮮研究』72年12月号では、内海さんは「朝鮮人戦犯」という記事も載せています。この記事が内海さんの後の仕事につながっているのでしょうか。

内海　朝鮮人戦犯については朴慶植（パクキョンシク）さんも書いていました。この頃は厚生省の資料が少しあったぐらいで裁判記録も開いていない時だったので、なぜかれらが戦犯になったか、どこで何をしたのか、よくわからなかった。岡本愛彦さんの「ある告発」（1969.8.10

ＮＴＶ44分）というドキュメンタリーをごく一部でしたが見て、「なぜ、朝鮮人が戦犯になったのか」と疑問をもちましたが、資料もほとんどなかったことと当事者に話を聞きに行く勇気も知識もなかったので、入手できる資料での問題提起です。一九七五年一月にインドネシアに行く時、ジャワで戦犯になった人がいたので手元の資料を持っていきました。

■入管闘争と七〇年代の諸運動

——時間を戻して、六九年からの入管問題への関わりをうかがいます。

内海　在日朝鮮人のことに関心をもっていたので、出入国管理令（当時。以下、入管法）のなかでも在日の法的地位と関連して、入管法案について勉強会を始めたりしました。アジア文化会館に勤めていた田中宏さん、ＹＷＣＡの留学生母親委員会の荻田セキ子さん、石田玲子さんなどと入管法案の勉強会をしたりしていました。朝研でも条文を一行ずつ読みながら学習会をやりましたが、法律の素人なので、入管法の条文を読んでもよく理解できない。

——佐藤勝巳『「秘話」で綴る私と朝鮮』（晩聲社 2014）には、「……仮にも［日本朝鮮］研究所と名がつく以上、法律を知らなければ話にならないと思って読みだした。難解で全く理解できなかった。一緒に研究していた早稲田大学大学院を卒業したばかりの若い研究者も理解できないと、困惑していた」とあります（同：123）。他では出ているのになぜかここで名前が伏せられていますが、内海さんのことですね。

内海　そうです。それで、条文を誤読したり生半可な理解をするよりも、直接質問しようと法務省入管局次長の竹村さんに会いに行きました。そのあと、東大法共闘が『告発・入管体制』（亜紀書房 1971）を出したり、いろいろな資料が出るなかで、少しずつ理解できるようになってきました。

石田玲子さんや山之内萩子さんたちとの「入管体制を知るための会」では、七二年の法案が出た時は、さきほどのＹＷＣＡの母親の会と一緒に『入管体制を知るために』（1972）という文庫本サイズの解説本を出したりしました。国会デモもしました。街宣車から「入管法改悪反対！」など叫んでいたのでしょう、「あなたの声が議員会館の部屋まで聞こえたわよ」と土井たか子さんの秘書の五島昌子さんに言われたこともありました（笑）。

——実行委員会みたいな運動主体名を名乗っていたのでしょうか。

内海　そういうものはなかった。みんな寄り集まって動いていました。社会党の土井たか子さんの議員会館事務所に集まって勉強会をしたり会議をしたこともあります。秘書の五島昌子さんのおかげで土井事務所は市民運動に開かれていて、そこからいろいろなアイディアが生まれ、課題も見えてきました。のちの国籍法改正もその一つです。

——そして朝研での研究成果として、佐藤勝巳編『在日朝鮮人——その差別と処遇の実態』（同成社 1974）が出るわけですね。

内海　運動が終わってそのままにしておくのは問題だと思い、記録として残しておこうと提案して、みんなで書きました。全員の名前を表紙に入れたかったのですが、私の独断で佐藤勝巳編にしました。

この頃の佐藤さんは朝研の維持と活動に一所懸命だった。

――同時代の他の運動についての印象も教えて下さい。たとえば入管闘争では七〇年七月の華青闘告発（華僑青年闘争委員会による批判）が日本の新左翼に衝撃を与えたことが言われますが、内海さんはどう受け止めましたか。

内海　すでにアジア侵略の視点は、全共闘でも入管闘争でも議論されていましたが、中国からの強烈な批判に改めて侵略戦争への向き合い方の不十分さと、認識の甘さを痛感しました。

――赤軍派のハイジャックとか、世界革命の議論についてはどうでしたか。

内海　よど号のハイジャック（1970年）を聞いて、「なぜ？」と思いました。北（朝鮮民主主義人民共和国）に脱出してどのような展望があるのかよく見えなかったことと、日本朝鮮研究所で、出入国管理体制の問題や、日本企業の韓国進出や公害輸出など、具体的な問題に関心が向いていたので、かれらの運動とは関わることはなかった。

――内海さんの「朝鮮民主主義人民共和国」認識はどうだったのでしょうか。

内海　当時は市民運動が李承晩（イスンマン）の韓国に比べて、共和国を肯定的に見ていたことは事実ですが、早稲田の武田先生が、教え子が共和国に帰ったあと手紙一つ寄越さないと言っていたし、宮田さんも帰国した友人の消息が分からないと話していました。帰国者のおかれた厳しい状況は伝わっていませんでしたが、植民地から解放された共和国が、理想の国づくりを目指していることは報じられていたものの、朝鮮戦争で大きな被害を受けた後なので困難な道のりだと思っていました。私自身が敗戦後の混乱と貧しいなかで育ってきたので……。それでも帰国を決断したということは、在日朝鮮人の日本での暮らしがどれほど厳しく、希望がもてないものだったのか、それを反映していたと思います。もちろん「帰国建国」という国づくりに燃えて帰国した人もいますが、共和国に希望を託して帰国した人たちの暮らしが、いずれにしても平たんな道のりではないことは感じていました。

　帰国事業が再開された時に、万景峰号（マンギョンボン）を見に「むくげの会」の人たちと新潟に行ったことがあります。船の中で「朝鮮人はラムネが好きだ」という話が出た時、「ラムネが好きなんじゃない。昔、日本人がラムネを飲んでいる時に自分たちも飲みたかった、その思いがそういう表現になるんだ」と話していました。朝鮮の問題、植民地支配の問題は、自分たちのあり様やものの見方を試される、きちんと考えないと表面的な見方に流されてしまうことを思いしらされました。

■インドネシア滞在後の朝研との関わり

――朝研との関係では、『朝鮮研究』200号（80年5・6月号）の記念号に書いているのが、内海さんの寄稿の最後のようですね。
内海　一九七五年から二年間（1975.1〜1977.1）、インドネシアのバンドンにあるパジャジャラン大学に日本語講師として赴任していました。『朝鮮研究』には「バンドン通信」を連載していた関係で、佐藤さんとは手紙のやりとりをしていました。当時はバンドンから電話をかけるのも電話局まで行かなければならないし、長い時間待っても時にはつながらないこともあって、手紙が主要な通信の手段だったので、朝研でどのような動きがあったのか、正確にはつかめませんでした。バンドンに来た小沢有作さんから、「佐藤さんはもう昔の佐藤さんじゃないよ」と言われたので、研究所の中の変化は感じていました。

二年間のインドネシア暮らしから戻った後は、記録の整理に追われていました。日本アジア・アフリカ作家会議編『アジアを歩く　東南アジア編』（文遊社 1978）に寄稿したり、インドネシアで出会った「朝鮮」を、村井吉敬さんと『赤道下の朝鮮人叛乱』（勁草書房 1980）にまとめる作業に追われていました。ちなみに、この本のタイトルは『南朝鮮政治史』（柘植書房 1980）などを出していた高峻石さんの命名です。

また、インドネシアで独立英雄になった朝鮮人・梁七星（ヤンチルソン）についてまとめる時、一九七八年に初めて韓国に行きました。まだ、夜間外出禁止令があった時です。

朝研での意見の違いが表面化したのは、自分のことにかまけていて朝研の活動がおろそかになっている時です。『朝鮮研究』（77年11月号）に掲載した佐藤さんたちと5人の名前で出した「自立した関係をめざして」の一文に対して、梶村さんが批判の文章を『朝鮮研究』に書き、それへの反批判を出したり……。私は、七〇年代の入管闘争を通じて、在日朝鮮人の「定住」という選択肢を考えると、在留資格や社会保障制度や就職差別など日本社会の差別構造を変えていかなければならない、「帰国建国」を選択する人がいても日本社会の差別構造を変えるのは私たちの責任だと考えていたので、意見の違いは違いとして論議していけばいいと思っていました。

その溝は私が考えていたより深く、小沢さんがやめ、梶村さんもやめてしまった。梶村さんは、研究上も、経済面も、それまで朝研を支えてきた。差別問題で解放同盟に糾弾された時も最前線で対応していた。入管闘争の時なども重いカバンを下げてデモの後ろから歩いていたのをよく覚えています。

六八年末からの糾弾を受けた後、佐藤さんや梶村さんたちと一緒に「北鮮」「南鮮」「鮮人」等の差別語を調べて、マスメディアに問題提起したり、鈴木啓介さんや石垣敏夫さんたち高校の先生と一緒に副教材の差別語のチェックをしたりしました。『広辞苑』の記載（「北鮮：北鮮人民共和国のこと」）の件で岩波書店にも行きました。「北鮮」がなぜ差別語なのか根拠を示すように言われて、時間のある私が国会図書館や朝日新聞社で当時の新聞をめくって、カードを作ったりしていました。梶村さんはいつも私の前にいて、私はその背中を見ていたという感じでした。

インドネシアに行っている間に朝研でどのような議論があったのか、正確なことはわかりませんでしたが、日本に戻ってまた研究所の会合に出たところ、その雰囲気は糾弾を受けて一緒に朝研を作りあげてきた時と違っていました。帰国運動を熱心にやっていた佐藤さんがなぜ、そこまで共和国を批判するかと思うほど厳しい批判をしていました。これまで一緒に活動してきたメンバーもやめていくなかでこのままでは活動は続けられないと思い、私もやめる決意をして、佐藤さんにその旨を伝えました。

■被害と加害の重層構造

――七〇年代前半に話を戻しますが、七〇年には日本でも「ウーマン・リブ」が始まっています。内海さんは「女のくせに」という社会に反発してきたので、熱心に参加してもおかしくないとも思いましたが。

内海　何ででしょう、差別され被害者意識に凝り固まっていた私も、女も含めた日本人が加害者であることを在日やアジアの被害者から教えられました。そのなかで日本人として朝鮮人を差別している、被害者であり加害者でもある、その両方の視点から自分たちの存在を考えることを教えられたので、女性差別の問題だけでなく「アジアと女」という双方の視点から考える「アジアの女たちの会」はすんなりと入って、活動に参加しました。

――その点では一九七〇年に始まる「侵略＝差別と闘うアジア婦人会議」はどうでしたか。

内海　集会には行きましたが、自分がそれを主体的に担うという形では参加していない。「アジア侵略」が日本の女性運動や運動の中で浮上してくるのが六〇年代後半からだと思いますが、自分ではまだ、よくわかっていなかった……。

七四年にインドネシアのモロタイ島から元高砂義勇隊の日本名・中村輝夫一等兵が出てきた。小野田少尉や横井庄一さん（同時期に帰還した元日本兵）の場合は、軍人恩給や未帰還者手当などが支給されたのに、台湾人の中村さんは五二年のサンフランシスコ平和条約で、すでに日本国籍がなくなっているという理由で、未払い賃金など七万円が支払われただけで、ジャカルタから台湾に送還されました。「日本人」として戦争に動員しておきながら、戦後は一方的に国籍を奪い、「もう日本人じゃない」と、このような処遇をする。こんなことが許されていいのかと思いました。中村さんを直接知っているわけではありませんが、彼の立場にたったら悔しくて仕方がないだろうと思いました。そこから差別の構造が見えてくる。そしてその構造を支えている自分……。差別を両方の視点から考えていくことで、自分の問題として考えられるようになると思います。スローガンは重要だが、気持ちがぐっと動くのは、具体的に人の顔が見えるなかで考えることだと思いました。

九〇年代に日本のアジア侵略や加害責任の運動が盛り上がったのは、戦後補償裁判が次々と提訴されたからですが、その前に八〇年代からの「アジア・太平洋地域の戦争犠牲者に思いを馳せ、心に刻む会」の活動があります。

一九八五年八月一五日に中曽根康弘首相（当時）が靖国神社に公式参拝しています。この動きを受けて八六年二月二六日に「心に刻む会」の第一回呼びかけ人会議があり、八月一五日に第一回集会（大阪・森之宮ピロティホール）が開かれています。「民衆の側からする〝戦後の総決算〟を」と題して、シンガポール、韓国、中国、フィリピンの被害者が話しています。この被害者証言は市民の間にアジアへの加害を受けとめる視点をつくっていった。アジアの被害者から直接、その体験を聞くことの衝撃は大きかったと思います。「アジアに対する加害責任」が言葉だけのものでなく、たとえば金（キム）学順（ハクスン）さんなら金学順さんという固有名詞で被害を語ることができるようになっていった。それを受けた九〇年代以降の戦後補償裁判では、市民が運動を作り、支えていく。それにほとんど無給の弁護士、かれらが一緒になって被害者を支えるなかで戦後補償裁判が闘われていきました。

――今のお話は、ＢＣ級戦犯問題などへの内海さんの基本的なスタンスですよね。つまり、被害と加害が重なる存在としてどちらかにきっぱり分けることはできず、「顔」の見える形で寄り添いながら考えざるを得ない、という。

内海　七五年の話に戻すと、インドネシア行きは菊のマークのついたパスポートを持っての初めての海外旅行、飛行機に乗ったのも初めてでした。インドネシアでは、日本企業のアジア進出の実態を一部見ましたが、それ以上に、かつての日本軍の占領に関わる問題が見えてきた。さきほど話した初めての韓国行となる梁七星です。

　インドネシア独立のゲリラ闘争の中でオランダ軍に捕まり処刑された三人の元日本兵が独立英雄として再埋葬されましたが、その一人が梁七星、インドネシア名コマルディン、日帝時代の創氏改名では梁川七星です。彼が朝鮮人と知りながら日本政府は「日本兵」として再埋葬しようとした。もちろん遺族にも連絡していない。他の二人の元日本兵の遺族には連絡が行っているのに……。式典に参加した村井吉敬さんがたまたまその事実を知り、「おかしい！」と思って、まず、コマルディンと一緒にゲリラに参加したインドネシア人を探して、当時のゲリラ闘争について調べました。彼は捕虜監視員の朝鮮人で、敗戦後、日本軍から脱走してインドネシア独立軍に入って、オランダ軍に銃殺されたのです。

　同じ銃殺でも、戦争裁判で戦犯として銃殺された朝鮮人監視員もいました。その銃殺された朝鮮人朴成根（パクソングン）を見送ったのも同じ監視員の朝鮮人軍属李相汶（イサンムン）さんです。彼はジャワで抗日独立運動を組織して日本軍に捕まっていましたが、日本の敗戦で釈放されていたのです。捕虜監視員だった朝鮮人軍属のさまざまな「戦後」が見えてきました。そして、ジャワやシンガポールで戦犯が収容された刑務所を見て歩きました。祖国は解放されたのに、なぜ、「日本人」として戦犯になるのか。刑死したかれらの無念さは計り知れない。

　「侵略＝差別と闘うアジア婦人会議」で聞いていた侵略や植民地責任といった問題が、かれらの存在を通じて少し具体的に見えてきました。日本の植民地支配を、中国、韓国・朝鮮から日本軍が占領していた東南アジアへと視点を広げることで、新たな問題が見えてきたように思えました。

　アジア・太平洋戦争では、日本軍に朝鮮人・台湾人が編入されていたように、連合国軍も、アメリカはフィリピン兵との米比軍、イギリスはインド兵、マレー兵をいれた英印軍、オランダはインドネシア人との蘭印軍というように、植民地の人民を編入した帝国主義国家の軍隊です。帝国主義国家間の戦争に支配されているアジアの人たちが動員されていた。東南アジアを見るとき、この欧米帝国主義の視点も重要です。

――内海さんは、日本の帝国主義と同時に欧米帝国主義の問題もちゃんと指摘するわけですよね。

内海　重層的な社会構造をどこから見ていくのかです。中村輝夫さんの話もそうですが、具体的に戦争に動員された一人の人を見ていくと、日本の植民地支配はもちろん、闘った連合国のアジア支配、戦後のアジアの独立を否定して再侵略するなかでの戦争裁判の問題点も見えてくる。戦後補償の問題も個別のところから見て、全体像を掴まえる、そして全体像からまた、細かく個別を見るというやり方です。

たとえば日本人戦犯としてシンガポールやジャワで死刑になった朝鮮人ですが、遺骨は日本に戻ってきていたのに遺族に返していなかった。遺族や戦犯だったかつての仲間たちが働きかけて一部返還されましたが、わずかな香典が出されただけでした。戦後三〇年近くたって帰される遺骨に補償も謝罪の言葉もない。中村さんと同じで、すでに日本国籍がなくなった朝鮮人や台湾人への処遇は冷たいものでした。土井たか子さんや村山富市さんたちに紹介議員になっていただき、「誠意」をもって遺骨を返還するように国会請願をして採択されました。前年に補償という文字を入れて採択されなかったので、「誠意」という言葉に言い換えたのです。苦渋の選択でした。請願は採択されましたが、政府からの謝罪も補償もかち取れませんでした。

それでもこの国会請願ができたのは入管闘争とのつながりです。また、女性差別撤廃条約批准のための国内法整備と関連して国籍法改正にもかかわりました。土井事務所に先ほどの石田玲子さん、安江とも子さん、金城清子さん、田中宏さんたちと集まって一九八〇年頃から国籍法の勉強を始めました。生まれた時に父が日本国民でなければ日本国籍は取得できなかった父系血統主義を、「父または母」という両系に変えたのです（土井たか子編『「国籍」を考える』時事通信社 1984）。

また、在留資格のなかに配偶者ビザがありますが、「日本人男子の配偶者」しか想定していなかった法務省に、日本人女子の配偶者もビザがとれるように土井さんが国会で追及しました。入管闘争の延長に国籍法改正や朝鮮人戦犯の遺骨送還の国会請願があります。問題は別々だが、運動としては一貫していました。

■「アジアの女たちの会」での活動

――最後に内海さんも関わられた「アジアの女たちの会」についてお聞きします。会については、水溜真由美さんが、内海さんなどにも取材して論文を書かれていますが（「日本のウーマン・リブとアジア」小沢弘明・三宅芳夫編『移動と革命』論創社 2012;「アジアの女たちの会とその周辺」安田常雄編『社会を問う人びと』岩波書店 2012）、内海さんなりの視点から改めてお願いします。

内海　インドネシアに行く前に、松井やよりさんのマンションで勉強会をやって、アジアと女性解放の視点から問題をとらえようと模索していました。キーセン観光反対運動が最初のきっかけになっていましたが、インドネシアから帰ってきた時には創立への準備ができていました。設立メンバーに、松井さんや五島昌子さん、富山妙子さん、加地永都子さん、湯浅れいさん、毎日新聞の安東美佐子さん、山口明子さんの名前があります。

――個人のネットワークだったわけですか。

内海　個人とキリスト教のネットワークです。韓国問題キリスト者緊急会議が活動していたし、韓国からキーセン観光の問題を提起されて動き始めた。創刊準備号（1977年）の表紙写真で口に黒い十字架をつけているのは、金大中のお連れ合いの李姫鎬（イヒホ）さんです。

——機関誌『アジアと女性解放』以外に英語版の『Asian Woman's Liberation』も出していますね。機関誌発行が活動の中心だったのでしょうか。

内海　機関誌は活動のまとめの意味で刊行しています。毎月「女大学」という形で公開講座を渋谷勤労福祉会館で開いていましたが、いつも満杯だった。その活動を機関誌にまとめていったのです。会はすごいパワーがあって、一九八一年四月の第10号は「光州一周年によせて」の特集で、富山妙子さんや安江良介さん（『世界』編集長）が書いています。

　それまでの特集を見ると、第1号「韓国民主化闘争の女たち」、第2号「買春観光を許すな！」、第3号「日本企業は海外で何をしているか」、第4号「アジアへの文化侵略」、第5号「いま戦争責任を考える」、第6号「アジアの闘う女たち」、第7号「女と国籍」、第8号「続・買春観光を許すな！」、第9号「第三世界の女と私たち」となって、そのあともこのような形で続いています。その時々の問題意識と何に取り組んできたのかが機関誌でよくわかります。「開発と女性」や「アジアの女と人口政策」の特集もあります。

アジアの女たちの会機関誌『アジアと女性解放』創刊準備号（1977年。内海愛子さん提供）

　そして機関誌を再編集して英文で出しました。あの頃は、英文雑誌『AMPO』（ベ平連、後にPARCが発行）など、市民運動が英語で発信していました。

■マイノリティの視点から

——八〇年代以降も内海さんは、PARCなどに関わりつつ、東南アジアへの同時代の経済侵略と過去の戦争での侵略を貫いて問うような運動と研究に取り組まれていきます。したがってこの先も興味深いお話でしょうが、残念ながら今回その紙幅がありません。追加で一点だけ、こうした内海さんの活動のモチベーションについてお聞きします。在日朝鮮人問題から朝研、そして戦犯問題へと続く内海さんの意識の根底には、やはり「日本人としての義務」という感覚があったのでしょうか。

内海　「日本人」としてより、歴史に関心をもっていたのに、在日朝鮮人、今ではもっとひろく「外国人労働者」など、アジアも見えていなかった自分の歴史認識の問題です。マイノリティの視点から、社会や歴史を見ていくなかで、差別や抑圧がある社会を変えていきたいという思いはずっとありました。

　社会的弱者のおかれた社会構造を変える力にならなければ、研究も聞き書きも、ただ話を聞かせてもらうだけで終わってしまう。なんとかこの抑圧構造を変えたいという想いでやってきました。なかなかうまくはいきませんが、「想い」を共有する素晴らしい「仲間」と出会うことができたし、これからもできると思うと、それがうれしい。

――先ほどの元「日本人」兵士の問題もそうですが、日本国家やその主権者に責任があることは前提としつつも、顔の見える相手を考えるところから自分の問題としてとらえていかれますよね。たとえば「むくげの会」で聞き書きした在日朝鮮人の特に女性の話など、責任意識というより、やはり共感を覚えたということでしょうか。

内海　それもあります。同じ場にいても問題意識によって見ているものが違う、男性と女性の違いもある、年齢もあるでしょう……。それぞれ違った側から見ていく。問題を多面的にとらえて、みんなでそれを共有していくことが大切なことを教えられています。

――まだまだ聞きたいことは多いですが、今回はここまでにします。ありがとうございました。

（２０２１年10月26日・11月８日、梨の木舎にて）

【特集　越境と連帯　インタビュー】

浜田 和子さん　ノリス恵美さん　イルゼ・レンツ Ilse Lenz さん

ベルリンの街で女が集まったら

――一九八〇～二〇二〇年代「ベルリン女の会」の歩み

聞き手・解題：小杉 亮子

ベルリン女の会（Japanische Fraueninitiative Berlin）は、一九八二年に西ベルリン（当時）に住む日本女性たちによって結成され、現在までベルリンで活動を続けている。結成当時の名称は「国籍と人権を考える会・西ベルリン」で、父系優先主義だった日本の国籍法の改正を求める活動をベルリンの地でおこなっていた。国籍法の父系優先主義とは、母親が外国籍で父親が日本国籍保持者である場合その子どもが日本国籍を取得できるのにたいし、母親が日本国籍保持者で父親が外国籍である場合その子どもは日本国籍を取得できないというもので、グループには国際結婚をしたことでこの問題の当事者となった女性たちも含まれていた。

彼女たちの動きは、「アジアの女たちの会」のメンバーを介して、日本国内の女性運動とも連動していた。当時の日本は「国連婦人の一〇年」（1976-1985）や「女子差別撤廃条約」（1979 国連採択、日本は 1980 署名、1985 批准）を受けて国内法整備を迫られており、そのなかで、「アジアの女たちの会」「国際結婚を考える会」などが旧国籍法における父系優先主義の是正を求めて運動を起こしていた。この運動は「国籍と人権を考える会」などの海外在住の日本人女性のグループと連携し、一九八四年の国籍法改正へと結実した（小林 2007）。

さらに「国籍と人権を考える会」の女性たちは、結成当初より、西ベルリンの女性運動とつながりを持ちながら、旧国籍法改正に留まらない活動を見せていた。とりわけ重要だと思われるのが、『社会運動史研究3』で李美淑が論じた画家富山妙子の「草の根の新しい芸術運動」との関わりから出発した、ベルリンの地での韓国女性たちとの交流である（李 2021）。一九八二年春、ベルリンで富山妙子の個展が開催された。個展の中心的テーマは、韓国における独裁政権、一九八〇年光州で起きた民衆虐殺、それにたいする日本の責任だった（レンツ 2021）。「国籍と人権を考える会」を結成することになる女性たちは、この富山の個展をきっかけに、ベルリンの女性運動に仲介されるかたちで、ドイツで労働運動を闘ってきた韓国女性たちと出会った。このときから現在にいたるまで、日韓の女性たちの交流は、「国籍と人権を考える会」が一九九〇年に「ベルリン女の会」へと名前を変えながら、キーセン観光や「慰安婦」問題をテーマに、ゼミナールの開催、署名集め、スタンディングデモといったかたちで続けられてきた。

本インタビューでは、結成当初からのメンバーである浜田和子さん、ノリス恵美さんに加え、ドイツの女性運動の当事者かつ日独の女性運動を研究してきた社会学者であるイルゼ・レンツさんも交えてお話をうかがった。レンツさんは上述の富山妙子の展覧会に携わったグループ「作業サークル女性と第三世界」のメンバーとして、長年浜田さんたちと交流してきた。日本からドイツへと越境した女性たちが、日独の女性運動のネットワークに組み込まれながら、ベルリンでのさまざまな出会いをとおして政治的な社会化をとげ、女性運動をつくりあげてきた姿が浮かび上がる。

インタビューは、二〇二一年一二月一六日オンラインでおこなった。

■ドイツに渡る

――まず、浜田さんとノリスさんがドイツに渡られる前に、日本で社会運動や政治とどのような関わりがあったか、教えていただけますか。

浜田　私は一九四五年生まれで、一九七七年に三二歳でドイツに来ました。日本にいるときは、私、なにもしていなかった（笑）。大学でドイツ文学を学んで、二年間シュトゥットガルトで働いたりしていました。その後いったん日本に帰って、もう一度ドイツへ出直したんです。出直したきっかけは、ゲーテインスティテュート〔ドイツの国際文化交流機関〕で日本人秘書のような仕事をしていたんだけれど、面白くなかった。環境を変えて、もう一度大学に行って、昔やりたかった美術史を勉強したいと思いました。ドイツの大学は当時も授業料が無料でしたから、ドイツに来ました。ドイツの中でもベルリンが歴史的にも文化的にも面白い街だということは知っていましたから、ベルリンを選びました。

日本にいた頃は、選挙では野党をいつも必ず投票先に選んでましたけれども、政治運動は一切してませんでした。政治的な意識を持つようになったのはベルリンに来てからです。

ノリス　私は一九五一年生まれで、大学には一九六九年に入りました。農業経済学をやってたのですが、三里塚闘争に大変惹かれまして、現地に一年近く行っていました。ほとんど援農です。映画にもなった辺田部落にいました。女性だから、あまり実力闘争の戦力にならないのですよ。石を投げても機動隊には届かないし。だから、農村の中でおにぎり握るとか座り込みするとか。それ自体はとても楽しかったけれども、第二次強制代執行のときに東峰十字路事件〔闘争側と機動隊が衝突し、死傷者が出た〕があって、たくさん仲間が逮捕されました。私が関わっていた党派はそれ以降実質的に瓦解した感じはあります。かなりの支援者が帰ってしまった。私も、大学に戻りました。

その後、大学を卒業して就職して、ほかの人から見たら「立ち直れて良かったね」という感じだったみたいですけれど、一緒にやっていた仲間がたくさん逮捕・起訴されて、結局、東峰十字路事件の裁判は一五年ぐらいかかりましたよね。ほぼ全員が有罪になりました。でも、はっきりとした証拠がないわけだから、執行猶予です。もし私が男性だったら、その中の一人になっていた可能性は十分あります。それをすり抜けてきてしまったわけで、そのことは私の中に棘としてずっと残っています。大学時代のことは語りたくない気分が自分の中にあります。

でも、私はそもそも思想的ではないのですよ。一応身を寄せていたセクトはあったけれど、大学が小さいからそのセクトと民青しかなかったのです。そこしか行くところないからという感じでした。セクトの人たちとも、理論的な話とかろくにしてないです。もっと農村生活に密着した感じでした。

小さなセクトだったから、離れていっても問題はなかったのでしょうね。そんなわけで、とにかく大学卒業して就職をして、三年半ほど勤めましたけれども、なんか楽しくない。コピー機の会社で、顧客係をしていて、あってもなくてもいいような仕事だと感じていました。とても儲かっていた会社だから、若い女の人をそういうふうに配置しておこうか、みたいな感じだったのでしょうね、きっと。それで、退職して、アフリカに行ったのです。

その頃退職された日本人のご夫婦がケニアにいて、ジャーナリストで第三世界の記事を書いてきた夫さんがスワヒリ語学院というのを立ち上げ、毎年日本から一〇名ぐらいの人々を集めてはスワヒリ語を勉強させるという、私立の小さなインスティテュートをやっていました。そこに行きまして、ケニアに七ヵ月いましたかね。スワヒリ語学んでどうするのかっていう展望はなにもないんですよ。とにかく、全く別なことをしたかったというだけです。行動の一貫性のなさには自分でもあきれます。

そうして、休暇でケニアに来ていた今の夫と出会ったのです。結局、私は一度日本に帰ったし、彼はベルリンにもう住んでいたからベルリンに帰ったのですが、三ヵ月間ぐらい文通が続きました。三ヵ月後に私がぽんと彼のところへ来て、今まで四〇年以上一緒にいるという、そういうわけなのです。ドイツに来たのは一九七八年でした。

■一九七〇年代西ベルリンの空気

——おふたりとも一九七〇年代後半にベルリンに来たわけですが、当時のベルリンはどういうところだったんですか。


浜田　ベルリンの壁が崩れるまで、西ベルリンは四つの連合国が共同管理をしている占領地で、国際法上は西ドイツではありませんでした。東ドイツ側から見たら西ベルリンは占領地でしたから、西ベルリンに住民登録をしてる人は西ドイツには行けますけど、東欧圏への旅行はできなかったのです。

私は、当時はノンポリでしたから、いろいろなことの意味がよくわからなかったわけです。大学で、教授と学生が親称を使っていて、先生と生徒ではなくて友だち同士と同じような、対等な間柄での言葉遣いをしているというような、ヒエラルキーのないことが印象深かったです。あるいは、教室の中もかなり緩やかで、女の人なんか編み物しながら講義を聞いているんです。だけど、ちゃんと立派な質問をする。それにも驚きました。

街の中の雰囲気は、女性のための本屋があったりしました。それ

浜田和子さん

から、美容院に行かずに髪を長く伸ばして、胸当てズボンみたいな体の線を出さないスタイルで、紫色の洋服を着ている女性が多かったです。既成の女性のイメージをあの人たちは拒否してるんだなとは理解しましたけれど、当時はもうひとつ中に入ることはできませんでした。

レンツ　当時の西ベルリンは法律的には占領地でしたが、生活面では西ドイツ警察をはじめ西ドイツの制度が支配的でした。ただ、移民が多く、草の根からの国際化が早かった。これが面白かったと思います。

ノリス　私は、一九七八年にツーリストビザで来たのですよ。それから、ちょっと長くいましょうとなって、結局、四年制大学を出ていればこちらの大学には簡単に入れると聞いて、それで大学生になる手続きをしました。今はもう、ツーリストとして来てビザを切り替えるなんてことはできないけど、その頃はできました。まだおおらかだったのですね。

浜田　西ベルリンは、東の中の西の孤島なので人に住んでもらわなくてはいけないわけですよ。だから一九六一年に壁ができて、東ドイツの労働者が西ベルリンに来られなくなったとき、西ドイツ政府がトルコ政府と労働協約を結んで、トルコの労働者を西ドイツだけでなく西ベルリンにも招聘しました。それで、西ベルリンにも大きなトルコ人社会がありました。そういうふうなことがみな関係して、この街をつくっていました。

レンツ　当時のベルリンには巨大なオルタナティブセクターができていて、正確な数字はわかりませんが、ベルリン市民の中で大きな部分を占めていました。西ベルリンは、西ドイツの一部という性格が強かったのはたしかですが、西ドイツの法制の一部は適用されませんでした。そのなかに、西ベルリンに住民登録がある男性は西ドイツ軍に徴兵されないというものがありました。そのため、オルタナティブ志向の若い男性が大勢ベルリンにやってきたんです。かれらはここで新しい生活を実験できました。西ベルリンでは強力な学生運動が起きたし、学生運動のあとには、共同生活を送るコミューンがつくられました。

女性は学生運動とコミューンの両方で大きな役割を果たしていました。それで、女性運動が一九六八年の後に本格化したとき、ベルリンの女性運動は非常に強力なものとなったんです。和子さんが言ったように、女性のための書店や、雑誌やフェミニスト・カウンセリングといった女性のためのプロジェクトが創設されました。トルコ女性とドイツ女性が協働したプロジェクトもありました。なかでも重要なのは、チリ女性のグループが呼びかけた「国際女性フェスティバル」です。チリ女性たちは、チリの独裁政権下での民主化運動のための資金集めをしたかったのです。それで、「大きなパーティをやろう」と。私たち「作業サークル女性と第三世界」はこれに参加しました。私たちのグループは、メンバーのほとんどがドイツ人でしたが、国際的なフェミニストでありたいと考えていました。すでに協力関係ができていた韓国女性のグループ、チリ女性のグループ、トルコ女性のグループが共催して、いっしょに大きなパーティを開きました。何百人も来ましたよ。

つまり、女性運動と学生運動のあいだにつながりがあったし、これらの運動の中には国際的な交流もあったと言えます。女性も運動に参加していたのです。それに、どれほど強力なものだったかはわかりませんが、男性も変わらなければいけないという考えが出てきていました。

一九七〇年代後半になると、私がいたベルリン自由大学東アジア研究所ではフェミニズムについての議論が始まりました。私は、東アジア出身の学生やドイツ人学生といっしょに国際フェミニズムについてのゼミを開いたのですが、これがたしか一九七八年だったと思います。東アジア研究所の日本人女性と中国人女性が、このゼミを強く支持してくれました。彼女たちが参加して議論したときに、ひとりが「私たちは『からゆきさん』〔森崎和江著 1976〕を読む必要があります」と言ったことをよく覚えています。

——ノリスさんはレンツさんが話されたような状況はどうご覧になってたんですか。

ノリス　私が生活して日本との違いを肌で感じたのは、まず、ヴォーンゲマインシャフト〔Wohngemeinschaft. 住居共同体、家族ではなく一緒に住む人びとの共同体の意〕を初めて見たときです。大きな建物で、男性女性が入り混じって、5〜6人でそれぞれの個室と共同室を持って暮らしているというのを、初めて見てびっくり。みんな個性的に生きているのを目の当たりにしましたね。

今は派手な街になりましたけど、当時の西ベルリンは地味な街でした。小汚いところで、みんなでごちゃごちゃとやっているような感じがありました。お金の価値はむしろ高くなくて、自分らしい生き方をするというところに価値がおかれていたような印象がありますね。

——おふたりは、いつ頃からずっとドイツに住もうと思われたんですか。

浜田　当時の日本の社会は住みにくかった。三二歳になった独りの女には居場所がなかったです。独りの女として日本の社会にいると、干渉が多くて面倒くさかった。ドイツに来てしまったら、そういう干渉がない。生きやすかったです。

当初は、ともかくドイツに来て大学で勉強しようと思ってましたけれど、だんだん長居するようになって。パートナーのこともありますし。だからといって永住しようという発想はなくて、現在の自分の場所はここというふうに考えてきました。

ノリス　私の場合は、一九七八年に西ベルリンに来て、八〇年に子どもが生まれたのです。自分でも笑ってしまうのだけど、それまで、ときどき夢を見たのですよ。私は日本にいて、ケニアで出会ったイギリス人の彼から英語の手紙が来るの。それを読んで、返事を書かなくてはいけないな、でも面倒くさいなと思ってるのね（笑）。夢の中で、返事を書かなかったら、このまま彼との関係は終わるんだろうなって思うんですよ。そういう夢を何回も見るのね。ところが、彼とのあいだに子どもができた途端に見なくなった。きっとそこで根っこが生えたのでしょうね。

■国籍と人権を考える会

——「国籍と人権を考える会」に関わりますが、そうすると、ノリスさんは旧国籍法における父系優先主義が生み出す問題の当事者でいらっしゃったんですか。

ノリス　はい、当事者です。うちの場合はちょっと複雑で、私が日本人で、夫はイギリス人です。で、夫は前にドイツ人の女性と結婚して別れていたけれど、法律的な離婚はまだ成立していなかった。私が西ベルリンの大学に入ってビザを取って、それから二年後には子どもが生まれました。

　彼はすでに離婚手続きを始めていたのだけど、当時のドイツの離婚手続きは非常に時間がかかったので、手続きがまだ終わっていませんでした。私は未婚の母ということになり、つまり、私の最初の子どもは日本人として生まれてきたのです。あとから私と夫が結婚したので、イギリス国籍も取れました。長男は法律改正前の二重国籍者です。次男は、結婚後に生まれたのですが、国籍法が改正されていなかったら、今度は親が結婚しているので日本国籍を取れなかったでしょう。

　なんていうのかな、そういうふうに法律で生活のいろんな事柄が決まっていて、誰も詳しいことを教えてくれなくて、やっと知ったときにはもう遅いという感じがよくわかり、これは勉強しないといけないと思いました。

ノリス恵美さん

浜田　この国籍法は、当事者だけの問題でなくて、基本的には女性差別じゃないですか。私たち全員に関係してくる法律改正の動きだったわけです。

――日本にいるときにはノンポリだった浜田さんが「国籍と人権を考える会」に至ったのはなぜなのですか。

浜田　一九八〇年に石田雄さんがベルリン自由大学東アジア研究所で在外研究をするためにベルリンに来て、そのときにお連れ合いの玲子さんも一緒に来られました。当時石田玲子さんは社会党の土井たか子さんのブレーンとして、女性差別撤廃条約批准のために活動しておられました。それでベルリンに来て、国籍法の問題の当事者に声を聞きたいと彼女は動き始めたんだけれど、大学にいらしたから、まずベルリン自由大学に所属している友だちや私に声がかかって、ドイツと日本の国籍についての勉強会を石田さんが開いたんです。何回かやっているうちに、これは当事者も巻き込まなければだめだという話になりました。当時日本人会という会があって、家庭を持っている人もたくさん参加していた。だから、そこに話を持っていって広げようと考えました。

ノリス　で、私はそこに聞きに行った。

――ノリスさんは実践的な知恵を求めてた？

ノリス　そうです、ほんとに。

■富山妙子の個展で韓国女性と日本女性が出会う

浜田　石田さんが来られて国籍法に関する勉強会が始まった頃、一九八二年に富山妙子さんがベルリンに来られました。富山さんをベルリンに招待したのは、教会と人権に関する活動をしていたグループで、イルゼは展覧会への協力を頼まれたそうです。私は、石田玲子さんの通訳として動きました。富山さんが展覧会を企画するにあたって、イルゼはベルリンのフェミニズム雑誌『クラージュ』に展覧会の告知を発表していました。そのプログラムの中に、展覧会場で韓国と日本の女性グループが交流すると入っていました。私たちは知らなかった（笑）。そうして、展覧会に行くと韓国の女性たちがいて、ディスカッションになって、かなり厳しい状況になりました。キーセン観光が盛んだったときだったので、韓国に来る男たちはほとんどが妻帯者だと聞くが、日本の夫婦生活はどうなっているのかというような質問が出ました。

レンツ　富山妙子さんが私にベルリンで展覧会を開くので手伝ってほしい、と言ってきたんです。私は一九七九年にフィールドワークのために日本に行き、「アジアの女たちの会」を紹介してもらいました。そこから富山さんと友人になったんです。

富山さんの展覧会は、ハウス・デア・キルヒエ〔ドイツ語で教会の家の意〕というプロテスタント教会の施設で開催されることになっていました。富山さんがベルリンに来るというニュースを広めると、たくさんの人が私たちに支援を申し出てくれました。和子さんはその一人だったと思います。

富山さんの個展はどのようなものがよいのか。みんなで計画して、みんなで議論しました。もちろん、富山さんの意見も私たちにとっては非常に重要でした。このとき私が主張したのは、富山さんは非常に重要なフェミニストで、教会に留めていてはいけない、フェミニスト画廊で展覧会を開かなければならない、ということです。ドイツの教会は当時はやや家父長制的でしたから。富山さんの展覧会をベルリンのフェミニストのグループや運動と結びつける必要があると考えました。それで集まったグループや人々で計画したのが、韓国、日本、ドイツの女性たちがそれぞれの異なる視点と体験を共有するために、討論会をするというものでした。

石田玲子さん、和子さんたち日本女性と韓国女性グループとの議論の夕べは、フェミニスト画廊で富山さんの個展を開いたときにおこなわれました。フェミニスト画廊の中で韓国女性と日本女性が自分たちの歴史と解放を話し合うということを、私や仲間たちは考えていました。

私たちというのは「作業サークル女性と第三世界」のことで、ベルリンのさまざまな国際的な女性グループをネットワーキングしていたグループです。富山妙子さんの個展も、私たちのグループから数名が手伝いました。私は富山妙子さんとの連絡係でした。彼女を知っていましたし、彼女がとても好きでしたから。私は「アジアの女たちの会」とも、頻繁に交流していました。日本に行くといつも女たちの会の人たちと会って。富山さんも石田玲子さんももちろん会員でしたね。また、私は教会員でしたから、プロテスタント教会ともつながっていました。たぶん、さまざまなネットワークの結節点になっていたのだと思います。

和子さんたちがフェミニスト画廊で出会った韓国女性たちは「韓国女性グループ」といって、もともとは韓国女性の同業者組織から始まりました。彼女たちは、一九七〇年代初頭に韓国政府と西ドイツ政府とのあいだで結ばれた協約に基づいて、看護師として訓練を受けるためのビザでドイツに来ました。当時の西ドイツでは病院での労働力が非常に不足しており、韓国女性たちが職を見つけるのは簡単なことでした。ただ、日本も同様ですが、韓国ですでに看護師の資格を取得していたとしても、訓練生としての契約を結ばされるということが頻繁にありました。そのせいで、彼女たちの滞在許可は非常に不安定でした。

石油危機以降、ドイツ政府は韓国政府との協約の終了を考え始めます。そこで彼女たちは働く権利とドイツに滞在する権利を求めて組織化し、一九七七年に運動を展開したんです。労働組合と教会の支援も得て、西ドイツの社会セクターを巻き込んだ運動になり、女性運動も支援しました。彼女たちは最終的に雇用の保護、労働契約、ドイツに滞在する権利いずれも獲得しました。

韓国女性グループの女性たちは見聞が広く、ドイツ政治やドイツの女性運動にも関心を持っていたと言えるでしょう。労働問題を解決すると、彼女たちは「これからの私たちの問題は、ひとつは韓国における独裁政治、もうひとつはドイツでどのように生活していくかだ」と考え、運動に参加した女性たちの一部が一九七八年に「韓国女性グループ」をつくったのです。

イルゼ・レンツさん

私は、女性運動の全国会議で女性と第三世界をテーマとするパネルに登壇したとき、韓国女性グループの中心メンバーのひとりと知り合いました。彼女は日本についてもよく知っていました。それで、富山妙子さんの個展のさいに声をかけることにしたのです。

浜田　私たちはまだグループができていなかったので、富山妙子さんの個展では、石田さんと私ともうひとりで、3人ぐらいで動いていました。国籍と人権を考える会ができたのは、展覧会の後まもなくでした。フェミニスト画廊での富山妙子さんの個展のあとで、韓国女性側から「石田さんを呼んで一緒にご飯を食べましょう」と呼びかけてくれました。

初めの個人的な会合は簡単ではありませんでした。ご飯を食べて話をしているあいだはなごやかでよかったのだけれど、終わりのほうになったら、韓国女性がアリランの歌を歌って、泣きだしたので、私たちは申し訳なく思いました。

私たちの会ができたあとで、「感情的になる人はもう来ないから、今度一緒に持ち寄りでご飯を食べながら話そう」というふうに再度声をかけてくれました。二回目に国籍と人権を考える会と韓国女性グループとしてご飯を食べたときには、とてもいい話し合いになりました。みんな、ざっくばらんに、韓国人としてのドイツでの生活、日本人としてのドイツでの生活、そこでの差別、あるいは自分の中の差別なんていうことを、わりと感情的にならずに、オープンに話すことができました。

そのあと、「ご飯を食べるだけじゃもったいないから勉強会をしよう」ということになりました。それで一九八六年に開いたのが、「キーセン観光のセミナー」でした。そのとき私たちは送り出す側、韓国女性グループは受け入れ側について調べて報告をしました。そうしたら、受け入れ側の問題にも韓国女性たちは気が付いたんですね。ご存じのように、当時のキーセン観光は韓国の外貨収入のかなりの部分を占めていたとか、そのようなことが分かってきました。日本側の状況は最悪でした。そのときにキーセン観光の原型のようなものとして「慰安婦」についても勉強しました。

それから定期的な日韓ゼミナールが始まりました。韓国女性グループは全国組織で年に二回集まるんですけれど、そのうちの一回はベルリンに集まるので、そのときに半日ぐらいかけて一緒にゼミナールをやりましょうということになりました。ゼミナールのテーマはさまざまで、「慰安婦」、日韓のいろいろな問題、あるいはもっと個人的な次元で、同じくらいの年齢の日本女性と韓国女性の生い立ちの違いなどを取り上げました。一度は、チマチョゴリと着物を取り替えっこして着てみて、私たちはなにが違うのかを実感として体験しようとしたり。ゼミナールのプログラムは、韓国女性たちと一緒につくっていきました。

最終的に、二〇一三年に私たちは日韓旅行をしたんです。お互いの歴史を知るということで。一緒に見て歴史を考えるということが、私にとっては大事なことでした。

■国籍法改正に向けて

浜田　「国籍と人権を考える会」は、私たちが考えた名前ではなくて、石田玲子さんが提案してくださったものです。私たちは、今までグループなんかつくったことがなかったわけですが、目標は高いほうがよいと、この名前を選びました。ですが、国籍法改正だけに関わっていたわけではなくて、ほかにもいろいろやりました。だから、この名前を掲げるのは荷が重いというところが初めからありました。

ノリス　よく喋る会でしたよね、けんけんがくがくと。私なんかおとなしいほうでした。

――国籍法改正については、さきほどおっしゃっていた勉強会に加えて、西ベルリンの街頭で改正要求を支援するための署名を集めて日本の法務大臣に提出されたそうですね。ほかにはどういう活動をされたんですか。

ノリス　国籍法については結構勉強もしたけれど、一九八四年に国籍法が男女両系主義に改正される前に、「経過措置によって改正時点から遡って日本国籍をもらった子どもがもともと持っているドイツ国籍にはなんの影響もありませんか」とか「日独二重国籍になった子どもが国籍選択宣言した場合はどうなりますか」というような質問をドイツ語で連邦内務省に出すということもやりましたね。結構時間がかかりました。それで、「ドイツ国籍には影響はありません、大丈夫です」という回答があって、初めてほかの人に「日本国籍取得をしたほうがいいですよ」って言えるじゃないですか。

あとは、国籍法改正の中間試案が出たら、日本に帰った石田さんが資料を送ってくれるので、それについてみんなで考えて、質問まとめてとか、いろいろやることはあったと思います。それから、会員以外の人にも知ってもらいたいから、パンフレットを確か三回ぐらい作りました。

改正前の国籍法をめぐっては、沖縄で、米兵がお父さん、お母さんが日本人で、お父さんが行方不明となり、二人のあいだから生まれた子どもたちが無国籍になるという問題があったでしょう。ベルリンはベルリンで、お父さんがビルマからの政治的な亡命者で、お母さんが日本人というカップルがいました。彼はビルマの大使館に行けない。そのままだったら、子どもは無国籍になりますよね。結局、彼がドイツ国籍を得たので、生まれた子どもはドイツ国籍となったわけだけど、ベルリンでも無国籍になる可能性はある。会ではそんなことを話したと思います。

■代表も成文化された会則もない

――会のドイツ語の名称は一九八二年の結成当初からずっと変わっていませんね。

浜田　ヤパニッシェ・フラウエン・イニシアティーヴェといいますが、イニシアティーヴェは、あの頃のベルリンのグループの名前によく使われていたんです。でも、それにアイデンティティを見いだしたということでもないんですけども。

――イニシアティーヴェはドイツ語でどのようなニュアンスなんですか。

浜田　だから、あんまりわからない（笑）。要するに、女性がイニシアチブをとるということだと思います。

ノリス　意思があって、目的を持ってなにかをやっていくという感じかしらね。主導権を握って、自分たちで進んでいくような。

――最初期には、何人ぐらいが会に集まっていたんですか。

ノリス　20人ぐらいですかね。出入りはありますが、20人ぐらいだった時期が長いのです。すごく緩やかなんです。

――会長はいないと聞きましたが。

ノリス　いない、いない（笑）。

浜田　会の進め方を言うと、今は月に一回、第二日曜日に集まります。そして、まず議事録を取る人を決めます。議事録を取った人は翌月の会の司会をやります。議事録は、集まりに来られない人に情報を提供する意味で、初めから作成していました。一年間の固定職としては会計と資料係がありますが、そのほかは毎回変わっていきます。だから責任者もいないのね。イベントをやるときは、その責任者はいるけれども。

――資料係はなにをするんですか。

浜田　女の会ではたくさんの資料や本を持っています。その保管と管理です。

――会計係がいるということは、会費があるということですか。

浜田　はい。現在は会員と会友があって、会費は会員が月3ユーロ、会友が月1ユーロ。会友には議決権はないけれど、情報は全部共有します。その他の活動に関しては一切の制限はないです。ベルリンに住んでいない人にとっては、会友は便利ですね。

ノリス　一九九〇年に名前を「女の会」に変えました。そのときに会員と会友を設定しました。

――今は会員と会友は何人ずついらっしゃるんですか。

ノリス　現時点で会員が13名、会友が27名だと思いましたね。会員13名のうち、私たちみたいに当初からやっている者は5名ですね。

――代表をおかない組織のつくり方はどういうところから出てきたんですか。

浜田　法的な形態を取って政治的に動くときは、代表をおかないと認められないですが、私たちはそう政治的ではないですから必要がなかったし、いまもないです。そうなった経緯は、私はよくわからない。ただ私は、代表をおかずにみんなが同じように責任を負っていくのがいいと思っていました。そしてね、さきほど言った『クラージュ』も代表をおかない制度を取ってたんだそうです。イルゼもそこに富山さんのことなんか書いてるんだけども、間もなく経済難でつぶれてしまいました。それから、アジアの女たちの会も代表をおかなかったんですって。

ノリス　石田玲子さんは、アジアの女たちの会にも入っていらした。それから、女の会と同じ頃に日本では「国際結婚を考える会」もできています。あそこもトップがいないですね。アジアの女たちの会や国際結婚を考える会は、いつも資料を送ってきてくれていたと思います。でも、女の会では、リーダーになりたいという人もいなかったですよ。

浜田　私はね、自分はリーダーになるという気は全くなかったから、そんなことは考えもしませんでした。

ノリス　なおかつ、私たちには一応ルールはありますが、成文化されてないんです。その時々で微妙に変わっていったりする。みんなで了解しているのは、女の会には誰でも入っていいけれど日本語が共通言語ですよ、というのと、布教活動と営利目的の販売活動はしちゃいけません。それだけです。

レンツ　ひとつつけ加えてもいいですか。ドイツのフェミニズムでは、この種の柔軟な組織形態は非常によく見られるものです。あらゆる女性が参加できるし、規則としてはなにもない。ただ、組織を道具化することはいけない。女性たちがなにかを始めるとき、これは通常のやり方と言えます。もし国家との関係性を築き助成金を受け取りたい場合には、フォーマルな結社として組織を始めることになります。それもいいでしょう。でも、その場合でも会長が誰かというのはそんなに問題になりませんし、会長が指導者というわけでもありません。会長であってもなくても、メンバーはみな対等ということですね。私が和子さんと恵美さんに聞きたいのは、女の会のありかたは、このようなドイツの運動における組織のつくり方から影響を受けていたか、ということです。

浜田　私たちは直接ドイツの女性グループと交流があったわけではないので、どちらかというと、当時の大学の雰囲気から影響を受けていたんだと思います。あるいは、私たち自身が持っていた価値観、日本のああいう社会から出てつくったドイツでの組織として、みんな平等でありたいという気持ちもあったかもしれません。

ノリス　そうですね。組織としてはドイツの女性運動からの直接の影響はないけれど、ベルリンという街の空気を吸っているとこうなるんだよみたいな感じがあったと思います。女の会のメンバーはみんな、プライベートでいろいろな経験をしてきて、そういう空気を吸ってきていたのだろうと思います。

――会長はいないということでしたが、個々の活動はどのように決められていくのでしょうか。

ノリス　自分でこれをやりたいなと思ったら、会で「こういうのをやりたいんですが」と言うわけです。みんなが「いいんじゃない」と言うと、作業グループ〔Arbeitsgruppe 略称AG（アーゲー）〕が成立します。大したお金は出ない。そういう限界はあるけれど、みんなが協力してくれる体制になります。

――今はどんな作業グループがあるんでしょうか。

ノリス　健康について、反核エネルギー、それから北海道で強制労働させられて朝鮮人が亡くなったんですが、その遺骨を掘り返している団体に経済的支援をする作業グループ。東日本大震災で被害を受けた地域の2団体をずーっと支援しているグループもありますね。「慰安婦」と日韓ゼミナールについては、それぞれ作業グループがあります。あとは、国籍作業グループも一応残っています。そういうことだけじゃなくて、絵を一緒に見ましょうとか、一緒に旅行しましょうとか、そういう作業グループもあります。それから、月一回の例会だとあまり喋れないので、月に一回、別個に火曜日にやっている集まりもあります。

「慰安婦」AGには浜田さんも私も入ってないです。浜田さんは日韓ゼミナールの作業グループですね。私自身が入っているのは、今は国籍と健康だけです。以前は、重度の障害を持って生まれた子どもを育てた銅版画家が日本にいて、その人の絵をベルリンへ持ってきて展覧会をやりましょうという作業グループをやっていましたが、それはもう終わりました。

浜田　要するに、私たち、自分たちのために、自分たちが気になることや楽しいことをやるグループなんです。ごしゃごしゃのグループ（笑）。

――ベルリン女の会がなぜこんなに長続きしているのか、おふたりの考えはありますか。

浜田　ひとつは、好きなことをやってるからじゃないのかな。自分たちがやりたいことをやっていて、やりたくなけりゃ一緒にやんなくたっていいんだよ、とそれで済んでいるからかなと思う。

ノリス　それは大きいですね。やりたくないときとかできないときにやらなくても、みんな了解してくれるという関係と、協力し合う信頼関係はありますよね。

浜田　あなた〔小杉〕が言うような社会運動のグループではないんですよ。自分たちのために、個人的な必要性があって一緒にやっているという感じです。ある意味で自助グループと言えると思います。

■8月14日「慰安婦」記念日のスタンディングデモを続けて

浜田　私、韓国女性グループのひとりから「日本人と話すのは怖かった」と言われたことがあります。彼女とは、今はいい友だちです。怖いから話したくないし、女の会と一緒にやりたくなかった。そういうような体験から始めて、少しずつお互いを理解しようとしてきたので、その意味では運動というんじゃない、もっと個人的な出会いみたいな感じがします。どこに行き着こう、なにを達成しようというのはわからない。そんなことは考えないで、ただ次に会ったときはどうしようかとか、家族の話をしようとか、着物を着ようとか。常に個人に密着したところでの交歓でした。

でも、まず、韓国の女性たちは、ドイツに来て、外国人として社会の中で実績を積んできた人たちです。ドイツ社会を知った上での彼女たちだし、ドイツ語を喋ります。私たちはドイツ語を通じて、ドイツの社会を通しながらの彼女たちとの出会いだから、日本で出会うのとは違うと思います。こっちは、あいだにいろいろなものが入っているから、関係性を築きやすい。

それと、ドイツの女性運動もみんな少しずつ見て知っているから。呼び合うときには姓じゃなくて個人の名前を使いましょうとか、ハグして挨拶をするとか、こっちの女性運動のやり方に倣っているところはたくさんありますね。

――ノリスさんは、韓国女性グループとの交流は、どういうふうに参加されてきたんですか。

ノリス　浜田さんほど主体的に担ってきたわけではないです。イベントがあったら出席するぐらいの感じです。韓国女性グループの方ではないんですが、自宅の近所に、韓国から看護婦としてやってきてドイツ人と結婚して暮らしてる女性が住んでいて、私の大切な友だちです。彼女がやはり、「ここでなかったら、友だちになれたかどうかはわからないよね」というようなことを言っていました。ベルリンという場所が私たちに提供する、なんていうのかな、対等なチャンスが大きいんだと思いますね。

――浜田さんが書かれた文章〔浜田 2016〕に、一九九一年に金学順（キムハクスン）さんが「慰安婦」被害者として名乗り出て、日本政府にたいし補償請求裁判を起こしたとき、韓国女性グループと一緒に朝鮮人元「慰安婦」補償請求裁判を支援するワーキング・グループをつくって、支援の署名活動をしたと書かれていました。そのとき、署名を集めるために「慰安婦」とはなにかをドイツ語、英語で説明するパンフレットを作成したけれど、パンフレット内の記述について合意を取るのが大変だったと書かれていました。

浜田　パンフレットをつくるとき、初めて「慰安婦」の歴史をお互いに自覚したわけだけれども、韓国女性たちが見ている「慰安婦」と、あんまりよく知らなかったですけども、日本側が見ている「慰安婦」と、歴史の書き方が違ってくるわけです。私は、母が具合が悪いときでその場にはいなかったので、具体的にどこがもめたかというのは知らないんですが、意見が全然一致しなくて大変だったと聞いています。最近は、お互いを理解する度合いはうんと深まりましたよね。彼女たちの見方も、私たちは少しはわかるようになった。彼女たちも自分たちの見方だけでは通らないと理解するようになった。

――韓国女性グループとは、「慰安婦」問題に関して、補償請求裁判を支援するワーキング・グループのほかにも、一九九三年九月に韓国、北朝鮮、フィリピン、オランダの元「慰安婦」の方々や日本の市民団体の代表を招いた国際会議「人間の尊厳、女性の尊厳」を開催しています。また、一九九五年にはひとりひとりが日本の首相に手紙を送るレターアクション、二〇〇〇年には「女性国際戦犯法廷」に連帯するスタンディングデモ、二〇〇五年には戦後六〇周年のスタンディングデモ、二〇〇六年には「水曜デモ」７００回に連帯しての日本大使館までのデモなどもいっしょにされてきましたね。二〇〇七年以降も毎年韓国女性グループの女性たちと「慰安婦」連帯のスタンディングデモをしてこられて、最近は、韓国の八月一四日の「慰安婦」記念日〔日本軍慰安婦被害者をたたえる日〕に合わせたスタンディングをしているそうですね。

浜田　8月14日のスタンディングデモには、二〇二〇年までは、韓国女性グループの人たちも女の会のメンバーも、他の人たちも参加しました。今年〔二〇二一年〕はベルリンで大きな女性の催し物があって。韓国側の「慰安婦」グループが積極的にそこに参加するので、8月14日のデモは余裕がないから共催はできない、あなたたちで主催してくれって言われたんです。

ノリス　韓国側は、本国のほうと連動させるために一日早く13日にやらないと遅いんですよ。そちらに力を注ぐからは、14日のほうは、協力はするけれど主催としてはやらないということだったんじゃないんですか。

2021年8月14日の「慰安婦」記念日に、ベルリンのブランデンブルグ門前で、ベルリン女の会がおこなったスタンディングの様子（梶村太一郎さん撮影・提供）

浜田　そうでした。今年は私たちだけで、ブランデンブルグ門の前で、アジアで日本軍の犠牲になった「慰安婦」の写真を持って、犠牲者の名前を読み上げました。各国の代表のように犠牲者をひとり選んで、その人の履歴もあわせて読んで。私は中国を受け持ったんだけど、判明している犠牲者の名前を調べ出して、中国の人に読み上げてもらいました。日本が慰安所をつくった地域は、全部網羅しました。ただし、地域は網羅したけれど、犠牲者の全体像はもちろん掴めていません。

　ただ、準備をした作業グループがもうくたびれちゃって、「あと一〇年若かったら」なんてことを言うようになってしまいました。それで、私たちとしては、今後続けるのか続けないのか、もし続けるとしたらどういうかたちで私たちはやっていきたいのかを、これから話し合っていかないといけないんです。

ノリス　今までの「慰安婦」記念日のスタンディングでは、黙ってじーっと立っていることが多かった。二〇二〇年に初めて全員参加型にしたのですよ。なにかを読み上げるとか、ちょっとしたアクションをする。二〇二一年は、さらにそれを進めました。とても素晴らしかったんだけれど、それを統括する仕事は大変だったんです。だいたい女の会でなにかやりましょうとなると、みんながそれに賛成したら、あとは作業グループがお膳立てをして、当日が来ればみんなわっと集まるという、そういう感じなんですよ。だから、お膳立てをする人が疲れちゃうと、できなくなっちゃう。

――二〇二二年以降も、女の会の中でスタンディングをやろうという方が現れて、韓国女性グループ側のスケジュールが調整されれば、一緒にやることもあるんですよね。

ノリス　でしょうね。

浜田　私たちだけで主催するといっても、彼女たちももちろん一緒に出てくるんですよ。私の感じでは、作業グループはくたびれちゃっているけれども、女の会としてはあの日にスタンディングをやらないということはないという気がします。

ノリス　そうね。

浜田　今までの反応を見てると。だから、来年以降もなにかはあるでしょう。ただ、どういうかたちになるかはわからない。

レンツ　ご存じだとは思いますが、二〇二〇年九月、韓国協会〔Korea Verband〕の「慰安婦」に関する作業グループが、ベルリンのミッテ区に「平和の少女」像を建てました。日本政府は外務省を介してこれに干渉し、設置から一週間か一〇日ほどでミッテ区から像を撤去するようにという命令が出ました。これにたいし、ベルリンでは大規模な抗議が起きましたね。

私が強調したいのは、この抗議の中で、ベルリンの日本人、とくに日本女性が日本政府の動きに同意できないと発言したことの重要性です。日本政府は、これは日韓の国家間の問題だと主張しました。それを、ベルリンの日本人と日本女性たちは否定した。撤去命令にたいする抗議活動の場で日本女性が前に出て、少女像にたいする支持を宣言し、ジェンダーと性暴力をテーマとしている少女像は市民社会の問題であって国家間の問題ではないと発言したことがありますが、これはとても重要でした。こうした発言の動きはベルリン女の会なしではありえなかったと個人的には思うのですが、どうでしょうか。

ノリス　撤去命令にたいする抗議活動の場で発言した人は、たしかに女の会のメンバーですが、個人的に発言したんです。ヤパニッシェ・フラウエン・イニシアティーヴェとしては言ってないんですよ。私たちの会は「日本政府が少女像になんだかんだと文句を言った。それはおかしい」とは言いました。抗議活動にはもちろんベルリン女の会として賛成した。でも、それ以上のことはやってないんです。少女像の設置場所でいろんな集会がおこなわれて、日本女性が発言することがありますが、それは個人的な動きなのです。

レンツ　それはわかっていますが、フェミニズムとジェンダーがベルリンの日本人コミュニティの中でイシューとなっていること、そしてベルリンの日本人がこれは性暴力の問題であると理解していることが重要でしょう。日本政府は「ベルリンで日本人と韓国人とのあいだに紛争が起きて、市民的平和が脅かされている」と言いました。しかし、あの発言は、「慰安婦」は第二次世界大戦における性暴力の問題であると日本人が理解していることを示した。あなたたちがグループとしてベルリンの日本人コミュニティのあいだで意識を高めたと私は考えています。「慰安婦」についてたくさんの映画を上映したり、会合を開いたりしてきましたからね。

――今のレンツさんの評価について、おふたりはどう思われますか。

浜田　ベルリンの日本人コミュニティにはあんまり期待できないとは思いますが、女の会もそれほど立場をはっきりさせていないんですよね。

ノリス　日本人として、そこで発言することがとても重要だったというのは確かだと思いますね。だけど、グループとしてというのはまた別で、私たちはそこらへん臆病というのかな、まだ一つの意見にまとまってない。無理にまとめようとは思わないです。だんだんそっちの方向には動いていくかもしれないし、そうならないかもしれないけれど、今はちょっと簡単に動かないという感じですよね。

浜田　確かに、女の会はこの問題をちょっと避けてますね。

ノリス　まだちょっと待ってねという段階ですよね。

レンツ　そうかもしれません。それでも、私はあなたたちが持っている性暴力被害者への共感はとても重要だと思います。私にとっては、この街で、韓国女性と日本女性が会ってこの問題について話せると知っていることが重要なんです。「平和の少女」像をめぐる闘いは、日本政府の介入によってナショナリスト的側面での闘いに変化させられましたが、これは人権と女性の権利に関する闘いであると、そのようにムードを変えるのは非常に重要ですから。

（２０２１年12月16日、オンライン）

解題

ベルリン女の会（混乱を避けるため、ここでは会の名称はベルリン女の会で統一する）をめぐる浜田和子、ノリス恵美、イルゼ・レンツ（敬称略）の語りは、ベルリンという固有の場所で、さまざまな女性たちが出会い、集ってきた軌跡を証言している。

本稿のもとになったインタビューは、二〇一六年に在外研究のために京都大学に滞在していたイルゼ・レンツと小杉が知り合ったことに端を発している。トランスナショナルな視点から「１９６８」の社会運動を論じる可能性について考えていた小杉にたいし、レンツは、一九七〇年代に日本からドイツに渡った女性たちと彼女たちのベルリンでの活動について語った。今号の特集を企画するにあたって、当初レンツに「ベルリン女の会」に関する寄稿を依頼したところ、レンツが「女の会」メンバーへのインタビューを提案し、浜田、ノリスのお二人を紹介してくれた。こうして実現したインタビューにはレンツも参加し、女の会結成の文脈となるベルリンの女性運動や富山妙子の展覧会について補足的に説明した。

インタビューは基本的に日本語で実施し、レンツはドイツ語を解さない小杉を配慮して英語で発言した。本稿作成にあたっては、録音データをもとに、小杉が英語部分を翻訳したうえで、編集・再構成し、それを浜田、ノリス、レンツがチェック、修正した。インタビュー当日は、ドイツと日本のあいだにある時差の関係からインタビューの実施時間が限られており、小杉の手元の資料で判明している点については質問を割愛したものもあった。また、三人が「ベルリン女の会」の長年の歴史やベルリンの女性運動について語り尽くすには時間が足りなかった。インタビュー時に十分に触れられなかった点もあったため、本稿全体に小杉および浜田、ノリス、レンツによる加筆や補筆が入っていることをお断りしておく。

本インタビューでとりわけ重要だと思われるのは、ベルリン女の会が、一九七〇～八〇年代の日本の女性運動とドイツの社会運動の双方と相互作用しながら誕生し、形づくられてきた点である。

ベルリン女の会結成のきっかけは、一九八二年、西ベルリンに滞在していた石田玲子によって、国籍法にかんする勉強会を呼びかけられたことだった。「アジアの女たちの会」は、この石田もメンバーで、ベルリン女の会と韓国女性グループとの出会いのきっかけを生み出した富山妙子が発起人のひとりを務めていた。同会は一九七七年に富山、湯浅れい、松井やより、山口明子、安東美佐子、五島昌子、加地永都子が呼びかけて結成されていた。機関誌『アジアと女性解放』創刊号（1977.3.1）の「私たちの宣言」には、「日本が明治維新以来なしとげた「近代化」は、すなわちアジア侵略の歴史であり、この百年の間を生きてきた女たちもまた、侵略に加担したアジアへの加害者であった――。この事実を、私たちはいまようやくたたかうアジアの女たちから学びつつあります」（松井 1996: 352-3 から引用）で始まる。ここからわかるように、アジアの女たちの会は、日本によるアジアへの軍事的経済的侵略にたいする批判的な眼差しから女性運動を展開するところに問題意識を持っていた。

ベルリン女の会の女性たちは、このような同時代の日本の女性運動と関心を共有しつつ、それをときに行動に移してきたといえる。アジアの女たちの会は、女の会が取り組んだ旧国籍法改正に向けた運動にも関わっていた（小林 2007）。また、女の会と韓国女性グループが開催した初めてのセミナーでは、キーセン観光がテーマとして選ばれた。キーセン観光もまた、アジアの女たちの会をはじめとする当時の日本の女性運動にとって、重要なイシューだった。たとえばアジアの女たちの会の発起人のひとり松井やよりは、キーセン観光問題が「アジアとの出会い」（松井 1996: 351）だったと回想している。一九七三年七月、韓国で女性たちが日本人男性によるキーセン観光に反対するデモをおこなった。このデモにかんする記事を読んだ松井は衝撃を受け、「キーセン観光に反対する女たちの会」をつくって活動を始めることとなった（松井 1996）。

なお、富山妙子は、本インタビューで詳しく語られた一九八二年の個展以降もベルリンを訪れており、一九八五年には朝鮮人強制動員をテーマとする作品をもとに制作されたドキュメンタリー映画『はじけ鳳仙花』と共同制作による映画作品『自由光州』の上映会、一九八八年には「慰安婦」をテーマとする『海の記憶』の展覧会を開催した。これらの展覧会にはベルリン女の会と韓国女性グループのメンバーが集まり、両者の交流が深まるきっかけとなったという（浜田 2016: 66）。

一九九五年になると、アジアの女たちの会を前身に「アジア女性資料センター」[1]がつくられる。また、アジア女性資料センターと関わりが深い運動体として、「戦争と女性への暴力」日本ネットワーク（VAWW-NET ジャパン。一九九八年に発足して「慰安婦」問題をはじめ戦時下性暴力の問題に取り組み、二〇〇〇年の「女性国際戦犯法廷」を主催。現在「戦争と女性への暴力」リサーチ・アクションセンター VAW-RAC）、また、「女たちの戦争と平和資料館 wam」（二〇〇五年に開館、「慰安婦」をはじめ戦時下の女性をテーマとする資料館）がある。ベルリン女の会はこうした動きとも関わりを持っていた。女性国際戦犯法廷のさいには、ベルリン女の会メンバーはベルリンで広報活動をおこなったり、開催後の二〇〇一年三月には韓国女性グループと「女性国際戦犯法廷参加の報告会」を共催している。同年三月にハーグで出された最終判決には、女の会から3人が出席したという。女たちの戦争と平和資料館設立時には、賛同団体になってもいる。

とはいえ、このことは、日本の女性運動がベルリンに単に「越境」したものとしてベルリン女の会があるということを意味しないだろう。インタビューからは、ベルリン女の会がベルリンの地の社会運動と対抗的文化によっても触発され、刺激を受けながら育まれた集まりだということも浮かび上がってくる[2]。一九九一年まで連合国四ヵ国の共同管理下にあったことから生じた西ベルリンの性格、レンツたちの「作業サークル第三世界と女性」を介して出会った、移民労働者として労働運動を成功させていた韓国女性グループの女性たち、フェミニスト雑誌『クラージュ』の存在や知らず知らず取り入れていたドイツの女性運動のスタイルなどが、ベルリン女の会の活動を形づくっていた。

ベルリン女の会と韓国女性グループの対話が、ともにドイツ社会ではアジア系移民女性というマイノリティに属することによって可能になっていることは、インタビュー中で浜田やノリスも触れている。ヨーロッパの地でアジア系移民女性同士として出会うことは、日本で日本女性と韓国女性が出会うこととは、決定的に意味合いが異なるだろう。ベルリンで出会うことによって、「個人」として交流する機会が生まれ、それによって「慰安婦」問題というテーマに共同で取り組み続けることが可能になっているとも言えるかもしれない。とはいえ、植民地主義と向き合う営みを、日本本国や朝鮮半島内に囲い込む必要はないだろう。ベルリン女の会と韓国女性グループの出会いを触発したのは、日本の植民地主義に画業をとおして鋭く対峙した富山妙子だった。富山の作品がさまざまな境界を越えて人びとを触発していったように、そここで日本の植民地主義と対峙する営みがあること、あるということを知っていることが重要であり、本稿は、それぞれの営みの個別性とそれを支えるものを読み解く作業のひとつである。

注

（1）同センターのサイトに「私たちの宣言」をはじめアジアの女たちの会の歴史が記録されている。https://www.ajwrc.org/about-us/outline/history

（2）なお、レンツ（2021）は、一九八二年にベルリンで開催された富山妙子の展覧会に焦点を定め、この展覧会を可能にした西ベルリンの諸運動のネットワークを詳しく説明している。

参考文献

浜田和子（2016）「ベルリンで考えた「慰安婦」問題——日韓女性グループの交流を通して」『戦争と性』32号：64-71.

小林淳子（2007）「１９８５年国籍法改正と海外在住日本人女性配偶者のトランスナショナルなシティズンシップ——「ベルリン・女の会（ＪＦＢ）」の活動を事例に」『国際ジェンダー学会誌』5: 97-116.

李美淑（2021）「境界を越える対抗的公共圏とメディア実践——画家・富山妙子の「草の根の新しい芸術運動」を中心に」大野光明・小杉亮子・松井隆志編『メディアがひらく運動史——社会運動史研究４』新曜社：30-50.

イルゼ・レンツ（2021）「ベルリンの富山妙子——フェミニストのアーティストがどういう風にしてトランスカルチャーの空間とネットワークを大きくすることができたのか？」『東洋文化』101: 175-91.

松井やより（1996）「インタビュー　グローバル・フェミニズムの可能性」女たちの現在を問う会編『全共闘からリブへ——銃後史ノート戦後篇』インパクト出版会：346-61.

資料

ベルリン女の会『女の会記念文集——創立十周年によせて』１９９２年４月発行

ベルリン女の会『女の会〝20周年〟記念文集』２００４年12月発行

年	月	事　項
1996	＊	元「慰安婦」への個人補償を求めるレターアクション
	8	パンフレット「すませましたか？　日本国籍選択」の説明会
1997	2	韓国女性グループとの交流会
1998	＊	勉強会──「慰安婦」問題に関する最近の動向
1999	10	高橋哲哉講演会「日本新ナショナリズムの現段階──『敗戦後論』を中心に」
2000	9	韓国女性グループと韓国挺身隊問題対策協議会・金允玉講演会を共催
	11	韓国女性グループ等と女性国際戦犯法廷についての記者会見
	11	韓国女性グループ等とベルリンの日本大使館前で元「慰安婦」支援デモ
	12	東京で女性国際戦犯法廷が開かれる
2001	3	韓国女性グループと「女性国際戦犯法廷参加報告会」を共催
	12	ハーグでの女性国際戦犯法廷最終判決に会員3名参加、判決後の報告集会を主催（松井やよりなどの報告）
2002	＊	勉強会──パレスチナ問題、国際刑事裁判所の成立・機能
	11	絵を見る会スタート
2003	1	韓国女性グループを招待し、20周年記念を兼ねた新年会
	2	イラク戦争反対デモに参加
	＊	「女たちの戦争と平和資料館」（wam）設立の賛同団体になる
	9	「女たちの戦争と平和資料館」建設委員長池田恵理子らと交流会
2004	10	ビデオ鑑賞会『アウシュヴィッツからベルリンへ──加害の歴史をたどる旅』『ダーニャンたちの記憶　中国山西省日本軍性暴力被害者　第7次聞き取り調査』（どちらも女性映像記録制作集団ビデオ塾）
2005	8	ベルリンの日本大使館前で元「慰安婦」連帯水曜デモを主催
	＊	火曜会（情報交換と討論、ブレインストーミングの会）を始める
2006	3	韓国諸グループと700回記念水曜デモを共催、ヴィルヘルム皇帝記念教会から日本大使館へ
2007	8	2006年に日韓諸グループで立ち上げたProjekt700の主催により、ヴィルヘルム皇帝記念教会前で元「慰安婦」連帯のスタンディング。これ以降毎年続けられる
	＊	wamを支援するためwam維持会員になる
	11	日韓ゼミナール：日韓「女性」共同歴史教材編纂委員会『ジェンダーの視点から見る日韓近現代史』を学ぶ
2008	10	韓国女性グループ30周年記念祭に招待される
2009	10	日韓ゼミナール：『ジェンダーの視点から見る日韓近現代史』
	＊	勉強会──吉見義明「『従軍慰安婦』問題研究の到達点と課題」、「女性のためのアジア平和国民基金」、公娼制度など
2010	8	ヴィルヘルム皇帝記念教会前で元「慰安婦」連帯のスタンディング、同時に民主党政権に立法による問題解決を求める署名を集める
	＊	勉強会──日韓の近代史を学ぶ
2011	3	東日本大震災・福島第一原発事故後、各種団体の主催する反原発デモや催し物に参加
	4	日韓合同ゼミナール：植民地時代の日韓の女性たち
	8	義援金を「みやぎジョネット」に送る
	8	福島市民放射線測定所のメンバーと交流
2012	1	新年会のバザーの収益金を「しんぐるまざあず・ふぉーらむ・福島」に送る
	3	反原発スタンディングに参加
	11	日韓合同ゼミナール：ドイツでの私の生活・人生
2013	8	日本軍「慰安婦」メモリアルデーに安倍首相（当時）宛公開質問状を提出
		ブランデンブルグ門前で元「慰安婦」連帯のスタンディングを主催
	10	韓国女性8名、日本女性6名が参加して日韓旅行
	＊	被災地復興支援AG、さまざまなバザーの収益を「しんぐるまざあず・ふぉーらむ・福島」「みやぎジョネット」へ送る
2014	3	反原発「かざぐるまデモ」に参加、ブランデンブルグ門から日本大使館へ
	4	連邦首相官邸前でベルリン訪問中の安倍首相（当時）への抗議デモを主催
	11	日韓ゼミナール：日韓旅行

（出典）ベルリン女の会（2014）『ベルリン女の会　30周年記念文集』掲載「女の会─Japanische Laueninitiative Berlin─の発足と歩み」より、本インタビューに関連する項目を抜き出して、小杉が作成した。＊は実施月が不明

表 「ベルリン女の会」の歩み(1981〜2014年)

年	月	事　項
1981		秋　石田玲子さんを中心に国籍法を学ぶ集まりが始まる
1982	3	ベルリン日本人会主催「石田玲子さんを囲む会」
	3	富山妙子展覧会
	4	「国籍と人権を考える会・西ベルリン」発足
	*	日本の国籍法・戸籍法についての署名・キャンペーン運動「国籍法改正についての要望書」2051筆、「出入国管理行政に関する要望書」1645筆
1983	3	国籍法改正について、総領事館で法務省民事局第二課長と会見
	*	勉強会──国籍法改正に関する中間試案・国籍法改正に伴う戸籍法の問題、「主婦論」・女と社会・女と家庭・女性問題、指紋押捺拒否事件・日本の外国人登録法を考える、在日朝鮮人被爆者問題など
1984	*	国籍法・戸籍法総まとめ、ベルリン州内務局と連邦内務省に、経過措置による日本国籍取得がドイツ国籍に及ぼす影響についての質問状提出
	*	ドイツ暮らしのインフォ小冊子『あっ、そう』発刊
	*	勉強会──洗剤、人工妊娠中絶を犯罪と規定する西ドイツ刑法218条
1985	1	日本で改正国籍法・戸籍法施行
	1	新国籍法について話し合う集い
	*	在外公館においての経過措置による国籍取得手続き方法にたいする抗議文と手続き上の改正要望書を法務省に送る
	5	富山妙子来ベルリン。『はじけ鳳仙花』『自由光州』の映画と討論会
	*	勉強会──洗剤について(映画『水と魚と人と』)、小田実さん・玄順恵さんを囲んで
1986	2	韓国女性グループとの合同ゼミナール:キーセン観光
	5	国籍法についての集い
	*	松井やよりさんを囲んで
	*	勉強会──「慰安婦」、戦後の韓国経済・日韓関係、指紋押捺義務
1987	*	国籍法についてのお知らせ「経過規定により日本国籍取得ができるのはあと半年間!」を配布
	*	指紋押捺義務反対の署名を集める
1988	*	キム・ヘイスンさんを囲んで:アジアの女たちの会制作のスライド『ジャパゆきさん』を見る
	11	富山妙子展覧会『海の記憶』
	*	勉強会──戦争と女性、天皇制
1989	*	勉強会──刑法218条の現状および東西ドイツでの違いなど
1990	*	丸木位里・俊のスライド『Hiroshima』購入・ドイツ語訳
	*	土井たか子さんを囲んで
	*	総会で名称を「ベルリン女の会」に変更、会員と会友を設定
	10	ドイツ統一
	*	ベルリン広島橋命名式に参加、詩を朗読
1991	4	チェルノブイリ記念日にヴィルヘルム皇帝記念教会前でスタンディング
	9	国籍法パンフ『日本国籍の取得と維持』完成、無料配布
	*	「アジアの買売春に反対する男達の会」の谷口和憲さんを囲んで
1992	1	10周年記念の集い
	*	韓国女性グループと朝鮮人元従軍「慰安婦」補償請求訴訟を支援するための作業グループを設立
	8	ヴィルヘルム皇帝記念教会前で「原爆・原発反対」「プルトニウム輸送反対」署名運動
	11	ベルリンでの外国人排斥反対デモに参加
1993	*	「慰安婦」についての独語・英語パンフレット完成
	8	日独平和フォーラムと報道写真展「Japan..ausgeblendet」を共催
	9	韓国女性グループと国際会議「人間の尊厳、女性の尊厳──戦争と強姦」を共催
1994	*	1992年から集めた元「慰安婦」補償請求訴訟についての署名1973筆を要望書とともに細川首相(当時)に送付
1995	*	旧ユーゴ諸地域からのムスリム女性避難民たちと交流会
	*	元「慰安婦」補償請求訴訟支援の募金、レターアクション、諸会議・シンポジウムにて韓国女性グループと「女性のためのアジア平和国民基金」と元「慰安婦」にたいする日本の補償問題について報告

【特集　越境と連帯　インタビュー】

河野 尚子 さん

ソーシャルワーカーとして、JFCとその母親たちに寄り添う

――マリガヤハウス・河野尚子の活動経験から

聞き手・解題：小ヶ谷千穂・原めぐみ・大野 聖良

一九八〇年代から日本とフィリピンの間の人の移動を大きく牽引してきたのは、在留資格「興行」を取得して来日した、いわゆる「エンターティナー（芸能人）」の女性たちであった。ピーク時には年間8万人を超える女性たちがフィリピンからエンターティナーとして来日し、実際は接客業（スナック・クラブ等でのホステス業）に従事してきた。いわゆる「単純労働者」は受け入れない、という出入国管理政策上の「建前」を保持するために生み出された「サイド・ドア」での日本への入国および就労はさまざまな中間業者の存在を要請し、そこで搾取が行われていたのだった。

河野尚子さん（2020年2月20日。マリガヤハウス提供）

こうしたなか、二〇〇四年に米国国務省「人身取引報告書」において、日本は「人身取引の温床」であると指摘された。翌年、日本政府はその在留資格の上陸許可基準を厳格化し、その後エンターティナーの来日数は激減することになった。しかし、三〇年にわたる在留資格「興行」という、本来であればダンサーやシンガーといった「芸能人」を受け入れるはずの「サイド・ドア」を通した搾取的かつきわめてジェンダー化された移動は、移住労働を終えて帰国した女性たちに多くの傷を残した。

そのなかで、フィリピン人女性と日本人男性との間に多くのJFC（Japanese Filipino Children. 日比国際児、以下、JFCと略）が生まれた。その大半は国際婚外子であり、父親である日本人男性から一方的に関係を断たれ（遺棄され）、シングルマザーとしての厳しい生活を帰国後に強いられたフィリピン人女性たちも多かった。JFCに関する公的統計は公表されていないが、NGOによるとその数はフィリピン国内でも数万人にのぼるとされている（Nuqui 2008）。

こうした状況が続くなかで、一九九〇年代から一貫してエンターテ

ィナーとＪＦＣについて実践面そして研究面でも発信を続けてきたのが、本稿が対象とするフィリピンそして日本で活動を展開する三つの代表的な「支援組織」であった（小ヶ谷・大野・原 2020）。今回のインタビューの対象である河野尚子さん（以下、河野）が活動していたマリガヤハウスは、その一つである。ここで、マリガヤハウスを含む「支援組織」の概要と、その運動の流れを概観しておこう。

一九九〇年に、いち早くＪＦＣと帰国した母親たちの問題について取り組んだのは、フィリピンを拠点とするBatis Center for Women（以下、Batis）であった。ＪＦＣの背景はもちろん個別には多様であるが、多くの場合、日本人の父親から連絡を絶たれたためにＪＦＣと母親たちが経済的な困難を抱える、ということが発端となることが多い。現在のようなインターネット環境がなく、国際電話も高額だった時代に、不完全な住所や、漢字表記のわからない日本人の父親の氏名だけを手掛かりに、「父親探し」をするのは困難だった。そのためＪＦＣや母親たちは、Batisに協力を求めた。Batisは当時から、後出する「ＪＦＣ弁護団」につながる日本の弁護士や協力者の力を借りながら、そうした父親探しを最初に行った組織であった。

と同時に、個別のケース支援にとどまらず、ＪＦＣのような子どもたちが生まれてくる背景、搾取的な女性の移住労働や、父親から遺棄された子どもたちの存在を広くフィリピン社会、さらには日本社会に対して知らしめる運動の方向性も、Batisが先鞭をつけた。一九九三年にはＪＦＣ弁護団が結成され、一九九四年にはＪＦＣの当事者であるマリコ・ラモスとBatisスタッフが来日して集会が開かれ、そこでジャーナリスト松井やより、およびＪＦＣの権利回復のために法律援助を行うＪＦＣ弁護団によって、ＪＦＣネットワークが設立された。マリコの来日は大々的に日本で報道され、ＪＦＣ問題が日本で広く知られる契機となった（大野 2020: 表1参照）。

その後、フィリピン側ではBatisの当時の事務局長カルメリータ・ヌキが独立し、一九九六年にＤＡＷＮ（Development Action for Women Network）が設立される。ＤＡＷＮは基本的にはBatisの活動（「父親探し」に代表される個別のケース支援、母親と子どもたちへの精神的・経済的支援、フィリピンおよび日本でのアドボカシー活動）を踏襲するかたちで現在まで活動を続けている。そのなかでも、ＤＡＷＮの活動の特徴は、日本からフィリピンに帰国した女性たち（ＪＦＣの母親たち）が「再び海外出稼ぎに戻らなくていいような」経済的自立を支援するために、自立生計プロジェクトを立ち上げるなど、女性たちやＪＦＣたちの組織化やエンパワーメント活動を重視したことである（小ヶ谷ほか 2020; 大野 2020）。

一方、本インタビュー記録の語り手である河野が活動していたマリガヤハウス（〝マリガヤ〟はフィリピン語で「幸せ」を意味する）は、特別非営利活動法人ＪＦＣネットワーク（在東京）のフィリピン事務所として、一九九八年に設立された。ＪＦＣネットワークは、一九九四年に結成された市民団体で、松井やよりとＪＦＣ弁護団によって、日本人の父親への認知や日本国籍取得を求める裁判、来日後のＪＦＣたちの支援、そしてＪＦＣの母親たちのエンパワーメント活動に取り組んできた。ＪＦＣネットワークが設立された経緯について、事務局長の伊藤里枝子は以下のように説明している。

> もともと、ＪＦＣに対する法的支援活動は、フィリピンのＮＧＯワーカーから相談を受けた日本の弁護士が、他の弁護士を集めて「ＪＦＣ弁護団」を結成したことから始まりました。当初は、フィリピンのＮＧＯからケースの資料を送ってもらい、弁護士が父親を探して、認知と養育費を要求し交渉する、というスキームでした。しかし、相手方の父親は日本全国に散在しており、しかも住所も不

明確、弁護士がいちいち会いに行って交渉をしなければならない、という状況で、ほとんど事件処理は進行しませんでした。そのため、一年後に、父親探しを担うＮＧＯを結成し、松井やよりさんを代表に据えました。これが今のＪＦＣネットワークに至る団体です。こうしてＪＦＣネットワークが父親を探し出し、法的な交渉を要する段階では弁護士が関与する、という日本国内での活動の大きな枠組みができました（伊藤里枝子氏からのリプライより。2022.1.17[1]）。

他方で、クライアントがいるフィリピン側については、当初は既存のＮＧＯと提携関係を結び、そこがＪＦＣケースを紹介するかたちで活動が進められていた。しかし、扱うケースの増加に伴い、言語の違いも含め細かな情報のやりとりをスピーディに行う上で、日本人スタッフを置く必要性が高まり、ＪＦＣネットワークのフィリピン事務所としてのマリガヤハウスが設立された。

ＪＦＣネットワークは、二〇〇九年の日本の国籍法改正につながったＪＦＣ母子による国籍確認訴訟において重要な役割を果たした（Suzuki 2010）[2]。ＪＦＣ弁護団が強力にバックアップしてきたことからもわかるように、ＪＦＣネットワークは、認知や日本国籍取得などの「法的支援」を活動の中心に据えてきた。後述のインタビューの中で河野が、「うちはリーガルだから」と発言しているのは、こうしたＪＦＣネットワークの特徴を指している。

河野尚子は、二〇〇四年にマリガヤハウスに事務局長およびソーシャルワーカーとして採用された。フィリピン大学でソーシャルワークを学んだ河野は、フィリピン語にも精通しており、現地でのケースの受理とそのための聞き取り調査などをよりきめ細やかに行い、東京事務所とも円滑なコミュニケーションを取れるようにする、というマリガヤハウスの目的に、最適の人物であった。

ＪＦＣとその母親たちの権利運動は、「父親探し」や認知や国籍取得などの「個別支援」と、フィリピンと日本の両方でＪＦＣと母親たちの存在を訴え、搾取的な移住労働問題、国境を越えたジェンダーと階級の重なり合う不平等な関係、国際児としての子どもの権利などを広く訴えていくという「社会運動」の二重性を持つ。元来越境的な性質を強く持ち、さらにその複雑性ゆえに、これまでなかなか研究の俎上に上がってくることはなかった。

ここでいう複雑性とは、一つはＪＦＣの生まれてくる背景において、常に〝日本人男性をだますフィリピン人女性〟といったステレオタイプが、特に日本では根深く存在してきたことがある。こうしたステレオタイプによらずとも、いわゆる「男女関係」の帰結であるＪＦＣの存在を、「支援する」ことに対する抵抗は、少なからずあった。大野（2020）は、たとえば日本の週刊誌などによる「エコノミック・ベイビー」「日比混血児」といった言説がＪＦＣたちの存在を周縁化することに対抗して、支援組織は「日比国際児」や「Japanese Filipino Children」といった新たな用語を提示し、支援や運動を展開してきたと指摘している。

また、「ＪＦＣの権利を保障するのは誰なのか」という根本的な問いもある。たとえば、これまでＪＦＣの母親たちが在マニラの日本大使館に、日本人の父親の所在を探したいと相談に行くと、「それはプライベートな問題なので、大使館は何もできない」と応答され、マリガヤハウスをはじめとするＮＧＯに相談するように促されてきた。フィリピン政府、日本政府両方に「ＪＦＣの存在」を訴えたとしても、子どもたちに対して「国家」がいったい何をできるのか、はいまだ明確にはなっていない。「ＪＦＣの権利を訴える」といったとき、そのゴールはどこにあるのか、運動にかかわる組織も、常にその問いをつきつけられながら、それでも相談に来るＪＦＣと母親の力になろう、彼ら・彼女らの存在を社会に知らせていこう、と活動を重ねてきた。ＪＦＣネットワークが法的支援を活動の主軸に置いたことは、こうした「複雑性」を突破していくための戦略であったと考えられる。他方で、ＤＡＷＮのように、「海外出稼ぎを選ばなくてもよい」社会を目指して女性たちの経済的エンパワーメントを重視し、また、在留資格「興行」の厳格化のアドボカシーを積極的に行うなど、ＪＦＣが生まれてきた根本的な原因を断とうとするアプローチもあった（大野 2020; DAWN 2005）。

　本インタビューは、こうした複雑な性質を持つ「ＪＦＣの権利運動」に、ソーシャルワーカーとしてまさに現場で直接ＪＦＣと母親たちとファースト・コンタクトする立場に身を投じた河野の語りを、日比間の歴史的に重要な運動の記録として位置づけようとするものである。

　インタビューの聞き手である小ヶ谷、原、大野はそれぞれマリガヤハウスやＪＦＣネットワークの活動を含むＪＦＣの権利運動に、現場で長くかかわってきた立場にもある。その意味で、以下の河野とのやりとりには、研究者とその対象、という関係を越えて、日比双方の社会的文脈に寄り添いながら同じ活動にかかわってきた立場としての関係性が、投影されていると考える。また、インタビューの目的そのものが、ＪＦＣとその母親たちの支援や権利運動に対する河野の考えを聞くことであったゆえに[3]、必ずしも運動全体の流れを体系的に追っているものではないことは付記しておきたい。

　河野は二〇二一年四月にフィリピンにおいて急逝しており（享年45歳）、その意味でも生前の彼女の語りを残しておく意義は大きいと考える。

　インタビューは二〇二〇年五月一七日および二四日にオンライン（Zoom）で実施した。〔　〕は聞き手による補足である。

1　来歴、そしてソーシャルワーカーとしての視点

——一番最初にフィリピンに行ったのはいつですか？

河野　一九九六年です。生まれて初めて海外に出たのがフィリピン。私は東京にも修学旅行以外で行ったことがなくて、大きいところに行ったっていうのがマニラなんです。日本の国以外に人がいる、本当に人がいて、足をつけて歩いてるんだってびっくりした（笑）。長期滞在の始まりは一九九八年の六月からです。一九九八年に、ＵＰ〔University of the Philippines：国立フィリピン大学ディリマン校〕のWomen and Developmentのコースに入りました。

　マリガヤハウスのスタッフになったのは二〇〇四年からなので、もう一六年になりますね。思ったより長くいるな、と。でも、一生もの、一生やっていきたいっていう仕事、ＮＧＯの仕事を一生やっていきたいって、大学三年生のときから思ってたので。なので、このＪＦＣネットワーク、マリガヤハウスで一生やってければなっていう気持ちではいるんですけど。初めはやっぱり日本に帰ろうかどうかっていうのもあったし。でも私もう両親も他界してるし、妹ももう自分で生活してるので、フィリピンにいてもいいのかなって。自由な身ではあるので。

——ソーシャルワーカーとしての尚子さんのスタンスについて、聞かせてもらえますか。

河野　クライアントさん[4]と話をするときって、〔想像上の〕ちっちゃい女の子が第三者的に一人ここにいて、私とクライアントさ

んとその子の三人で話をする感じです。もちろんクライアントさんは感情的だし、話をするときっていろんな話を盛って、こちらの興味をもたせようって頑張ってくれてると思っています。私自身はもちろん、その時点でケースをどうやってやっていくかっていう考えしかないです。

フィリピン人のソーシャルワーカーさんの中には泣く人もいたり、感情移入しちゃったりとかするんですけど、私はそういうとこが全然なくて。だからクライアントさんが、結構すごくディープな話をしてくれて、それをもとに、ケース・プロファイルを作成していくんですけど、次の日には〔詳細は〕忘れちゃってるんですよ。だからクライアントさんからよくクレームが来るのは、「全然覚えてくれてない」「私のこと忘れちゃったの」って（笑）。実は、忘れている、というわけじゃなくて。〔それぞれのケースの事情に〕入れ込んじゃうと、ケースが進められないんですよね。だから次の日には忘れちゃってて。ケースナンバーと名前を言ってくれたらやっと思い出すっていう感じで。それがもう日常なので（笑）意外と冷ややかだったりする。

こういうやり方は最初から意識していました。大学の社会福祉科の出身なので、法則とか分かるので。感情移入しちゃいけないし、うなずきもある程度までで、頭の中ではしっかりと分析をするようにって学んで。それはするんですけど。でもやっぱり初めは痛い思いしましたよ。

——たとえば。

河野　初めてのケースではなかったんですけど、二〇〇五年のケースで〔日本人の〕お父さんが亡くなってたことが分かって。それを私が彼女〔ＪＦＣ〕の家まで伝えに行くっていうケースだったんですけど。少し感情が入っちゃって、かわいそうだなっていう気持ちが出ちゃって。基本的に私、ケースに対して「かわいそう」という気持ちは持たないようにしていて。「かわいそう」って思うなら行動で支援しろ、っていうようなことを大学の先生からずっと言われてきてて、そういう気持ちは持たない、持たないって思ってたんですけど、ついつい気が緩んでしまい……。

彼女収入がまったく無くなってしまって家も売りに出さないといけない状況になってしまったので、私、彼女に、「〔マリガヤハウスの〕オフィスでお掃除してください、掃除してくれたらお給料としてちょっと出せるよ」ってことを言ったんですね。そしたらそのあと、彼女にお金盗まれちゃったんです（笑）。典型的でしょ？　やっぱりクライアントとの間に引いているボーダーラインを踏み込んでしまうと、うまくできないです。

——最近では、ＪＦC自身が直接相談に来ることもありますよね。

河野　お母さんがクライアントさんのときって、やっぱりWomen and Development の授業である程度学んだので、そういったところのエッセンスってあると思うんですよ。オーガナイジングだったりとか、かかわっていくプロセスで、やはりお母さんたちとは距離縮めていけるんですけど、子どもたちはなかなか……。

一番に気を付けてるのは、やはり子どもたちの視点に、なるべく近づけるようにすることですね。基本的にいつも周りの人にも言うんですけど、その abandon〔遺棄〕された子どもたちの気持ち。お母さんたちにはっきりと私言うんですけど、私はabandonされたことがないんですよね。生まれたときからずっと父親と母親がいて、家もあって、おじいちゃんおばあちゃんもいて。大学卒業してこちらに来るまで、abandonment〔捨てられる〕という経験をしたことが一切ないので。なので基本的には子どもたちの気持ちを１００％分かってあげる、分かるっていうことは、私自身できないんですけど、でもそこは、ソーシャルワークというプロフェッショナルな部分で補わなきゃいけない部分なので。だから１００％子どもたちと同じ目線に下りていくというのは一切できないんだろうけど、ある程度下りていって、子どもたちに味方だっていうことを分かってもらうようにするようにはしていて。

ＪＦＣの20歳を超えた子どもたちって、お母さんには言えないことってたくさんあって。お父さんに関することはお母さんにはなかなか聞けなくて、ずっと心の中にしまっておいたりとか。心の中にしまいきれなくてお母さんとぶつかっちゃってたりとかするんですけど。そこを理解してる、っていうことは、20歳以上の人たちには伝えてはいて。でも本当にケースバイケースで手探りではありますね。

――フィリピンでＮＧＯワーカーというと、活動家であって、常に政府に対して怒って、というところがありますよね。

河野　私は、心の中では思ってるけど、あえては出さない、「そこまで揉めんでもいいやん」っていう気持ちの方が強い（笑）。ほかのＮＧＯのリーダーとかにも、いやもうそこはちょっとミーティングして話し合いして出てかなきゃって。もうめんど〔くさ〕いなって思う（笑）。彼女たちの気持ちは分かるけど。本当に気持ちは分かるし、そういう精神を持ってこそＮＧＯで活動するには必要かな、とは思います。でも、私はすごく、揉めるのが嫌なんです。

2　ＪＦＣやその母親たちとの具体的な関係性

――ＮＧＯワーカーとしての根源のところにすごい怒りがあるのかなって思うんですけど。尚子さんにとってのモチベーションってどういうところから、しかも特にこのＪＦＣのイシューに関しては、どんなところにあるのでしょう。

河野　あんまり考えたことなくて、私はただソーシャルワークをやろうと思って（笑）。なんだろう、あんまり勉強しなかったので、私。ただその、モチベーションというのは、でもやっぱり、ＪＦＣの権利に関してですね。権利を失っている、剝奪されている子どもたち。大学のときに、周りを見渡して、何かが欠けて苦しんでいるところに対して、どういうふうに、そういったところに介入していくのは、といった話が当たり前にされていて。だからＪＦＣが権利を失ったりとか、父親から遺棄されたことに関して疑問をもってて。そこに対してソーシャルワーカーとしてどういうふうに介入していくべきかって、そういう考えがあるから、なんだろう、怒りとかではなく、そこに、なんだろう、彼らの生きているなかの疑問の部分がまだ解決されていないから、一緒に解決していきたいっていう。すごくシンプルなんですけど。

でも、ワーカーとしては彼らがクエスチョンを持って、もちろんクエスチョンを持たずに、苦だと思わなくて生きている子もいるかもしれないんだけど、でもマリガヤハウスに来てる子どもたちっていうのは、やっぱり苦っていうか、お父さんがいなくて苦しかったっていう部分とか、「なんで日本人の血が流れているのに〔自分は〕日本人じゃないのか」っていう疑問を持っている子たちがほとんどで。そういった子たちが相談に来るので。そういったところに私も一緒に解決していきたいって思うんだけど、でもそれでも、なかには、別に苦とは思わないし、「僕は、私はそれでいいよ」「日本国籍だって別になくてもいいし」って子もなかにはいるから、そういった子たちに対してはそれほど積極的には介入しないんですよ。

——JFCのお母さんたちについては、どんな風にかかわっていますか。

河野　私がマリガヤハウスにかかわりだした頃のお母さんは、やっぱりこっそり日本に行っちゃったりとか。こっそりというか、お母さんたちのグループ内では分かってるんだけど、私には全然言わなかったりとか。その人身取引的な部分にかかわってたりとかして。

その件については、一回すごい真剣なミーティングをもって。Human traffickingとはどういうことか。それはローズさん(5)がちゃんとセミナーでやってくれていて。日本に行くのであれば、ちゃんと正規のやり方で行って、でも日本に行くためにどういったプランを持たないといけない、とか。マリガヤハウスとJFCネットワークは良好な関係を持って、いざ東京、日本に行ったときに、何か頼れるものを持っとかなきゃいけないっていうのを、今のお母さんたちは分かっていて。

だから基本的に、私とかお母さんたち、いい年齢の人たちなので、50歳過ぎとか。比較的20代とか30代で、日本にちゃきちゃきで行きたいっていう人たちは、あんまりグループ〔マリガヤハウス内の女性組織・ティンカバ。4節で後出〕に入れないようにしてて。グループでやってるアクティヴィティがあれば、お誘いするんだけども、コアメンバーで活動してくれてる人たちは年配でベテランさんたちなので、あんまり日本に行きたいって言わないんだけど子どもたちがもう20歳過ぎてたりとか、大学に行くにはちょっと難しいから日本に行こうっていうお母さんたちいるんだけど、そこはミーティングのなかで、自分たちは日本には行けないけれども、子どもたちが日本に行った場合にどういうサポートができるかとか、自分たちはやっぱりモラルサポーターとしての立場をしっかりしないといけないって、話し合いをしなきゃいけない、とミーティングでは話してるので。そこはそんなに揉めごとにはならない。

あんまり私は口を出さないとか、アドバイザー的な立場って言ってるんだけど、だいたい、でもミーティングではよく口を出していて（笑）。隠し事はやめようっていうのをすごく言ってて。だからお母さんで隠し事している人はいるんだけれども、他のお母さんが密告してくれたりとか（笑）。あんまりこちらが指導的な立場にいるような関係になりたくないんだけど、でもやっぱり人身取引とか、契約違反とかやるグループにしたくないし。そこのマネジメントの部分はかかわっていかなくちゃなって思っていて。

マリガヤハウスに来たから、じゃあ仲間に入ろうねって、はいはい、っていうわけじゃなくて。やっぱりそれなりに、ローズさんがやったようなセミナーにきちんと参加したりとか、ちゃんと意志がある、グループメンバーとして意志が高い人じゃないと、協調性がないと難しい。〔そういう人たちでないと〕今いるお母さんたちも嫌がるし。変な発言、場違いな発言しちゃうと、いや彼女ちょっとグループではやっていけないんじゃないっていう意見が出たりとかするんですよ。

――JFCに対して奨学金(6)を出していますよね。

河野　JFC向けの奨学金はティンカバのミーティングのときに、一緒に受け取りに来てもらってます。経済的に奨学生になれるっていう条件があえば、なれますが、全員が全員ティンカバのメンバーの子どもたちではなくて。一緒にミーティングをやっている理由としては、ティンエイジャーの子どもたちで、学校でいろいろあったり、お母さんたちとの間でいろいろあったりして、お母さんたちだけではマネジメントできないというか、難しかったりするので。反抗期で。なのでティンカバのお母さんたちが、第二の母じゃないですけど、「うちの子もそうなのよね」とか言って、奨学金をもらってるお母さんの相談相手になったりとか。子どもが反抗期なので、でもお母さんたちが一生懸命働いて育ててくれてるよね、っていう子どもに対しても、モラル・サポート的な部分をやってもらえるので、一緒にしてるんです。私たちを〝ティタ tita〟〔タガログ語で〝おばさん〟。親しい年長の女性の意〕だと思って、とか言ってますけど。ティンカバのお母さんたちも自分たちが通った道なので、理解できる、共感できる部分が多いみたい。

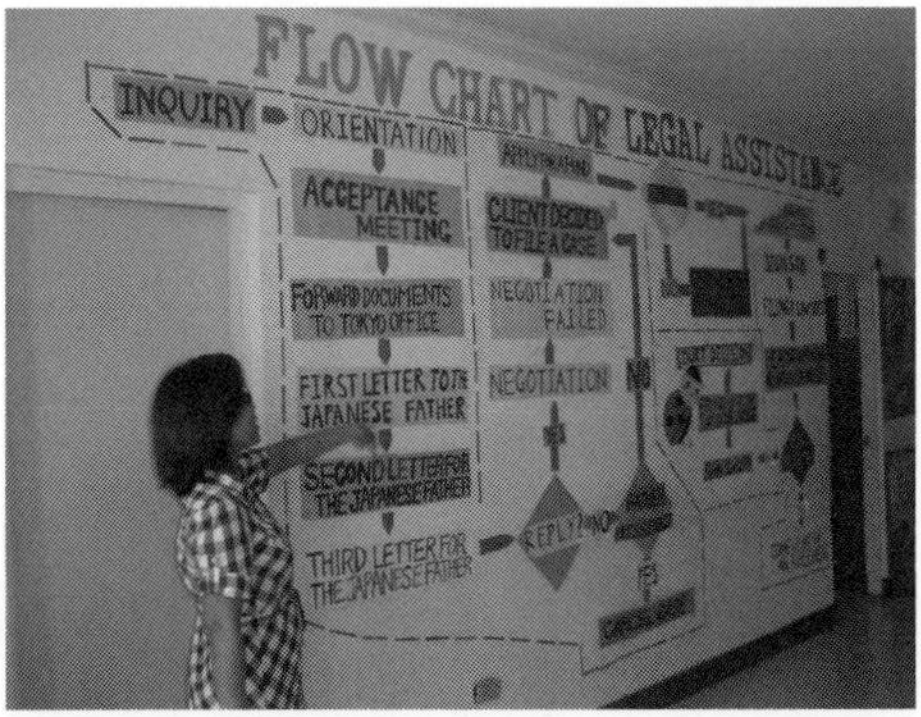

マリガヤハウスのスタッフによるオリエンテーション
（2012年5月。マリガヤハウス提供）

――最近のJFCのケースの特徴はいかがですか。

河野　最近は、20歳過ぎたJFCからの相談が多くて。お母さんが協力してくれないからって。お母さんとしては、もう昔の話で、いまさらほじくり返してくれるなっていうのがあるんですけど。もう25、6歳だったり、30歳くらいの子たちが、父親を探したいとか。日本にも行きたいんだろうし。Facebookだったり、ネット環境だったり、フィリピンって情報がネットの中ですごく共有されているから。そういった情報を得て、20歳以上、ユースの子たちが多くなってきました。でも、問題としてはユースの子たちって、日弁連からの法律扶助(7)を、フィリピンにいては受けられないんですよね(8)。日本に行って、日本で、日弁連扶助を申請しなきゃいけないくて。日弁連扶助を受けるために日本に行く、というのが高い壁になってしまってて。だからほんとにたくさん相談は来てて。

JFCユースのためのオリエンテーションっていうのを2ヵ月に1回やってます。そこに相談にきて、オリエンテーションに来てくれる子たちも、1回に5～6人はいるんだけれども、去年実際に20

歳以上のユースのケースとして受け付けたのは1件しかない。その子はちゃんともう仕事があって、自分で観光ビザをとってくれて。一週間くらい、長野の弁護士さんなんだけど、長野まで自分でも行けて。やっぱり仕事が安定してて経済力がちょっとあって、っていうユースしか今は支援がしにくいですね。

ＪＦＣの未成年の子たちの支援、っていうのは〔進め方が〕安定してるじゃないですか。ステップが決まって、マニュアル的なものがあるんですけど。ユースはちょっと。来日が入るので。日弁連には、来日しないといけないとか、フィリピンにいるから出せない、20歳以上の子には出せないっていう条件をマニュアルに載せてくれって言われるんですけど、難しいですね。

3 東京とマニラの間でケースをマネジメントする

――マリガヤハウスは、ＪＦＣネットのフィリピン事務所っていう位置づけですが。

河野 そうですね、基本、でも、お金出してもらってるので、そういう立場〔フィリピン事務所〕っていうか、そういうやりとりにはなるんですけど。基本的にはマリガヤハウスはフィリピンで独立した法人になってるんです。なので、〔東京事務所とは〕対等に話せる立場ではあるんですけど、やっぱり経済的な部分で頼ってるから、フィリピン側の理事の発言力が、すごく弱いんです。そのあたりはずっと変わらないですね。私が入った二〇〇四年にはもう、オーロラさん(9)がフィリピン側の理事にいらっしゃって。で、もうオーロラさんの考えも、〔マリガヤハウスはＪＦＣネットワークの〕ブランチ、っていうような立場での考えなので、いつもオーロラさんも、東京オフィスの意見を聞いてくれとか、なんかやるんだったらお金は東京から出るんでしょ、とか言ってくる（笑）。ま、しょうがないのかなという感じ。なんだろう、私は中間管理職みたいな感じじゃないですか。

私はフィリピン側の気持ちもよく分かるし。というか、フィリピン側の気持ちの方がよく分かる。月10万円東京オフィスから送っていただいてるんですけど、月々どこにいくらかかったか、〔支出で〕１０００ペソちょっと値上がりしてるのはなぜか、とか、すごくクエスチョンされたりとか。細かいところなんですけど（笑）そこはすごく管理をされていて。東京としては、そのお金の管理のために日本人を置いてるっていう考えもあるので。「フィリピン人をお金にかかわらせる」ということにネガティブなイメージを東京は持っていて。だから基本的に私、ソーシャルワークをしたくて入ってるんですけど、立場的にはケースマネジメントではなく、もっと事務をしっかりしてほしいというような考えを、たぶん東京側は持っていると思います。

私が入ったときに、マリガヤハウスにはマニュアルっていうのがほとんどなくて。なので、私とインターンで来てくれた北海道大学の学生さんと一緒に、ソーシャルワークのマニュアルをつくったんですよ。だからもう本当に意地でも私はソーシャルワークの部分を離さないっていうのがありますね。でも東京から言われることはやらなきゃいけないのでやっているっていう感じで。今は週に2回フィリピン人スタッフに、経理事務をお願いしています。やっと東京も理解してくれたというか。

——具体的には、東京事務所とどんな風に協同でケースを進めていくんですか。

河野　ケースマネジメントのプロセスがあって、正式にケースを受付して、書類もちゃんと出してもらって、裁判、ほとんどが裁判になるので、その準備。その裁判のための書類がそろわないとケースとしては、受付が難しいんですけど。でも里枝子さん〔JFCネットワーク事務局〕は、住民票が来てるから父親くらいは探せるから、言ってみてっていうんですけど。そこが難しいんですよ。JFCってお父さん探しだけが目的じゃないので。特に20歳以上の子たちっていうのは。だから、お父さん見つかった、よかった、じゃ終わらないんですよね、JFCネットワークのケースっていうのは。そこで住民票持ってるからお父さん探せるかもよって、「かもよ」でケースを進めてしまうと、〔JFCからの〕期待が大きすぎるんですよ。住民票があるけど、でもお父さん借金で逃げてて、住民票は移動させずに引っ越してたりしたら、じゃあお父さん見つかんなかったらごめんなさいね、でフィリピン側では終わらないので。そこがいつも私、ケースマネジメントで東京とちょっとジレンマがあるんですけど。

ケース、マニュアルがあるので、それに沿って裁判まで行って、弁護士さんと一緒にやっていかなきゃいけないんです。弁護士さんとやるまでの準備期間は、マリガヤハウスに責任があるし、クライアントさんや子どもたちへの期待を持たせすぎない、という風に。期待を持つじゃないですか、みんな、やっぱり。日本人や日本の団体に相談しているし。日本だったら絶対大丈夫、っていう変な気持ちもあるので。だから本当に。でも東京としてはできるものがあれば、やってあげたいっていう。でも私としては、「やってあげたい」じゃなくて、「一緒にやりましょう」、なので。「一緒にやるためにはあなたもこの部分は一緒に協力してください」って。私たちもこの部分は責任を持ってやりますよっていう。お互いにやらないと、一緒にやっていかないと、関係性が崩れちゃう。ケースもうまくいかないと思うんですよ。そこがいつも東京とのジレンマなんですけど。

——お母さんたちの組織化をマリガヤハウスが始めたことについて、東京側の意見はどうですか。

河野　うち、リーガル〔法的支援〕専門なんで（笑）。東京から見ると、女性たちの組織化に大きいお金を出すのはクエスチョンなので。われわれの仕事はリーガルなので、リーガルのマネジメントを基本的にはやってもらわないと困るって。以前から私も言われていて。Women' organizing っていうのは、UPで学んだし、それがないと女性をエンパワーメント、お母さんたちをエンパワーメントしないと、リーガル、精神的にもボロボロになるようなリーガルなプロセスにも、協力してもらったり、一緒にやっていこうっていうそういった意識を持つことができないので。私としては、そういったオーガナイジングして、エンパワーして一緒に歩んでいくというところは欠かせないと思っていて。毎月２０００ペソくらいの予算でやってるんですけど（笑）。食事だけは出すって。

4　活動の将来、女性たちの組織化

――マリガヤハウスでの女性たちの組織化について、教えてくださ い。

河野　組織名は、ティンカバ（Tinkaba）、Tinig at Karapatan ng Kababaihan「女性の権利を叫べ」っていう意味です。ティンカバは、Batisのスタッフのローズさんが、大学院の論文でフィールドワークをするので、それでマリガヤハウスにも女性グループを作るのもいいんじゃないかというアイデアを出していて、それで始まったんですよ。ローズさんがお母さんたちを集めて、マリガヤハウスでフィールドワークをしてくれて、それで彼女がお母さんたちを集めて、セミナー、女性の権利だったりとか、ドメスティック・バイオレンスって何だろうっていう、そういったセミナーをしてくれて、そこに集まったお母さんたちが、今のティンカバっていうグループの人たちなんですけど。

そのメンバー選びっていうのは、私が中心にしたんですけど。やっぱりケースが落ち着いていたりとか、あとはお母さんの性格的に、ハーモニーが理解できる人とか（笑）。やっぱりクライアントさんの中には、自分が上に立ちたいっていう人もいるので。リーダーシップ。それがリーダーではなくて、ハーモニーがちゃんと理解できて、周りと一緒に、協調性がある人たちを選んだのが今のメンバーなんですけど。でもなかにはミーティングに出てたらケースに進めるのが早いから、っていう利益重視で来てる人もいたんですけど、そういった人はもう〔活動から〕出ちゃってていない。

今は、メンバーは15人です。だいたい15人くらいで。もう自分たちのチャット・グループを作ってて。情報共有っていうのは、ティンカバ・チャットグループの中でみんながやってくれていて。なので私は、基本的にアドバイザー的な立場で。彼女たちの活動には口は出さないということにはなってるんですけど。でも彼女たちは「尚子さんに言ってもらわないと困ります」っていうこともあって。月に1回ミーティングをやってるんですけど、そのミーティングで毎月リーダーを変えてるんです。みんながリーダー、みんながコアメンバーなので。一人のリーダーにしちゃうと、ちょっと周りもついていかないお母さんたちもなかにはいるので。メンバーはみんなで責任を共有するというので、毎月変えていて。くじ引き。くじ引きで平等にっていう。なので、リーダーさんも、その月にリーダーさんになったら、その月のミーティングのメンバーリスト作りと、どういったアクティヴィティ、どういったタイトルのミーティングをするのか、ちゃんとオフィス側と相談して、決めてくれてます。NHK[10]でも、20周年記念[11]のときにも、一人一人自己紹介してくれたんですけど、20周年のプロジェクトを終わらせた後にもすごく自信がついたし。おかげさまで、本当に。お母さんたちの自信というかエンパワーメントが。すごく影響があったなと思っています。だからみんな、自分から発言するんですよ。

Batis AWARE[12]にも彼女たちの経験や、グループを長く続けていく秘訣について聞きに行ったりとかしていますね。彼女たちのグループは、すごく長いじゃないですか。たりもしています。Batis AWAREが、関西学院大学とアクセサリー作りの自立生計プロジェクトをやってるんですけど、そこにティンカバのメンバーのお母さんたち、今仕事もなく、子どもがもう大きいので、ちょっと経済的にも余裕があって、時間的にも余裕があるお母さんたちが参加してやってくれてます。そこでアクティヴィティやったら、必ず次のミーティングでは共有して、「一緒にやらないか」とか「一緒にやりましょう」って誘ってくれたりしてますけど。だからお母さんたちにとっていいグループ。

　もちろん私としてもすごく助かってるんですけど、でもお母さんたち同士のお互いのエンパワーリングができてるのかな。でもね、やっぱり、リーダーシップ・トレーニングだったりとか、プロジェクト・マネジメント的なトレーニングは一切できていないので、まだ仲良しグループっていうような感じではあります。まだまだ。本当にBatis AWAREみたいに、トレーニングを受けたりセミナーを受けたりしてほしい。

――ティンカバの女性たちの存在は、マリガヤハウスにとってどんな意味を持っていますか。

河野　やっぱティンカバのお母さんたちは結構ケース自体も終わっていて、子育ても一段落しているので、すごく理解がありますね。この前のミーティングのときも感動した。NHKが取材に来たときに自己紹介でする話をしてもらったんですけど、お母さんたちがマリガヤハウスとティンカバのグループはセカンドファミリーみたいに感じてるって。ガイさん〔マリガヤハウスのフィリピン人スタッフ〕と私、感動してしまって（笑）。私たちは何も求めてないけど、何かがあれば協力したいって言ってくれてるお母さんたちなの。利益っていうものを求めない関係。でも全然トレーニングだったりとか、リーダーシップ性っていうのはまだないです。これからの課題なんです。

　個人的には、〔お母さんたちが〕いてくれて、すごく助かる存在にはなってます。それまでは私、仕事上余裕がなくて、初めてやってくるクライアントさんてやっぱりピリピリしてるし、どうやって接していいのかわかんないときってあるんですね。お母さんたちってやはり経済的な部分を求めてマリガヤに来ることが多い。マリガヤハウスとしてはリーガル・サポートによって、子どもたちやお母さんの権利回復っていうことを意識しているので、求めてる部分がなかなか理解してもらえないんですけど、その部分をティンカバのお母さんたちが、補ってくれる。そういうミーティングとかイベント的なことを通して、新しいお母さんたちも、私たちのミッションを理解してくれるので。日本人の私がそこに介入するんじゃなくて、フィリピン人のお母さんたちが、新しいお母さんたちの間に入ってくれることで、なんだろ、理解度がもっと増えるし、効果があるかなって思ってるんですけど。その部分では私はすごい楽になった。

　何人かのお母さんたちは連れ子がいて、その子どもたちは、やっぱり、ぐれることが多いんですよね。自分のお父さんフィリピン人だけど、そのお父さんはいないし、お母さんは日本人の男性と子ども作って、そっち側にばっかりで集中して、自分のこと全然気にかけてくれないっていう子どもたちがいて。そういったところの悩みもお母さんたちのグループ内でシェアしてて。いろいろ励まし合ってはいるみたい。

5　活動における次世代育成

――次世代の育成について、何か考えていることはありますか？

河野　今後いろんなパターンのＪＦＣのケースって出てくるし。法律の問題って複雑だし、みんな助けを求める場所を探すだろうし。だから私たちの世代で終わらせる、終わらせてはいけない、という風には、私は思ってるんですけど。でも現実問題として、次の世代を育成するためのお金、雇うお金がないんだと思うんですよね。

でも次を育成する、次にバトンタッチできるような機会っていうのは設けなきゃいけないのかなって。私としては死ぬまでやりたいと思っていて。だから、将来的にはこちらでずっと生活して、こちらでマリガヤハウスを継続するためにずっとかかわっていきたいと思ってて。でも東京側がどう思ってるのかは、ちょっと〔わかりません〕。60歳とか65歳になったらやめちゃうっていうかもしれないし。でも東京がやめちゃったら、マリガヤハウスはどうするんだろうって。今、法律のことって里枝子さんに、たぶん弁護士さんに聞くより里枝子さんに聞く方がすごくクリアなんですよ。だから里枝子さんの豊富な知識をもって、いなくならないでほしい。

――具体的には、どんな人がいいんでしょうね。

河野　私としては、今やってる仕事が自分のミッション、人生のミッションだと思える人がいいかなって。たぶん里枝子さんも、今の活動が自分の人生のミッションだと思ってるから、二〇年以上もやってるんだろうし。私もそうだと思ってやっているし。だから長く継続してくれるには、そのコミットメントが、コミットメントというよりやはりミッション、自分の人生のミッションというところまで理解していただける方の方がいいのかなと思って。

ＪＦＣネットワークって、みんなすごく家族っていう雰囲気があるじゃないですか。スタッフ内とか理事もそうだし。その中に入っていくのって、まあまあ〔難しい〕。私がそう感じて、たまに弁護士さんもそう感じられる方もいるみたいで。その初めの、扉を、耐えられる方（笑）。あんまり私としては、本当にそこまで注文はつけないですけど。十分注文つけてますけど（笑）。フレキシブルで、もちろんフィリピンのことについてもよく分かってるし、そんな感じの。

付記

この場を借りて、河野尚子さんのご冥福をお祈りいたします。なお、記録の作成にあたっては、大野恵理さん（現・獨協大学）のご協力を得ました。

注

（1）本稿の事実確認のために、ＪＦＣネットワークの事務局長である伊藤里枝子氏には事前に目を通してもらっており、引用文はリプライとして伊藤氏からいただいたコメントの一部である。

（2）二〇〇五年、９人のＪＦＣとそのフィリピン人の母親たちが日本国籍の確認を求めた訴訟。９人のＪＦＣは国際婚外子で、出生後に父親から認知を受けていたが、当時の国籍法では両親が婚姻していない場合、子の出生前の父親の認知が必要とされていたため、日本国籍を取得できなかった。二〇〇六年に東京地方裁判所は当時の国籍法と憲法違反として、原告のＪＦＣの日本国籍取得を認めた。

（3）筆者らは、河野をはじめとする「支援者」たちの存在が、ＪＦＣとその母親たちの日比を横断する権利獲得運動においてきわめて重要な位置を占めていると考える。同時に、この運動自体が、個々の支援者の人生においてどのような影響をもたらしてきたのかに着目して研究を進めている。科研費基盤Ｂ「移住者支援の国際社会学――日比の支援者のライフストーリー分析から」（研究代表者：小ヶ谷千穂、研究分担者：原めぐみ・大野聖良、2020-22）。

（4）ここでは、マリガヤハウスで支援するＪＦＣの母親や、ＪＦＣ自身のことを指している。

（5）ローズさんは、Batis Center for Women のフィリピン人ソーシャルワーカー。マリガヤハウスとは、カウンセリングなどで業務提携をしている。

（6）ＪＦＣネットワークは、ＪＦＣのための奨学金制度を持っている。実際の奨学金の受け渡しは、マリガヤハウスを通じて行われてきた。

（7）調停や裁判などの法的処理が必要な場合、日本司法支援センターの援助制度や、日本弁護士連合会（日弁連）の「外国人に対する法律援助制度」を利用して法的支援が行われている。ここでは後者を指し、この制度では、養育費請求や差押え請求、20歳以上の認知請求など扶助が認められないという制約がある（ＪＦＣネットワーク二〇二〇年度活動報告 http://www.jfcnet.org/wp/wp-content/uploads/2021/03/2020report.pdf 参照）。

（8）現在は日弁連との協議を重ね、成人認知請求ケースも扶助が許可されるようになってきている。

（9）オーロラさんは、Aurora Javate DeDios. ミリアムカレッジ教授でマリガヤハウスの理事。前 NCRFW（フィリピン女性の役割委員会委員長）。

（10）ＮＨＫ「お父さんに会いたい～〝じゃぱゆきさん〟の子どもたち～」（2020. 5. 26 放送）の取材。

（11）二〇一八年八月に、マリガヤハウス設立20周年記念会とＪＦＣユースによるパネルディスカッション “Voice-out Japanese Filipino Children Youth in the Philippines and in Japan” がフィリピン・ケソン市で開催された。

（12）Batis AWARE は、Batis Center for Women が一九九六年に組織した、ＪＦＣの母親たちのグループ。

解題

マリガヤハウスの日本人スタッフとして活動を続けて来た河野の語りからは、重要な示唆が二点あげられる。一つが、マリガヤハウスを運営してきた河野は、フィリピン社会に根ざした女性のエンパワーメントや、クライアントとの「協同」の姿勢を重んじているが、これは、「日本社会の責任問題」として法的解決を重視するＪＦＣネットワークの立場とは必ずしも常には一致していなかった、という点である。

彼女は、一九九〇年代に日本の大学で社会福祉を、フィリピン大学大学院で社会福祉と Women & Development（女性と開発）を学んだ。ソーシャルワークのプロフェッショナルとして、相談に来るＪＦＣ母子に寄り添いながらも、一方的な「支援―被支援」の関係ではなく、「ともに問題を解決していく」ための方向づけを行っていくことに、河野が強い信念をもって取り組んでいたことは、インタビューからもわかるだろう。そこには、法的支援を主軸とするＪＦＣネットワークの活動の土台には、マリガヤハウスにおけるソーシャルワークがあるのだ、とする河野のソーシャルワーカーとしての矜持を見ることができる。もちろん、JFCネットワーク東京事務所としては、人的資源も経済的な支援も限られているなかで、主軸となる「法的支援業務」に対して限られた資源を投入しなければならないのは必然であった。そうした東京事務所の方針を理解しながらも、JFCや母親たちに、相談開始時から、場合によってはケースが不成立になる場合まで寄り添わなければならない立場にあった河野の語る言葉は、明るいなかにも重みをもって響いてくる。

二つめは、河野自身がこの運動について持っていた当初の想いや今後への展望から見えてくる、時代によってJFCと母親たちを取り巻く問題群の変化である。河野は、JFCが成長していることや、母親たちが中年期に差し掛かり、クライアントのニーズが変化していることにもいち早く気づき、ソーシャルワーカーとしてどう対応すべきかを常に考えてきた。たとえばJFCが子ども期から思春期にある間は、「日本人の父親はどこにいるのか」「JFCとされる自分自身をどう考えればよいのか」というアイデンティティの問題や、加えて母親たちにとっては深刻な経済的問題がある。その後、日本国籍取得による日本での就労機会の獲得が現実的になったときには、子ども期とは異なったかたちでマリガヤハウスをJFC自身が訪ねる機会も増えていった。河野が述べているように、クライアントとなったJFC母子の中には、経済的な事情のために日本への移住・就労を希望する者も少なくない。違法な仲介業者を経て来日し、工場や介護施設などの就労先で搾取されるケースが後を絶たない（原 2018）。

JFCネットワークやマリガヤハウスなど支援組織は、クライアントが人身取引などの被害に遭うのを未然に防ぐために、日本への（再）移住を奨励してはいない。しかし、河野の発言からは、日本への移住を選んだJFCやその母親たちの決断を最終的には尊重し、法的支援という本来の支援活動を越えて、彼ら彼女らを陰ながらサポートしようとする姿勢が、マリガヤハウス、とりわけティンカバという女性組織内で培われていることがわかる。そして、河野自身がそう語っていたように、ティンカバの女性たちの存在は、河野自身にとっても大きな支えとなっていた。日本とフィリピン双方の社会・文化・政治的文脈を熟知し、またソーシャルワーカーとしてのプロフェッショナリズムに裏打ちされた河野の活動へのコミットメントのあり方は、現場のソーシャルワーカーだからこそのスタンスであると同時に、こうした地道な日常の活動こそが、三〇年にわたるJFC運動を支えてきたことを示しているように思える。

「父親探し」や、認知や国籍取得などの法的支援を含む「個別支援」、あるいはJFCが生まれてくる背景にある搾取的移住労働を根絶しようとする取り組み、国家のはざまに生まれた子どもたちの権利保障を越境的にどう実現していくかをめぐるゴールの見えにくい運動、といったさまざまな特質を併せ持ったJFCの支援運動において、河野の語りが示唆していたのは、「クライアント」とされてきた子どもや女性たちと、河野を含む「支援者」との、新しい「連帯」の萌芽だったとも言えるだろう。

また、もう一つ河野が果たしてきた、そして今後さらに果たすはずだったであろう役割がある。それは、フィリピンでJFC問題に長年かかわってきた3団体（Batis Center for Women, DAWN、マリガヤハウス）を結びつける役割である。今回のインタビュー記録には反映させることができなかったが、JFCの権利運動という共通の目的を持ちながらも、3団体は微妙な緊張関係を持ち続けてきた（そもそも、JFCネットワークがマリガヤハウスをフィリピンに作った経緯にも、既存の団体間のトラブルが関係していた）。マリガヤハウスのスタッフでありながら、他の2団体とも良好な関係を構築し、JFCをめぐる課題が変化していくなかで3団体が今後さらに連携していくことの意義を、河野はとりわけ感じていた。ここ数年は、協働で事業を行うなど3団体同士の交流も増え、新たな展開の兆しが見えていた矢先でもあった。いわば、河野は「支援者─被支援者」という関係性を乗り越えるような連帯と、目的を同じくする団体同士の新たな連帯とを、同時に実現しようとしていたのだ。

　河野を失ったマリガヤハウスでは、その遺志を引き継ぐ現地のソーシャルワーカーが活動を再開しはじめている。今後来日する者、フィリピンで生活を続けていく者、それぞれのＪＦＣ自身が親となるケースも増え、ＪＦＣを取り巻く課題と支援活動はさらに新たなステージを迎えていくことになるだろう。そこには、河野が目指していた新しい「連帯」のかたちが、きっと実現していくだろう。

引用・参照資料

特定非営利活動法人ＪＦＣネットワーク（年間活動報告など）http://www.jfcnet.org/

参考文献

大野聖良（2020）「資料報告　日比ＮＧＯによる移住女性とＪＦＣ支援の歴史とその意義に関する一考察──ＤＡＷＮとＪＦＣネットワークの機関誌を中心に」『国際ジェンダー学会誌』18: 125-45.

小ヶ谷千穂・大野聖良・原めぐみ（2020）「日比間の人の移動における支援組織の役割──移住女性とＪＦＣの経験に着目して」『フェリス女学院大学文学部紀要』55: 27-55.

ＤＡＷＮ編、DAWN-Japan 訳（2005）『フィリピン女性エンターテイナーの夢と現実──マニラ、そして東京に生きる』明石書店

原めぐみ（2018）「親密性の労働を担う「ＪＦＣ」」安里和晃編『国際移動と親密圏──ケア・結婚・セックス』京都大学学術出版会

レイ・ベントゥーラほか編（2020）『父の国・母の国をめぐる旅～伝えたいジャパニーズ・フィリピーノの物語』ＪＦＣネットワーク発行

Nuqui, G. C. (2008) "International Migration, Citizenship, Identities and Cultures: Japanese-Filipino Children (JFC) in the Philippines." *Gender, Technology and Development*, 12(3): 483-507.

Suzuki, Nobue (2010) "Outlawed Children: Japanese Filipino Children, Legal Defiance, and Ambivalent Citizenships." *Pacific Affairs*, 83(1): 31-50.

年		おもな活動・出来事
2009	MH	IOM（国際移住機関）主催「JFCとその母親たちを支援するための日本・フィリピン間支援ネットワーク構築プロジェクト」に参加し，フィリピン国内でJFC現地調査（フィリピン・ダバオ，セブ）実施
	MH	IOMによる上記プロジェクトのJFC東京会議にMaligaya House, Batis, DAWNのJFC代表が参加し，在比JFCの団体「United Japanese-Filipino Children：JFC連合」結成
	MH	Maligaya House, Batis, DAWNのJFCが集まり，JFC会議開催
	MH	フィリピン協同組合連合，DAWN, MaligayaHouseによるJFC母子自立支援プロジェクト資金集めディナーパーティー "Move on, Women: You Can! A Dinner for a Cause"（フィリピン・パサイ）開催
2010	MH	JFC国籍確認訴訟提起（国籍法12条による婚内子の国籍喪失），国籍確認訴訟参加者へのワークショップ実施
	MH	IOM主催「JFCとその母親たちを支援するための日本・フィリピン間支援ネットワーク構築プロジェクト」セブ・ミンダナオ・ビサヤ地域最終報告会実施
2011	MH	JFCによるJust Givingチャレンジ「2012年日本語検定4級合格で死後認知裁判勝利！」（裁判費用支援），Maligaya House スタッフによるJust Giving チャレンジ「心身ともに健康でJFC支援！2011年7月までに10キロダイエット！」（学用品等支援）実施
		公益財団法人かめのり財団から第4回かめのり賞受賞
2012	MH	JFC対象ワークショップ "Empower Your Dream"，保護者（母親）対象キャリアプランワークショップ実施
2013		在日JFCのためのユース懇談会（東京）開催
		みうらまちこJFCミュージック奨学基金設立（2014年度で終了）
	MH	Maligaya Houseスタッフ・JFCの母親たちによるJust Giving チャレンジ「119キロダイエットで子どもたちの権利を守ろう」（書類準備費用支援），JFCによるJust Giving チャレンジ「2014年日本語検定5級合格で死後認知裁判勝利！」（裁判費用支援）実施
		生活協同組合パルシステム東京から2013年度市民活動助成基金を受託，JFC対象の人身取引調査実施（日本）
	MH	Batis主催「子どもの権利とJFCユースの日本への移住フォーラム」に参加
2014		JFCネットワーク設立20周年記念イベント「JFCとして生きる私の人生」（東京），JFCエッセイコンテスト開催
		「改正国籍法施行後のJFCの来日と就労の課題」報告会（神奈川）実施・報告書公開（2013年度市民活動助成基金による来日JFCの実態調査の成果）
		クラウドファンディング　「ジャパニーズ・フィリピノ・チルドレンとして生きる子ども，若者の声を伝えたい！」（ドキュメンタリーフィルム制作）開始
2015		JFC国籍確認訴訟，最高裁上告棄却（国籍法12条に関する裁判，原告JFCら敗訴）
		2015年度トヨタ財団国際助成プログラム「安全な移動と定住に関するコミュニティの役割についての政策提言：日本とフィリピンの経験の学び合いをつうじて」（NPO移住者と連帯する全国ネットワーク（以下，移住連）女性プロジェクト受託）に参加・調査協力
		在比JFC母子たちとのワークショップ "The Philippine-Japan Migration Realities: A Multi-Stakeholder Consultation"（フィリピン・マニラ，ダバオ）開催（2015年度トヨタ財団国際助成プログラムの一環）
	MH	ファンドレイジング「魚が導く支援の手」（ソーシャルワーカーの治療費支援）をインターン，JFCネットワーク奨学生，保護者で協力して実施
2016		在日JFC母子を対象に，人身取引に関するフォーラム・ワークショップ（東京・神奈川）開催（2015年度トヨタ財団国際助成プログラムの一環）
	MH	在比JFC母子たちとのワークショップ「The Philippine-Japan Migration: Aspirations and Difficulties of JFCs and Mothers フィリピン―日本移住：JFCと母親達の熱望と困難」（フィリピン）開催（2015年度トヨタ財団国際助成プログラムの一環）
		人身取引啓発DVD「人身取引を見ぬく目を―安全な移住のために」制作・販売開始（2015年度トヨタ財団国際助成プログラムの一環）
2017		フォーラム「外国にルーツを持つ母親と子どもたちの声」（神奈川）開催
	MH	Batisと合同で，20歳以上のJFCユースへのオリエンテーション開催
2018		移住連女性プロジェクトと共同で「移住女性の就労ワークショップ」（神奈川）開催
	MH	Maligaya House 設立20周年記念会・パネルディスカッション "Voice-out Japanese-Filipino Children Youth in the Philippines and in Japan"（フィリピン・ケソン）開催
		2014年JFCエッセイコンテストのエッセイ集『Made in Japan』出版（フィリピン）
2019		フィリピン人母親たちの手作りマスク販売サポート実施
		「フィリピンのJFCたちへマスクを送ろう」プロジェクト実施
		ラッシュジャパンの助成で『父の国・母の国をめぐる旅』（『Made in Japan』の日本語翻訳版）出版（日本）

（注）MH：Maligaya House 独自の活動　（出典）大野（2020）に一部追記して再掲

表　JFCネットワーク・Maligaya Houseの活動変遷（1993～2019年）

年		おもな活動・出来事
1993		Batis Center for Women（以下，Batis）が216人のJFCの相談を受け，JFC弁護団結成
1994		BatisのスタッフとJFCのマリコ・ラモスさんを迎えて集会（東京，大阪，栃木等）開催
		「ジャパニーズ・フィリピーノ・チルドレン（日比混血児）を支えるネットワーク」が正式に発足
		「日比混血児実態調査フィリピンツアー」実施，調査ツアー報告会・フォーラム「日比混血児10万人時代を考える」開催（東京）（フィリピンへのスタディーツアーは以後，毎年開催）
		季刊誌『MALYGAYA』創刊号発行
		Batisのクリスマスパーティーに，全国から寄せられたクリスマスプレゼントを送付
1995		「ジャパニーズ・フィリピーノ・チルドレン（日比混血児）を支えるネットワーク」事務所開設
		活動支援を求めて日比混血児支援基金（後に，JFC支援基金）発足，JFC連続講座開始
		フィリピンからJFC３人を招待し，NGO国際子ども権利センターとの共同シンポジウム「シノ・バ・アコ？ぼくはだれ？」（日本）開催
		JFCネットワーク愛媛・松山支部（1997年10月まで活動），千葉・松戸支部，北見マリガヤの会（北海道のカトリック北見教会で誕生した女性グループ）等の支部活動が展開
		JFCのためのチャリティーコンサート（東京）開催
		「日比混血児にクリスマスカードを！」キャンペーン実施（以後，継続して実施）
1996		JFC支援のため，「JFCの詩（うた）を作ろう！」CD制作プロジェクト発足
1997		「ダイちゃん」訴訟勝訴（胎児認知による日本国籍取得の事例）
1998		Maligaya House（フィリピン・マニラ現地事務所）開所式およびオープニング・ツアー開催
		団体名を「JFC（Japanese Filipino Children）を支えるネットワーク」に変更
		Maligya Houseオープン，ブックレット出版記念シンポジウム「日本のお父さんに会いたい—日比混血児はいま」（東京）開催
	MH	JFCおよびJFCの母親の医療募金を開始（1999年３月終了）
		「JFCに年賀状を送ろう！」キャンペーン実施（以後，継続して実施）
1999	MH	Maligaya House開所１周年記念式（フィリピン・マニラ）開催
	MH	学資保険プログラム開始（父親からの養育費一部を積み立て）
		市川房枝基金の助成で「全国父親探しの旅」実施（地方在住の父親の捜索・訪問・認知等の交渉）
	MH	クリスマスパーティー，JFC日本語教室，母親対象ワークショップ開催（以後，継続して実施）
2000		在日JFCとその母親対象に日本語教師・家庭教師派遣を開始
		JFCの教育支援のため「JFC奨学金基金」（JFCネットワーク奨学金）開設
2001	MH	NGOハンドインハンド大阪の支援による，JFC日本体験ツアー開催
2002		事務所運営支援のため「JFC通販」（通販事業）開始
2003	MH	財団法人「アジア女性基金」の助成で「日比間の海外労働と国際結婚をめぐる諸問題への予防策としての『フィリピン女性来日ハンドブック』作成プロジェクト」開始（2004年２月ハンドブック完成・配布）
2004		JFC国籍確認訴訟（国籍法３条）を提起
		JFCネットワーク設立10周年記念出版パーティー（東京）開催
2005		団体活動の総決算として『パパからの初めての手紙』刊行，JFCドキュメンタリービデオ制作
2006		東京都からNPO法人の認証を取得，団体名を「JFCネットワーク」に変更
	MH	DAWN設立10周年記念セミナーに参加
		第21回東京弁護士会人権賞受賞
	MH	国際女性団体「国際ソロプチミスト旭川」の助成で「国際ソロプチミスト奨学金制度」，在日フィリピン大使館の支援で「シアソン大使福祉基金」（大学生対象奨学金制度）創設
	MH	BatisとMaligaya House共同クリスマス会開催（以後も開催）
2007		JFCネットワーク事務所移転
2008		JFC国籍確認訴訟，最高裁で違憲判決（原告JFCら勝訴），国籍法改正にむけて国会議員・法務省と協議
		Batis，DAWN，JFCネットワーク・Maligaya Houseが「国籍に関する日本の最高裁判決に対するNGOとJFCの団体による共同声明文」発表
	MH	Batis，DAWNと法的支援ワークショップ共同開催
	MH	Maligaya House 10周年記念プログラム「JFC：ジャパニーズ・フィリピーノ・チルドレンに希望をもたらした10年間」（フィリピン・ケソン）開催

【社会運動アーカイブズ インタビュー】

古屋 淳二さん（アナキズム文献センター）

運動のための本棚をめざして

今回の社会運動アーカイブズインタビューでは、東京や大阪の都市圏から離れ、静岡県富士宮市に向かった。訪れた先は「アナキズム文献センター」。そこでは、一五畳ほどの木造建ての書庫に、一九七〇年から集められてきたアナキズム関連の書籍や定期刊行物、ビラ、パンフレットなどが収められていた。アナキズム運動の当事者たちが集まって自分たちで書庫をつくり、資料を整理してきた場であり、DIYで資料を収集するなかで資料保存の永続性にかんする悩みにもぶつかってきた。運営委員の古屋淳二さんに、現在、転換期にあるというセンターの歴史と今後についてお話をうかがった。なお、インタビュー中のデータは当時のものである。（聞き手：大野光明・小杉亮子・松井隆志）

■運動のために資料を集め始めて

古屋淳二さん。アナキズム文献センターにて

古屋　『社会運動史研究』はすごく面白いですね。私は運動に関わっていたし、昔の学生運動も好きなんで、そういうものが研究対象になっていることが面白いですし、読んでいて、そういう研究と私たちがアナキズム文献センターでやっていることが地続きでつながっている感じがしました。ただ、3号までの「社会運動アーカイブズインタビュー」で登場した三人の方があまりにも立派な方々だったから、私は、異色過ぎるんじゃないかなと思って。こんなアーカイブズっぽくないところで大丈夫なのかなって（笑）。

——いえ、本と資料がたくさんあって、アーカイブズっぽい雰囲気は十分あると思いますが（笑）。まず、アナキズム文献センターがつくられた経緯を教えていただけますか。

古屋　センターは一九七〇年に、龍武一郎さん、奥沢邦成さん、尾関弘さんを主な立ち上げメンバーとして始まりました。戦後のアナキズム運動に「アナキスト連盟」という団体があって、その後継団体の「麦社」が東京にありました。奥沢さんは麦社のメンバーで、文献センターの構想をずっと持っていたようです。同じ時期に、尾関さんが世界のアナキズム文献を集めているスイス・ローザンヌの「国際アナキズム研究センター」に行って、日本にもこういうものが必要じゃないかと思った。そこで二人が話し合って、「つくろう」となり、尾関さんが以前から知っていた龍さんに声を掛けたのが始まりのようです。

ちなみに、龍さんと言いましたが、ここはあんまり組織立っていないので、たとえば私が龍さんを「うちの龍」と呼ぶような関係・組織ではないので「さん」付けです。一人一人個人の集まりなので。

龍さんは、戦前に大杉栄らと活動した山鹿泰治さんを手伝うような形で一緒に運動をやっていた人で、富士の近辺で労働運動をしているなかで、現在のアナキズム文献センターが建っている土地でユースホステルを始めたらしいです。そして、奥沢さんが会ったときに、龍さんが「じゃあ、ユースホステルの一角に書庫をつくるので、やりましょう」と言って、話が進んでいったようです。当初は「日本アナキズム研究センター」という名前でした。龍さんと奥沢さんは今も文献センターの運営委員をしています。

アナキズム文献センター富士宮書庫の外観。ユースホステルはもう営業してはないが、隣に宿舎が残っていた

——センターをつくったもともとの目的は、どういうところにあったのでしょうか。

古屋　奥沢さんが一九七三年に「文献センター設立と活動の経緯」という文章のなかで次のように書いています。

「文献センターの構想についてグループ内で話されたことは、まず、「単なる図書館はつくりたくない」という点にあった。そこで表明された個々人の意図は、センターの枠を押し拡げていくものであった。○ミニ・コミを中心とし、グループ相互の交流を図る。○情報紙を出していく。○各地に同様のセンターをつくり、連合する。○外国との交流の場とする」。

七〇年代はまだまだアナキズムの文献が少なくて、戦前の古い資料しかない。だから、文献や資料を集めること自体が必要であり、運動だったわけです。初期の名称の通り、図書館（文献）というよりは「研究」に重きを置いていたようです。

奥沢さんは「文献センターの原初的なイメージは、事務所の本棚だ」と。活動の事務所が前面に来ているんです。みんなが本を持ち寄って、みんなが読んだりできる。そこに本があるとわかれば、知らない人が来て交流が生まれるかもしれない。

奥沢さんは、文献センターには「本棚的側面と活動的側面があった」という言い方もしていました。『社会運動史研究3』で村上潔さんが、京都のウーマンリブ運動資料の保管と管理を委任したウィングス京都について、「「ハコ」と「ハブ」」という言い方をしていたのが、とても面白かったです[1]。文献センターは、資料保管のための「ハコ」と、資料を活用して運動を展開するための「ハブ」の両方を目指していたんですが、龍さんがここにずっと住んでいて、文献センターの書庫も存在し続けたので、どんどん本が集まってくる。そうすると、運動には浮き沈みがあっても、本だけは増え続けるという事態が起きてきました。ハコだけが肥大化していって、それを担っていた人たちがだんだん受け止めきれなくなってきたときに、自分たちは活動的側面に注力はしているけれども本棚的側面のほうをなんとかしなきゃいけないという悩みが出てきた、と私のような後の世代からは見えます。

――文献センターの活動的側面というのは、具体的にはどんなことをやってこられたんですか。

古屋　中心は、アナキズムに関する研究・情報発信だと思います。日本アナキズム研究センターは、いわゆる「理論誌」として『アナキズム』を出していました。6、7号ぐらいからは、関わっている人はある程度同じのまま、雑誌単体で独立していくということが起こりました。一九八四年まで『アナキズム』誌は続くんですけれど、あとでお話しするように、この頃はアナキズム文献センター自体の動きはほとんどないんですよ。でも、雑誌だけは独立して生き続けている。結局、本棚的側面は停滞することはありましたけれど、情報発信という活動はずっとしてきたわけです。

■合宿して書庫を整備していった

――設立後のセンターの歴史については、どのような経緯をたどったのでしょうか。

古屋　センターの歴史については、いつの頃からか、第一次、第二次、第三次という便宜的な分け方をするようになりました。それぞれのあいだでは空白期間が入っていたり、メンバーが替わっていたりします。第一次は一九七〇年から一九八〇年くらい、第二次は一九九四年から数年、第三次は二〇〇五年頃から始まって現在に至ります。私は第三次から関わっています。空白期間ができた理由は、聞くところによると、第一次も第二次も、最初はみんなが集まって盛り上がる。でも、資料の整理って、カード作ったり、地道ですよね。みなさん生活もあるし、またどのようなセンターにしていくかの方向性の違いだったり、だんだん一人抜け、二人抜けとなって、いつの間にか自然消滅ということになったようです。ただ、空白期間も絶えず資料は集まっていました。

第一次と第二次のあいだに、イギリスからアナキズムの研究者が来て、ユースホステルの中に本棚が並んでいるかたちの書庫を見て、「みすぼらしい」というようなことを言ったらしいです。それに龍さんが腹を立てて、「絶対いい書庫をつくってやる」と第二次が始まって、現在の建物が建てられたと聞いています。

――第二次の「文献センター通信」を読むと、東京からメンバーが来て、みんなで書庫を建てていましたね。

古屋　書庫自体は大工さんにお願いしたということですけれど、予定地にあったプレハブ倉庫を壊したりとみんなで集まって、合宿をしながら整備していったようです。その後、神戸でアナ系の運動をしていた人たちが運営していた神戸共同文庫が震災などの理由から閉めることになり、資料の引き受け手としてアナキズム文献センターを選ばれました。二〇〇五年にこのグループから「龍さんも高齢だし、センターは今後どうするのか」と提起されて、「じゃあ、ちゃんと集まって今後の話をしようよ」となったのが現在の第三次の始まりでした。

■DIYによる資料整理の難しさ

――文献センターに所蔵されている資料について教えてください。

古屋　エクセルのデータ上は1万5千点ほどありますが、ミニコミやビラ類は入力されていないものが多いので、正確なところはまだわかりません。貴重な書籍もミニコミも両方所蔵していますが、ミニコミのほうが多いんじゃないかと思います。海外の資料もあります。二年前にフランスのアナキスト連盟の若者が遊びに来たことがありました。お世話になっている年配の方がいるらしいんですが、文献センターにあったフランス語の新聞に、その人の若い頃の記事があったと言って、喜んだりして。

――資料はどういうふうにやってくるんですか。

古屋　今は、六〇年代に運動していた方たちが手元にある資料の整理を始めていて、その寄贈が増えています。

――過去の「文献センター通信」を見ると、資料の分類方法を日本十進分類にするかどうか悩んでいるという内容の報告が、掲載されていました。

古屋　ずっとＤＩＹでやっているので、メンバーは分類の仕方をよく分かっていないところから始めているわけです。それで、最初は「日本十進分類でやろうか」とやってみた。第二次になると「いや、もうテーマ別に分類しよう」ということになって、最初は意気込みだけはあるから合宿して、みんなで分類用のカードをつくったりしたらしいんです。でも、奥沢さんに「そのカード、どうなったの？」って聞いてみたら、「もう燃やした」と言ってたから、結局、やってはなくなり、やってはなくなり、という感じのようです。

――今はどういうふうに分類しているんですか。

古屋　正直、私はあまりわかっていなくて。いわゆるライブラリー的な動きは奥沢さんがずっとやってきていて、私とこのあとお話しする成田圭祐君がどちらかというと活動的なほうをやってきたので。でも、結局、分類の方針は定まらないまま、とにかく来たものは入力しようとやってきたようです。それで、エクセル上では資料がたくさん入力されているのはいいんですけれど、それが本棚のどこにあるかは分からないんですよ。あとでお話しする「吉倉共同文庫」には、専従でアーカイブズの専門の方が入ったので、これからは資料の整理が進んでいくはずです。

――所蔵資料には「文庫」がいくつか含まれていますが、これはどのようなものなのでしょうか。

古屋　まず、長谷川〔進〕文庫ですが、長谷川進さん（1902～1976）は戦前から活動していたアナキストで、文献センターにも関わりがあって、亡くなったときに蔵書を引き受けました。山鹿〔泰治〕文庫はもともと静岡県沼津にあって、そこが引き払うことになってここに来た経緯があります（山鹿泰治 1892～1970）。平井

書庫の中。書籍や整理済みのミニコミやビラ類、未整理の資料などが並んでいる

〔征夫〕文庫は比較的最近のもので、十数年前に寄贈されました。平井征夫さん（1944〜2002）は在野でスペインの研究をされていたエスペランティストで、亡くなった後に残された資料を一括して引き受けました。

　アナキストクラブ文庫は、戦後のアナキスト連盟が分裂して、「アナキストクラブ」ができるんですけれど、アナキストクラブにあった資料を戸田三三冬さん（1933〜2018）が引き受けて持っておられました。僕なんかも含めて文献センターの有志数人で定期的にその整理を手伝っていたんです。それで、戸田さんの晩年に全部寄贈を受けました。機関紙やビラ、印刷工の「水沼辰夫君を励ます会」のビラなんかもありますし、クロポトキンが発禁になったときに誰かが手書きで写してみんなで回し読みしていたという筆写の本など、面白い資料がたくさん入っています。

――文献センターはこれまでどのようなかたちで利用されてきたのでしょうか。

古屋　日本国内からだと、ちょっとのぞいてみたいという人もいれば、研究論文とかレポートを書くので資料を見たいという人もいます。実際センターに来られなくても、「誰々という人について調べているんだけど、なにか資料がないか」という照会が来て、僕と奥沢さんで手分けして調べて、お答えすることもあります。海外からも、メールで「行きたい」と問合せが来たりすることもあります。あと、新宿のIRREGULAR RHYTHM ASYLUM（IRA）に海外のアナキストが来たときに、文献センターを紹介してくれるケースもあって、それでふらっと遊びに来ることもあります。

――具体的な運営体制についても教えてください。

古屋　運営体制と言われると困ってしまうぐらい、かっちりした体制はないんですよ。運営委員は第三次の開始時に11人いましたが、現在運営に中心的に携わっているのは3人ほどです。郵便振替口座を作るために便宜上の代表はいますが、みんな好き勝手にやりたいことをやっているという運営の形もアナキズム的といえばそうなのかもしれません。具体的には、私は富士宮にいて、年4回発行する『アナキズム文献センター通信』や毎年発行している「アナキズムカレンダー」の編集、入会や会計などの事務局を担当しています。IRAの成田圭祐君は、通信の編集や展示、刊行物のデザイナーです。わかりやすく言えば、私と成田君は活動的側面を担っていることになりますね。奥沢さんは本棚的役割が中心です。この3人がおもに運営を担っています。

――会員数はどれくらいですか。

古屋　１５０人ほどです。ここ数年のアナキズムブームの影響でびっくりするぐらい問い合わせが増えました。フェミ系の運動の影響も大きいのかなと思いますね。

■資料保存の安定性を模索して

——（第三次）アナキズム文献センターの規約では、第二条でセンターの目的が書かれています。四つある目的のひとつに「当団体の法人化の検討」がありますが、なぜ法人化が検討されてきたのでしょうか(2)。第二次の段階ですでに法人化の話があったという話も、センターのウェブサイトで拝見しました。

古屋　法人化というのは、結局、組織化の話ですよね。いざというときに散逸しないようにするにはどうしたらいいかを考えるなかで出てきたものです。アナキズム運動だと、資料を大学の図書館や公的機関に預けるという発想がなくて、どうしても個人所有が基本です。そういうなかで、ここにどんどん資料が集まってきたわけですが、結局は文献センターの資料も法的には龍さんの個人所有とみなされてしまうので、高齢の龍さんに何かあったときにどうなるか。誰かが勝手な判断で資料に手を出すことができないようにしないといけない。とはいえ、文献センターに関係している人はみんなアナキズムの思想で動いているから、組織化にはあまり乗り気ではないのもあって、なかなか進まなかったんです。

ファイリングされたパンフレットの一部

　第三次で集まったときにもすぐ法人化の話になりました。まず、「営利目的ではないから、株式会社をつくることはないよね」という話になりました。そのときに考えついたのがＮＰＯだったんですよ。ＮＰＯ化は定款を作る段階まで行ったんですが、ＮＰＯ法の条文に、組織が終了したときに残った財産はどうなるかという規定があるんです(3)。そこでは、定款で定めたほかのＮＰＯなどに帰属するとあって、さらに、それが定められていない場合には「類似のＮＰＯ」、それもなければ「国庫に帰属する」と書かれています。この条文に気づいた瞬間に、それまで長い議論をしてきていたけれど、ＮＰＯ化は中止になり、今の任意団体になった経緯がありました。

　ただ、二〇一一年前後には、近藤〔憲二・真柄・千浪〕文庫をめぐって苦い経験もしました。近藤千浪さんは私たちとも運動をしていた仲間で、祖父が堺利彦です。近藤憲二は千浪さんのお父さんで、大杉栄の右腕でした。真柄さんは女性運動をずっとしていた人で、堺利彦の娘で近藤憲二の連れ合いという関係です。この三人の資料を集めた文庫があったんですけれど、二〇一〇年に資料を管理していた千浪さんが急逝されました。

　千浪さんのお連れ合いの白仁成昭さん（1942～2021）はアナキズム文献センターに文庫を寄贈したいという意向をお持ちで、私たちが資料整理をしていたんですけれども、遺族が所有権を主張される事態になりました。千浪さんと白仁さんは事実婚だったので、法的な相続権が弱い。遺族からは近藤憲二の母校である早稲田大学に寄贈したいという申し出があったんですが、早稲田は、一部であれば引き受けるという返答でした。遺族はそれでもいいと言ったんですが、僕らは「散逸させてはいけない、一括でまとめて保存するべきだ」という反対運動を起こしました。署名を集めたり、ウェブサイトを立ち上げて国内外の研究者からコメントもらったり、それらを遺族に提出したり。

それで、交渉を進めて、最終的に法政大学の大原社会問題研究所に一括で寄贈されることになりました。白仁さんは最後まで、在野のプライベートアーカイブズに入れたいという意向をお持ちだったので、大原社研に寄贈するさいには「文献センターが複写を持つ」「運動家でも気軽に見られる」という条件がつきました。

一昨年、大原社会問題研究所から『堺利彦・近藤真柄・近藤憲二関係資料目録』という目録が出ました。この目録が文献センターに届いたときに思ったのは、私たちにはこんな目録は絶対できないし、とても立派な仕事であることは伝わってきました。だから、資料のひとつの行き先としてはありなのかもしれないとは思います。ただ、言い方は悪いですけれど、ただの資料の一覧になってしまったという感じも同時に受けました。私たちは近藤家に行って、千浪さんから資料を見せてもらって、いろんな話を聞いたりしていました。幸徳秋水であれば、千浪さんにとっては「幸徳さん」なんですよね。祖父や父親からそうやって親しみをもって呼ばれていた人たちの存在の近しさのようなものを、千浪さんや白仁さんからは感じました。そういうものが、専門的なアーカイブズに入ったことによって、なくなってしまったと思ったんです。

この一連の出来事で組織化が重要だと痛感しました。書庫はあるにはあるけれど、遺族の方から、ちゃんとした管理体制の下で永続的に資料を保存できるのかと問われて、イエスと答えられなかったんですよね。

――今回、とうとう法人化が実現するとうかがっています。

古屋　アナキズム文献センターとは別に、奥沢さんが中心となって一般財団法人吉倉共同文庫が新しく設立されました。アナキズム文献センターの資料は吉倉共同文庫に一括して寄託することになります。吉倉共同文庫に寄託されている以上は、たとえば、龍さんや私になにかあったとしても、吉倉共同文庫が資料の保存にかんして関与する機会があるわけです。

もともと、ここの書庫ではこれ以上の資料はほぼ収められなくなるだろうと以前に判明してから、ずっと土地を探していて、二〇一〇年に千葉県八街市に今回吉倉共同文庫となる土地を確保して、プレハブの書庫をつくりました。すでに、二〇一〇年以降の寄贈分はそこに収められています。今回、吉倉共同文庫にはアナキズム文献センターの書庫が新たにできました。現在アナキズム文献センターの書庫に収められている資料についても、半分ほどはこの吉倉共同文庫の書庫に行く予定です。

――吉倉共同文庫とアナキズム文献センターを分けるという発想は、どのような経緯で生まれたのでしょうか。

古屋　私は直接関与してないのですが、やっぱり、アナキズム文献センターを財団法人化するというのは違和感があるというところが出発点で、本棚の安定性を図るために本棚だけを法人化するという発想が出てきたんだと思います。

■党派から離れるなかでアナキズムと出会う

――古屋さんご自身は社会運動やアナキズムとどういう関わりを持ってこられたんですか。

古屋　父親が日教組系の教員で、母方の祖父は共産党の党員でした。母親からは特高から隠れた話や戦後に「アカの娘」と言われていじめられた話、祖父がレッドパージで仕事に就けなかった話などを子どもの頃から聞いていました。家に普通に『赤旗』があった生活でした。でも、一番のきっかけは一九九〇年の湾岸戦争です。初めてアメリカのダブルスタンダード的なありかたを知ったり、イスラエルの成り立ちを知ったりして、いろいろな本を読むようになって。

それで、一九九二年に大学に入ると、社会問題研究会というサークルがありました。顔を出してみたら、ある党派の拠点だったんです。ほかに社会運動する術がわからなかったので、二〇代ぐらいまではその党派に付き合いました。

大学を卒業して東京に来てからも、薄くですけれど関わっていました。ただ、党派の中央集権的な動きが嫌で。僕は党員にならなかったんですが、党員になると住み込みで集団生活を送って、自分が外で稼いできた給料は全額党派にカンパしなければいけないとか、リーダーが一声かけたらみんなそれに従うとか、そういうのがほんと嫌で（笑）。じょじょに離れていくなかで、アナキズムに出会った感じです。

――市民運動やノンセクトの運動もあるなかで、特にアナキズムに惹かれたのは、どういうところに理由があったのでしょうか。

古屋　個人の思いが一番重視されるところでしょうか。運動体となると、ある程度の組織化がされないと、動かないところがあるじゃないですか。アナキズムにはそういう面がないところが魅力かもしれません。あとは、一部から「生き方アナキズム」って揶揄されていたりもするんですけれど、なるべく支配されないような生き方をしたいなという思いはあります。なかなか実践は難しいですけれど。

――アナキズム文献センターには、どのように関わるようになったんですか。

古屋　一九九九年か二〇〇〇年頃に、インターネット上で古本屋を立ち上げたんですが、そこで扱っていたカテゴリーのひとつがアナキズムで、そこから少しずつアナキズムのネットワークの中に入り始めました。

それで、二〇〇三年にイラク反戦デモが盛り上がりました。その前に党派系のデモにも出ていたことがあったわけですけど、みんなと同じゼッケンをつけるのが嫌で、一人でオリジナルのゼッケンをつけていました。そんなだったので、イラク反戦ではサウンド・デモの魅力はすごかったですね。スタイリッシュな感じと、自由さと、もう、しびれましたね（笑）。

で、このときに、古本屋のお客さんの一人から宮下公園でブースを出していた成田君を紹介されて、初めて出会ったんです。その翌年ぐらいかな、彼から「古屋さんが好きそうなところを見つけた」って教えてもらったのが、ここ文献センターだったんですよ。それで、「早速行ってみよう」と電話したところ、駅まで龍さんが迎えに来てくれて。そこからここにつながるようになりました。その後に「ここで集まりをやるから君も来ないか」って龍さんに誘われて参加したのが、第三次の最初の会合だったんです。

この頃はまだ東京に住んでいました。東京で開かれる文献センターの定期的な会合に出ているうちに、ほかのメンバーが一人減り、二人減り、気づいたら中心的なメンバーになっていました。そのなかで、二〇一一年に東日本大震災が起き、一三年には子どもが生まれて、自然のなかで子育てをしたいし、大きなシステムからじょじょに外れていくような生き方ができないかなと思って、田舎に引っ越すことにしました。

最初は、四国に行ったんです。そのときに、後々に誤報だってわかるんですけど、富士宮の書庫を引き払うという話が出て。「それだったら私が管理人として行きます」という感じで、富士宮に引っ越してきたんですよ。

――古屋さんにそこまでさせたのは何だったんでしょうか。

古屋　過去から受け継がれてきた資料があって、誰かがある程度センターに関わらないと活動が先細りになる感じがある。そうすると、にわかには手を引けないですよね。あとは、面白い活動だと思ったんでしょうね。路上の運動ももちろん面白いんですが、古本や昔の資料が好きなんですよ。書庫で昔の資料を見ると、あっという間に時間がたっちゃう。

でも、この資料を宝と思うかどうかは人それぞれで、路上に出ていたときに「アナキズム文献センターで昔の資料をとっておいてどうするの?」というようなことを言われたこともあります。文献や資料を過去の遺物だと思う人はいますよね。

だから、文献センターとしても、資料と自分を直結できるようなことをなにかできたらと考えています。さきほども挙げた村上潔さんが『社会運動史研究3』で、運動の資料をアーカイビングすることの使命について、「「政治的・運動的な資料を扱う」次元にとどまるのではなく、「資料を通して政治的・運動的な実践を行なう」次元にまで、多くのアクターを引き込んでいくこと」(同書:90)と書かれているじゃないですか。そういうところに私たちも行かないといけないとは思っています。

――でも、子どもを抱えて、運動やこういう活動をしながら、自分の食いぶちもつくるってすごく大変だろうと思うんですが。

古屋　田舎にいるから、家賃がほとんどかからないですし。ほかにも、たとえば自宅では薪ストーブを使っているんですけど、もらえる薪を使うといったことで、なるべく支出を減らす。支出を減らすと、当たり前ですけれど、収入が少なくても生きていけるじゃないですか。ただ、子どもがこれから大きくなっていきますから、中学高校と進んで、「私立大学に行きたいとか言ったらどうしようね」なんて連れ合いと話してます(笑)。今まではなんとなく勢いで生きてこられましたけど。大きなシステムからもう外れ過ぎて、今さら雇われる生活はできないので、どうしようかなとは思っています。

■運動のなかで資料を継承していくとは

古屋　戦後のアナキズム運動って、良くも悪くもある程度の系譜があるんです。大杉栄たちから連綿と続いてきた流れですね。最近は、そういうアナキズムの系譜とは別のところからアナキズムを謳う人たちが出てきているのは、すごく面白いですし、いい傾向だなと思います。松村圭一郎さんの『くらしのアナキズム』（ミシマ社2021）などですね。

――いまおっしゃったような新しい傾向は、アナキズム文献センターの資料収集・保存のありかたにも影響を与えていますか。

古屋　むしろ、新しいアナキズムの視点からここのミニコミ類を見てみて、新しい発見や解釈をする人たちが出てくることを期待しています。文献センター自体、昔で言う「純正アナキズム」の思想の立場を取る人たちが多いわけではないので、資料収集・保存の方針、といっても特にかっちりした方針があるわけではないのですが、変わらずこのままだと思います。変えてくれるような人が来るのは大歓迎ですけどね。

――吉倉共同文庫の設立と同じタイミングで、現在のアナキズム文献センター自体も富士宮市内で移転するそうですね。

古屋　はい。龍さんが介護施設に入所したということもあり、二〇二二年の年明けには、移す予定です。吉倉共同文庫は、たとえば先ほど話したフランスのアナキストがふらっと訪れるような場所には当面しないようですので、文献センターという場は維持していきたいと考えています。

――そうなると、今センターにある資料のうち、どのようなものを吉倉共同文庫の書庫に送って、どのようなものを新しい文献センターに残すかという点は、大事になってきそうです。

古屋　そうですね。ミニコミ類が八街と富士宮のどちらにあるほうがいいのかといったことに悩みますね。アナキストクラブ文庫には、おそらくほかに残っていないのではないかという資料も含まれています。こういう明らかに貴重なものはすでに吉倉共同文庫の書庫に行っているんです。でも、今文献センターにあるミニコミ類が、ただの紙なのか、誰かが光を当てることによって貴重なものになるかは、これから次第じゃないですか。しまい込んだほうがいいのかもしれませんが、アナキズムに興味がある方がふらっと訪れるような場所に置いておいて、「こういうのがあるよ」と伝えなきゃいけないという思いもあります。

資料自身にとっても、永続性のあるライブラリーに入ったほうがいいのか、それともいつかはモノとしては消滅しちゃうかもしれないけれど、開かれた場所に置いておいて、どこかの運動なり誰かの生き方に影響を与えたほうがいいのか。それはもう分からないですよね。近藤千浪さんや白仁さんからは、近藤文庫の資料は、近藤さんたちの祖父母や両親がそれこそ戦争のなかで自分の荷物は置いて資料だけ背負って逃げる、というような守り方をしてきたものだと聞きました。その思いまでこちらは受け取っているわけです。そういう資料の生かし方は、どういうものが本当はいいのか。白仁さんがあそこまでプライベートアーカイブズにこだわった理由も、運動のなかで資料を継承していってほしいということでもあるはずなので。

――ありがとうございました。五〇余年の歴史があるアナキズム文献センターが移転し、吉倉共同文庫で安定的な資料保存が始まるという変化の時期にお話をうかがえてよかったです。アナキズムが今動いている現象だからだと思うのですが、アナキズム文献センターには昔からの資料が集まっているんだけれど、非常に現在の運動とのつながりを感じるアーカイブズ訪問でした。

古屋　嬉しいですね。「アナキズム文献センターは、ただの古い資料をとってあるだけでしょう」と言われたことへの回答にもなっているような気がします。

（２０２１年10月21日、アナキズム文献センターにて。大野・松井はオンライン参加）

注

（１）村上潔（2021）「地域のウーマンリブ運動資料のアーカイヴィング実践がもつ可能性――二〇〇〇年代京都市における活動経験とその先にある地平」大野光明・小杉亮子・松井隆志編『メディアがひらく運動史――社会運動史研究３』新曜社：72-94.

（２）ほかの目的には、アナキズム文献センターの永続的な維持管理、その他アナキズム関連の文献に関わる事業、その他の事業（営利事業を含む）がある。

（３）特定非営利活動推進法の第32条残余財産の帰属を指す。

アナキズム文献センター

富士宮事務局（静岡県富士宮市猪之頭８０６）
http://cira-japana.net/
contact@cira-japana.net

現在は新型コロナウイルス感染症の流行のため書庫見学を受け入れていないが、通常は事前申込みのうえで見学できる。ただし、本文中にあるとおり、アナキズム文献センターは２０２２年１月に静岡県富士宮市にある富士宮事務局の隣接地に移転したため、見学希望者には、まずメールかウェブサイトの問合せフォームから問い合わせることをおすすめする。

なお、アナキズム文献センターの一部資料は東京事務局（新宿図書室＝東京都新宿区新宿１－30－12－302 IRREGULAR RHYTHM ASYLUM内）でも閲覧することができる。随時会員募集中。吉倉共同文庫に収蔵された資料も取り寄せることで閲覧が可能。

【書評】

田中　宏 著・中村一成 編
「共生」を求めて
在日とともに歩んだ半世紀
（解放出版社　2019）

高谷　幸

四六判 304 頁
税別 1800 円

　在日外国人の課題に関心をもつ人のなかで、田中宏さんの名前を知らない人はいないのではないだろうか。田中さんの『在日外国人』（岩波新書）は、在日外国人をめぐるイシューについて関心をもった人がまず手に取る書の一つであり、歴史的経緯を踏まえながら学べる格好の入門書として、一九九一年の発売以降、三版までアップデートしながら読み継がれている。そして田中さん自身は、長年にわたり在日外国人の権利運動を最前線で闘ってきた人でもある。昨年、国会で審議されていた入管法改定案に対し、国会前シットインによる抗議活動が展開されたが、そこでも定期的に来て道端に座り込む田中さんの姿があった。

　本書は、ジャーナリストで、自身も在日朝鮮人に関する複数の著作を発表してきた中村一成さんがインタビュアーを務めつつ、田中さんが関わってきた在日コリアンの権利闘争について振り返る構成になっている。一九六〇年代から現在まで、時系列に16章でたどり、その後に補論として「日本人の戦争観・アジア観についての私的断層」、在日コリアン女性権順華さんの田中さんへの書簡が掲載されている。インタビュー仕立てということで、『在日外国人』で取り上げられたトピックについても、当時、田中さんがどのように考え、行動したのかという点に焦点が当てられ、同書のB面ともいえる性格を有している。同時に、近年の朝鮮学校の無償化裁判にページが割かれているという点では、さらなるアップデートとしての側面もある。

　よく知られているように、著者の「原点」は、大学院を中退して（本書でも触れられている通り、この経緯もアメリカの影響下で中国に向き合うという戦後日本の立ち位置と大いに関係している）、留学生寮で勤め出したことにある。そこで出会った東南アジアからの留学生が直面した問題から、一九七〇年代以降の在日コリアンの権利闘争、具体的には韓国人被爆者、国籍差別、指紋押捺、戦後補償、地方参政権、朝鮮学校をめぐる課題へと田中さんが取り組むテーマは広がっていった。本書では触れられていないが、著者は、花岡事件など中国人の強制連行の問題にも関わってきた。これほどまで幅広く、また長期にわたって、在日外国人や戦後補償をめぐる課題について取り組んできた人はほとんどいないだろう。その歩みは、アメリカの核の傘の下の平和と民主主義、経済成長に自閉しがちであった「戦後日本」において、その「戦後日本」が忘却してきた戦争と植民地支配責任、それに起因する在日外国人が直面する不正義を、言論と行動によって問い直そうとするものといえる。

　在日外国人の権利運動への関わりは、田中

さん自身にとっても、「戦後日本」についての自らの自明性を問い直す経験であった。これまでにも繰り返し書かれ、本書でも言及されている千円札の伊藤博文のエピソードはその象徴だ。一九六三年、日本の千円札の肖像が伊藤博文に変わった時、東南アジアからの留学生から、植民地支配の為政者の象徴ともいえる伊藤が肖像になることの問題、またその問題について日本で議論すらされないことについて「薄気味が悪い」と指摘されたというエピソードである。「「真珠湾で始まり原爆で終わる」歴史のなかにいた私にとって、この言葉がどれほど大きな衝撃であったかをご想像頂きたい」（本書：266）と著者は記す。

　この後、著者は、在日外国人の権利運動を通じて、この「真珠湾で始まり原爆で終わる」見方を、繰り返し問い直してきた。その認識の到達点が本書で強調される「縦軸で見ること」の重要性だ。著者自身、補論において、植民地支配にコミットした知識人たちの言論に共通してみられる植民地支配をめぐる自らの行為や責任の棚上げ、沈黙を指摘し、アジア認識の問い直しの方向性へと論を進めている。

　とはいえ、こうした権利運動の歴史が、戦後日本の歴史あるいはその語りのなかでいかなる位置づけを与えられてきたのかを考えると心許ない。評者が専門とする社会学においても在日コリアンのイシューは、やはり主流の領域とは別に位置づけられる「マイノリティ問題」に収められがちだ。著者らは、在日コリアンの指紋押捺拒否闘争が「公民権運動」の意味合いをもっていたと指摘するが、本家の「公民権運動」がアメリカの主流の歴史のなかに位置づけられていることと比較すると、日本の「公民権運動」は、日本社会で広く共有されたものとなっていない（なお私見では、これは在日コリアンの権利闘争に限らない。六〇年代末頃以降展開された反公害闘争、障害者の権利運動なども含めて日本社会における公民権運動として位置づけることができるのではないだろうか？）。こうした認識の欠如は何に由来するのか、本書が誘発する問いである。

　さて方法論でいくと、田中さんの手法は、生身の人間が直面する差別に向き合い、そこから思考を深めるという形をとってきた。その上で、その背後に横たわる根本問題を指摘すると同時に、運動論としては、中村さんが指摘するように「あくまでも目の前にある差別の「具体的改善」を優先する一貫した姿勢」に貫かれている。このときの対抗・交渉相手も行政、裁判所、政党や政治家などと幅広く、同時に、保守やリベラルという旗印は重要ではない。そうした著者のスタイルは、具体的な個人の傷みや悲しみに触れ、その個人の思いを重視して行動するなかで培われてきたものだろうと推察する。

　一方で、その論理が個別のケースを離れたときに孕む問題が、今後、思想としても運動としても課題として引き継ぐべき点になっているように思われる。それは、典型的には――日本人の評者が指摘するのは躊躇する点だが――在日外国人の法的地位に関わる点である。本書で触れられているように、在日コリアンの就職差別反対闘争から広がり、在日と日本人の協働の運動体だった「民族差別と闘う連絡協議会」が出した在日コリアンの人権保障法案では、彼らの法的地位の根拠を日本の植民地支配責任に求めた。在日コリアンが安定した法的地位を求めることは、それさえ確立されていなかった当時の状況を踏まえれば、当然の要求といえるものである。それゆえその主張が、法務省入管局（当時）にも影響を与え、一九九一年の入管特例法によって植民地支配に起因する在日コリアンや台湾人を対象とする「特別永住者」資格が設けられたことは画期的なことだった。

　とはいえ、この資格の対象は一九四五年九月二日以前から引き続き日本に暮らしている朝鮮人や台湾人とその子孫に限定された。そのため、戦前から暮らす華僑や、戦中あるいは戦後の混乱期に朝鮮半島に一旦戻った人も含めて、それ以降に来日した人は除外された。つまりこの資格は、在日コリアンらの存在の歴史性を一定の範囲で認めたものである一方で、戦前と戦後の断絶を前提としている（日本がポツダム宣言に署名した日が基準日になっているのはその象徴である）。言い換えれば、「特別永住者」資格もまた、「「真珠湾で始まり原爆で終わる」歴史」を完全には克服しておらず、結果として対象者が限定されてしまった。

　また、本書でも指摘されているように、特別永住者とそれ以外の永住者に対する入管法等による罰則や義務には格差が設けられ、後者は前者と比較して不安定な地位になっている（とはいえ、特別永住者も、退去強制や再入国許可に関する制約が残されているのだが）。この格差は、退去強制の特例を除けば、最初からあったわけではない。実際、一九九三年に指紋押捺が廃止された際は、その対象は特別永住者と永住者だった（それ以外の外国人は二〇〇〇年に廃止）。だが、その後二〇〇〇年代半ばから後半にかけて導入された日本入国時における指紋採取の復活、在留カードの常時携帯義務や在留資格の取り消し、厚労省による雇用状況届出報告はいずれも、特別永住者は対象から除外される一方、それ以外の永住者は対象に含められた。

　指紋の採取や身分証明書の常時携帯義務は、外国人に対する差別的な取り扱いであり、在日コリアンらが長年廃止を求めて闘ってきたものである。それゆえ彼らがこの対象から外されたことは評価できることだ。一方で、この除外は、特別永住者と永住者の間に序列を作り出すものでもあった。

　同時に、運動としても、植民地支配に起因する存在としての特別永住者と同様の権利を他の永住者にも保障すべきということの論理を組み立てることの困難に直面してきたように思われる。完璧ではないにせよ在日コリアンという存在の歴史性が認められることの正義と、一般の永住者の地位が不安定化されることの不正義を前に、運動はたじろぎ、口をつぐむ傾向が強かった。一方で、特別永住者と永住者の人口は二〇〇八年に逆転して以降、その差は拡大し、二〇二〇年末には30万人強の前者に対し、後者は約81万人と2・6倍以上になっている。くわえて永住者以外の移民もますます増加している。それゆえ特別永住者として結実した在日コリアンの権利運動の成果を、他の永住者さらにはそれ以外の移民にどのように引き継いでいくのかは喫緊の課題のはずだ——そして現場では、この課題を在日コリアンとして引き受け、移民の権利運動に尽力する実践者も少なくない。彼らに学びつつ、その実践を鍛えていくことが求められるだろう。

　それは同時に、日本の植民地支配責任や戦後責任をより広い文脈で捉え直すことにも繋がっている。というのも在日コリアンの法的地位が安定したのも束の間、制度的あるいは日常のレイシズムは（再）生産され続け、へイトスピーチ解消法ができた後も、オンライン上のヘイトスピーチやヘイトクライムは激しさを増しているからである。このとき標的とされるのは特別永住者に限らず、コリアン一般、さらには「反日」とされる存在へと広がっている。これらに対抗するためにも、在日コリアンと移民・マイノリティの権利運動をつなぐ実践と思想を紡いでいくことが、田中さんたちの活動を継承することになるのではないだろうか。

猿谷　弘江
六〇年安保闘争と知識人・学生・労働者
社会運動の歴史社会学（新曜社２０２１）

長島　祐基

A5判392頁
税別5000円

本書の概要と意義

政治学者の高畠通敏は、六〇年安保闘争を頂点とする革新国民運動を総括するなかで、六〇年安保闘争に至る社会運動がもつ幅の広さを認めつつ、そのなかにあった政党政派の系列化や、運動が実態として各種政治集会の時だけ顕現する運動であった点を批判的に記述している（高畠 1979）。本書は高畠が評価／批判した六〇年安保闘争を、社会運動論の視点から再構築し、分析したものである。

まず、本書の概要について述べておく。本書ではP・ブルデューの「界」概念を社会運動分析に応用した、フィールドという概念を分析で用いている。フィールドとは異なる資本の形態や量を有する参加者の間で支配や正統性をめぐる闘争が繰り広げられる場で、排他性と相対的自立性を有している。本書は六〇年安保闘争に至る社会運動の担い手として知識人（第二章）、学生（第三章）、労働者（第四章）を扱い、それぞれの運動のフィールドの「接合」と「共約不可能性」を明らかにしたものである。知識人達は、戦後の社会運動の中に「民主主義」の理念を持ち込むことを重視した。学生運動ではマルクス主義の知識が重要な要素となりつつも、戦後の民主化の中で育った学生達は、運動の意思決定過程ではクラス討論など民主主義的な手続きを重視した。これに対し労働者達は民主主義や共産主義の理念よりも職場の具体的な問題の解決を重視した。六〇年安保闘争とは、それぞれ独自の歴史と闘争を有する複数の運動のフィールドが（たまたま）一時的に「接合」した運動である。

本書は、複数の運動領域を統合的に捉えることで六〇年安保闘争という大きな運動を描き出した点にその特徴がある。六〇年安保闘争をめぐる先行研究では、それぞれの運動が別々に議論されてきており、なおかつ社会学の社会運動論の観点から議論したものは少なかった。ブルデューの「界」概念を用いた社会運動研究もまた、単独のフィールドに着目した議論が中心であり、複数のフィールドを対象としてその「接合」や「共約不可能性」を議論する点は不十分であった。

本書の意義は既存の研究の「棲み分け」をブルデューの概念図式を参照することで統合的に把握したこと、複数のフィールドの歴史性や関係を明らかにすることで、社会運動論研究と社会運動史研究の双方に貢献した点にある。

本書の研究への応答

本書の課題設定は私（長島）の研究とも重なる部分がある。私は政治的な運動に参加した人々の意識面を支えた文化サークルの活動や、多様な運動が（一時的であれ）結集した大衆集会（社会各層が参加する討論集会）に着目した研究を進めている。大衆集会は参加者が知識人や労働者、学生をはじめとして多岐にわたるため、それぞれの運動単独では捉えられない。また、文化サークルの活動を研究する場合でも、学生と労働者の接点、労働者と専門家の意見の差異を考える上でブルデューの議論は有益な論点を提示してくれる。社会各層の文化的差異、立ち位置の差異と権力関係といったブルデューの議論は、参加者の態度表明の差異や集会のコミュニケーション関係、参加者間の権力関係を捉える私の研究（長島 2020）でも一つの参照枠組みとなっており、本書や本書の元になっている論文（猿谷 2016）から学んだ点も多い。

他方、本書の記述方法や記述内容に関してはいくつかの点で疑問がある。ここでは二点ほど指摘したい。一つめの疑問点は、知識人、学生、労働者のいう三つのフィールドの枠組みから六〇年安保闘争を捉えることの是非である。三者を中心に描くことで、沖縄にとっての安保の問題や社会党を中心とする政治領域の動き、あるいは高畠も言及／評価した、後に市民運動や住民運動と呼ばれる運動の「萌芽」となる諸活動（声なき声の会など）の位置づけは弱くなってしまっている。フィールドの「共約不可能性」という本書の結論は、政党政派による系列化という高畠論文の指摘を社会学の理論を用いて再生産したに過ぎないのではという疑問も残った。

また、そもそも三つのフィールドの構造を「的確」に描いているのかという点でも疑問が残った。ここでは私の関心領域から一つ取り上げたい。それは第三章で指摘している、一九五〇年代前半の日本共産党の運動の記述方法の問題である。本書では一九五〇年一月のコミンフォルム批判から一九五五年七月の第六回全国協議会まで続く日本共産党内の所感派と国際派の（「正統性」をめぐる）路線対立を、国際的な共産主義運動の権威（ソ連と中国の共産党）との関係から描いている。

本書の見方は確かに一九五〇年代前半の日本共産党の運動の一つの（党の「正史」的な）見方ではある。ただし、運動の複雑な様相の把握という点ではこの図式は不十分である。例えば道場親信は当時の共産党の運動に平和運動と革命運動という二つの側面が存在したことを指摘している（道場 2005: 284）。分裂期の日本共産党の運動は平和擁護運動

（「表」の運動）と、武装闘争（「裏」の運動）の二重構造の運動であり、国際派も一枚岩ではなかった（黒川 2020: 236）。

加えて、運動の正統性を担保する国際的な権威の位置づけという点でもこの図式はより複雑になる。革命運動としての側面を捉える場合、国際的な権威の源泉はソ連や中国の共産党の政治方針に求められる。他方、平和運動としての面に着目する場合、その正統性は一九五〇年十一月に結成（設置が決定）された世界平和評議会に求められる。形式的には各国共産党から「独立」した形で結成された世界平和評議会は、国際大会の諸決定を通じて各国の平和擁護運動に大きな影響を与えていた（長島 2017）。国際的な権威をソ連と中国の共産党にのみ限定してしまうことは、（日本共産党の「正史」も含めた）一面的な歴史叙述となってしまう可能性がある。

二つめの疑問点は、本書の最大のデータである、当事者の語りの位置づけである。個別の職場や人物を介した労働運動と学生運動との接点など、当事者へのインタビューを行ったことで明らかになった取り組みもある。その部分は新たな歴史的事実を掘り起こした点で、本書の魅力の一つである。

ただし、語りの読み込みという点では、より注意深い／批判的な検討が必要と思われる。インタビュー対象者達の語りは、六〇年安保闘争後に対象者達が経験してきたことを踏まえた上での六〇年安保闘争の位置づけという面も含んでいる。例えば当時学生だった人が（就職して）労働組合に入れば、フィールドを移動し、労働者の考え方を身につけることになる。また、六〇年安保闘争中／後にフィールド間の交流が活発になれば、異なるフィールドに対する捉え方が変わり、本書の結論にも影響を与えただろう。

逆に、現在の語りの中に（依然として）六〇年安保闘争当時のフィールドと同様の要素が含まれるとしたら、それが意味するところを批判的に検証することも重要である。例えば、六〇年安保闘争も含めたインタビュー対象者達の活動の中で、異なる運動との関係が「共約不可能」であり続けたために、六〇年安保闘争から半世紀以上経過しても一度形成されたフィールドの影響が現在まで続いているという捉え方も可能である。

本書では具体的なインタビューの場面を取り上げ、当事者の語りに触れるなかで、当初は一枚岩の運動として六〇年安保闘争を捉えていた著者の仮説が変化した点に言及している（本書：36-41）。しかし、現在の語りに見られる差異は六〇年安保闘争当時の差異とイコールなのか。語りの読み込みに関する疑問は本書を通じて解消するには至らなかった。

以上の点を踏まえつつ、当時のフィールドを「再現」する上では、同時代資料の分析も含めて、語りそのものを多角的に裏付けする作業が重要である。ただ、本書の参考文献や脚注を参照する限り、同時代資料を積極的に参照したのかという点では疑問が残った。例えば、学生運動の同時代資料としてはブントの島成郎が残した資料（国立国会図書館憲政資料室所蔵）などがあり、同時代の学生運動の内的な論理を描く上での一助となる。こうした資料はもちろん、労働組合側の（一次）資料なども積極的に参照した形跡は本書を見る限りあまりない。

このため、本書で言及した三つのフィールドのうち、当時の学生や労働者の語りに依拠している部分に関しては、どの程度当時のフィールドの実態を「再現」できているのか疑問が残った。こうした課題は本書の課題であり、本書と部分的に関心を共有する私自身の課題でもある。この点で本書は今後私が取り組むべき課題を示唆した本でもある。

参考文献

黒川伊織（2020）『戦争・革命の東アジアと日本のコミュニスト――1920-1970年』有志舎
道場親信（2005）『占領と平和――「戦後」という経験』青土社
長島祐基（2017）「平和擁護運動における討論集会の形成（1952-1953年）――特定のレパートリーに対する多様な主体間の意味づけの一致に着目して」『大原社会問題研究所雑誌』709: 44-57.
――（2020）「一九五〇年代大衆集会における知識人と参加者のコミュニケーション関係――国民文化全国集会における「国民文化」言説を事例として」『相関社会科学』(29): 19-34.
猿谷弘江（2016）「社会運動のフィールド分析によるアプローチ――一九六〇年安保闘争を事例に」『ソシオロジ』60(3): 21-38.
高畠通敏（1979）「大衆運動の多様化と変質」日本政治学会編『年報政治学1977年度　五五年体制の形成と崩壊――続・現代日本の政治過程』岩波書店: 323-59.

法政大学大原社会問題研究所・鈴木　玲　編著

労働者と公害・環境問題

（法政大学出版局２０２１）

仁井田　典子

A5判288頁
税別3800円

労働問題と環境問題を結びなおす試み

本書の書評の依頼を受けたとき、タイトルを見て、正直躊躇ってしまった。というのも、調査研究を目的にコミュニティ・ユニオンの一組合員として労働運動に長らくかかわってきた私には、環境問題や公害問題は、なじみのないものに思えたからである。ただ、よく考えてみると、コミュニティ・ユニオンで扱うハラスメントの問題は、職場の環境問題であると言い換えることができるし、コミュニティ・ユニオンでは、原発反対運動などに取り組んでいたりもする。そのように思い直して、私はこの書評に取り組むことにした。

本書は、研究上の結びつきが弱かった労働問題と環境問題を、執筆者それぞれがもつ問題意識と分析視角から結びなおすことを目的とし、五〇年代から現代に至るまでの国内外における事例に焦点をあてた論文集である。紙幅の関係上、それぞれの章について詳細に触れることは難しいことから、論点を絞って紹介し、最後に本書に対する私見を述べたいと思う。

自らの経済的利益を優先し、健康被害を受容する労働者

本書の総括が示された部分は見当たらないが、内容的にみると、編者によって書かれた五章「労働運動の職場環境への取り組みとその限界――労働環境主義を志向した北米の労働組合の事例に基づいて」（鈴木玲）がそれにあたるのではないかと思われる。五章では、六〇年代末から八〇年代までの北米の事例をもとに、社会的利益を追求する労働運動が、職場で扱う化学物質や重金属などの有害物質

による健康被害の問題に対して、どのような関心を持ち、対応してきたのかについて論じられている。ここで著者が問題視しているのは、労働者や組合が、賃金や雇用の維持などの経済的利益を優先させ、健康被害を起こす可能性がある職場環境を「仕方がないもの」として受容していることである。

このことは、日本の労働運動の歴史でも見られたことだった。二章「住民運動としての公害反対運動と労働運動――公害防止倉敷市民協議会と水島地区労を事例として」（江頭説子）でも同様に、労働者や労働組合が賃金や雇用の維持を優先させ、健康問題に対しては消極的であることが指摘されている。二章では、六〇年代から七〇年代末までの岡山県倉敷市の水島コンビナート周辺で発生した、大気汚染による公害問題が扱われている。六八年に結成された公害防止倉敷市民協議会は、公害発生源で働く労働者が加盟する水島地区労と市民・農漁民が公害問題で結集した初めての共闘組織で、公害反対運動の推進におけるひとつの原動力となった。しかしながら、川崎製鉄水島労働組合が水島地区労に加盟し、高度経済成長から低成長への転換を受けて、組合員の雇用と生活を守る運動へと転換せざるを得なくなる。そうしたなかで、水島地区労における川鉄水島労組の影響力は大きく、水島地区労の公害市民協からの脱退についても、影響したと考えられる。

そして、自らの経済的な利益を優先させようとするのは、なにも労働者や労働組合だけではない。六章「政党はどのような公害観を持っていたか――五五年体制から一九七〇年代初頭までを対象として」（友澤悠季）と八章「労働組合運動と原子力発電――豪州のウラン採掘・輸出と労働組合の対応」（長峰登記夫）では、政党や世論もそうした傾向にあることが指摘されている。前者では、七〇年代前後における各政党の公害観が検討されている。日本の政党はいずれも、公害を社会問題とする一方で、経済成長自体は否定しない姿勢をみせてきたことが、批判的に明らかにされている。後者では、近年のオーストラリアにおける世論が、発電コストを抑えたいという経済的利益を優先するために、原発を容認する傾向にあるという。

そのほか、七章「一九七〇年代における自動車排気ガス規制の再検討――雇用喪失をめぐる議論をてがかりに」（喜多川進）では、環境政策に反対する勢力が、労働者や労働組合、世論などによる、自らの経済的利益を優先させる傾向を逆手にとって、雇用の喪失をレトリックとして使った事例が紹介されている。七〇年代半ばにおける自動車の排気ガス規制実施の政策をめぐる論争においては、「雇用の大量喪失を招く」といったレトリックが、その政策に反対する人たちによって使われた。そして、同様のレトリックは、二〇一〇年に排気量取引の導入が検討された際にも使用されたと著者は述べる。

労使間の情報不均衡とその是正の困難さ

五章では、労働者や労働組合による、環境問題や公害問題についての取り組みが広がっていかないのは、労働者たちが自らの経済的利益を優先し、健康被害を受容することのほかに、有害物質や健康被害についての労使間の情報の不均衡もその要因であると論じられている。しかしながら、そうした労使間の不均衡を解消するのが非常に困難を伴うことは、本書の事例からうかがえる。五章の六〇年代末から八〇年代までの北米の事例では、労使間の情報の不均衡の是正を目的として労働安全衛生法がつくられたものの、経営者や経営者団体による情報の隠蔽や非開示により、同法はあまり効果を持たなかった。

　また、四章「韓国ハイテク産業における職業病と労働者の健康をめぐる社会運動――「半導体労働者の健康と人権を守る会（パノリム）」の取り組みを中心に」（金美珍）で論じられている、近年の韓国における事例では、労働者への情報公開が訴訟で認められた。にもかかわらず、二〇一九年に日本との貿易紛争を背景として産業技術保護法が改正されたことにより、産業技術が含まれた情報はまず無条件に非公開とされ、同法は事実上無効化された。

　このように、労使間の情報の不均衡を是正することは、労働者や労働組合にとって困難なことでありながらも、本書からは、これまでの労働運動の取り組みにおいて、それをどうにか突破する方法が編み出されてきたこともわかる。三章「日本の労働組合の職業病・職業がん問題への取り組み――三つの職業病闘争の事例に基づいた考察」（鈴木玲）では、一九七〇年代前半の化学産業における次の三つの事例が紹介されている。①合化労連昭和電極労組における黒鉛電極を製造する原料として使用されるタールやピッチによる職業病の問題に対する労組の取り組み、②新日本製鉄八幡製鉄所のコークス工場で働く労働者の職業がんの問題に対する活動家の取り組み、③塩化ビニルモノマーの職業がんの問題に対応した三井東圧化学名古屋工業所の労働組合と新日本窒素労働組合の事例である。これらの事例では、労働基準監督署や労働基準局などの外部機関や、企業外の医師や研究者、弁護士などの外部の専門家の協力を得ることによって、労使間の情報の不均衡を是正することができたのだと言う。また、四章の近年の韓国の半導体産業における事例で、若い女性労働者の死が労働災害による疾病だと認定されるに至ったのは、他の半導体企業における被災者たちとの共闘の賜物であるとの指摘もみられる。

そもそも労働者が自らの経済的利益を優先するのは問題なのか？

　すでに述べたように、本書は労働問題と環境問題を結びなおすことを目的とした試みであったが、各論考で論じられた個別のテーマの研究に関して全体的な整理と考察がなされていない。そのため、本書で取り上げられている、これまでの労働運動やそれを取り巻く政治が公害・環境問題に相対してきた歴史とその限界から、現代における労働問題と環境問題との結びつきを考えるうえで何を学べるか、という点を十分に読み取ることは難しかったように思う。今日における環境問題は、労働運動よりも、ＳＤＧｓなどのように、企業利益を追求する活動と一体となって進められているという印象を強く受ける。そうであるならば、労働問題と環境問題の結びつきを問いなおすという課題を掲げた本書には、企業が利益を追求するために掲げている「環境保全活動」の擬制を暴き、労働問題と環境問題を再構成していく試みを、喫緊の課題として求められているのではなかろうか。

　また、本書は五章を中心として、労働者が自らの経済的利益を優先させることを問題視する立場から論じられていた。けれども、私はこうした本書の立場には同意できない。なぜなら、一労働者である私は、自らの雇用を守って生活をどうにか維持していこうとするのに精いっぱいで、それと引き換えに、労働運動を超えて環境問題にかかわる活動に携わっていくようには到底思えないからである。それゆえに、五章で描かれている、賃金や雇用の維持などの経済的利益を優先して、健康被害を起こす可能性がある職場環境を受容する労働者たちに対して、その姿勢を問題視するというよりも、強い共感を抱かずにはいられない。本書では、労働者が経済的利益を優先せざるを得ない状況を単に問題視するにとどまり、問題のある職場環境に向き合うにはどうしたらよいのかについて示唆されなかったことを、私は残念に思う。

労働者が自らの経済的利益を守りながらであってもできることがあるとすれば、それは、自らが身を置く職場環境や生活環境への疑念を、不特定多数の人たちが集まるデモなどの場に参加するというかたちで表現することなのではないかと私は考える。

アリス&エミリー・ハワース＝ブース　糟野桃代　訳

プロテストってなに？

世界を変えたさまざまな社会運動

（青幻舎　２０２１）

濱田すみれ

四六判変型 168 頁
税別 2000 円

いつの時代にもユーモアと愛情あふれるプロテストがあった

抗議行動（＝ＰＲＯＴＥＳＴ）とは、社会に変化を起こすために、人々が力を合わせて、明日への希望を持ち続けること。それは時に、運動における目標の達成よりも大切な意味があることを本書は教えてくれる。

本書は、紀元前一一七〇年の古代エジプトで起きた史上初の労働者ストライキから、いまも世界各地で続く気候変動のための学校ストライキまで、市民による抗議行動の物語とその歴史をイラストと共に紹介する。著者は、イギリス・ロンドンで暮らす、ハワース＝ブースきょうだい。受賞歴もあるエミリーは作家でイラストレーター、アリスはグラフィック・デザイナーでライターだ。創造的な仕事をする二人らしいと感じるのは、本書の表紙や見返し、そしてイラストの差し色に、強烈なネオン・オレンジが使われているところ。この鮮やかな色は、理不尽な抑圧や深刻な人権侵害に対して、場合によっては命がけで行われる抗議行動が、人々のパワーとエネルギーに満ちたものだと伝えるのにぴったりだ。

それぞれの抗議行動のワンシーンを描いたエミリーによるイラストは、当時の雰囲気や参加した人々をイメージしやすくしてくれる。読み進めるのが楽しくなるような、かわいらしいタッチだが、内容はどれもシリアスだ。イラストに登場する人々の吹き出し、横断幕やプラカードに書かれたメッセージも一つ一つのアクションが持つ意味を理解するための大事な要素となっている。

フランス革命、メーデー、公民権運動、ベ

ルリンの壁崩壊など、映画のテーマにもなっているような、よく知られた抗議行動はもちろんカバーされている。そんななかで、私がとくに興味深く読んだのは、各章の終わりに設けられている「抗議の方法」というページだ。「音」「食べ物」「スポーツ」「アート」といったテーマ毎に実際に行われたさまざまな抗議手法の事例を集めて短く紹介するセクションで、「こんなこともできるのか！」という新しい発見がいくつもあった。ゴミ箱にスピーカーを仕込んで抗議の歌を流したり、本をたくさん借りて図書館の蔵書を空っぽにしたり、仮病になって雇い主の懐に打撃を与えたり、ライスプディング・パーティを開いて独裁政権を倒す方法を話し合ったり――。抗議行動といえば、ストライキ、座り込み、デモ行進などを思い浮かべる人が多いかもしれないが、ここで紹介されるアクションは、実にクリエイティブで、活動家たちの発想力には驚かされた。その時代、その場所に生きた人々が、その環境でできることを考え、利用できるものを最大限に活用して生み出したプロテストは、ユーモアと人間への愛情にあふれ、いつの時代を生きる人にもインスピレーションを与えてくれる。

我慢の限界がきたら、鍋を叩いてマーチで連帯

本書の「はじめに」では、ハワース＝ブースきょうだいが初めて参加した大規模な抗議行動は、二〇〇三年、ロンドンで行われたイラク戦争反対のデモ行進だったと紹介されていた（本書：10）。米英軍がイラクに侵攻を開始する直前の同年二月一五日にロンドンで起きたこの反戦デモには、史上最多の二〇〇万人が参加している。そのなかにハワース＝ブースきょうだいもいたのだ。当時、世界中で一千万人以上が参加したと言われているイラク反戦デモだが、実は、私も初めて自分の意志で参加した抗議行動は、東京で開催されたこのデモだった。高校生だった私は、高校の友人や、きょうだいを誘って参加して、高校生は珍しかったからか、新聞記者からインタビューされた思い出がある。友人やきょうだい以外は会ったことのない人たちばかりだったが、参加者の多さには驚いた。全く知らない者同士が同じ目的で集まり、シュプレヒコールを上げながら共に歩く。しかも世界中の人々と同時に……。あのときは「団結」とか「連帯」という言葉は思い浮かばなかったけれど、いまだったら、そのように表現できる特別な感覚を味わった。結局、世界中が連帯してもイラク戦争を止めることはできなかったが、抗議の声を上げたことを無駄だったと考える人はほとんどいないだろう。アメリカがイラク攻撃を正当化する根拠とした大量破壊兵器に関する情報が捏造だったと明らかになったときには、戦争反対を表明した高校生の自分をほめてあげたくなった。

このデモの後しばらくは社会運動に参加する機会はなかったが、縁あって、フェミニズム団体の事務局スタッフとして働くことになった。それからは積極的にプロテストに参加している。二〇一七年からは仲間たちと毎年三月八日の国際女性デーに、ジェンダーに基づく差別と暴力に反対するデモ行進「ウィメンズマーチ」を主催している。本書では、紀元前一九五年の古代ローマでも、ウィメンズマーチ（女性たちの行進）が行われたと紹介されていた（本書：21）。自分たちの声を聞かない男性たちに我慢の限界がきたローマの女性たちは一斉に街へ繰り出したという。このプロテストは成功し、男性たちは降参した。古代ローマの女性たちの行動力を見習いたい。

　チリの女性たちによるプロテスト「カセロラソ」も紹介されている（本書：87）。鍋を叩いて何かを主張することは、昔からさまざまな場所で行われてきたことを知った。私もウィメンズマーチで、鍋やフライパンで音を鳴らそうと呼びかけたことがある。デモには鳴り物が大事だが、わざわざ何かを買う必要もないからと、仲間たちと考えたアクションだ。当時は無意識だったけれど、チリの女性たちに連帯していたことが嬉しい。

社会を変えるヒントを見つけよう

　社会運動に積極的に関わるようになってから私は、自分が当たり前だと思って手にしているさまざまな権利は、全く「当たり前」ではないことを知った。誰かが声にして要求し、理解者を増やし、時には大きな犠牲を払いながら手に入れたものであること。そして、その権利を不当に奪われている人たちがいること。また、そうした権利は要求し続けなければ、簡単に失ってしまうことを、本書を読みながら改めて思い起こした。私はこれまで関わってきたフェミニズム運動から、女性、セクシュアル・マイノリティ、障害者、外国人等この社会で弱い立場に置かれ続けている人々にとっては、権利を手にしているかどうかよりも、その権利を行使できる状況にあるかどうかが大きな問題になることも学んだ。つまり、男性中心社会では権利を行使できない人々がたくさんいるわけだが、そのことをいつまで経ってもこの社会は理解しない。

　本書で触れられていないのは少し残念だったが、二〇一七年の終わりに、アメリカのハリウッドで強い影響力をもっていた映画プロデューサーのハーヴェイ・ワインスタインによる長年にわたる性暴力の報道をきっかけに大きなうねりとなった＃MeToo運動(1)は、こうした男性中心社会に対するプロテストだ。韓国では、この＃MeToo運動が社会現象になった。権力者による性暴力が次々と告発され、被害者と連帯する行動が起こされた。そのたびに激しい反発もあるが、それでも韓国の女性たちによるプロテストは止まらない。

　いまの日本では抗議行動が少ないとよく言われる。人々の権利意識が高い国や地域だったら、たちまち街頭で抗議デモが始まってもおかしくないことが起きても、日本ではなかなか難しい。では、日本の人々は現状にすっかり満足しているのかといえば、そんなことはないだろう。正規雇用とそうでない働き方との格差は広がり、コロナ禍で、仕事、住むところ、食べるものに困る人たちが増え、社会的に弱い立場の人をターゲットにした事件も続いている。日本の自死率の高さは周知のとおりだし、世界経済フォーラムが公表するジェンダーギャップ指数で日本は１５６ヵ国中１２０位（２０２１年）だ。こんな日本の現実を変えるヒントを本書は与えてくれるかもしれない。

プロテストの主役は私たち自身

　多くの抗議行動には警察や国家による暴力に巻き込まれるリスクがあることも忘れてはならない。現在でも世界中で市民による抗議行動が弾圧され、死者や負傷者が出ている。本書に登場する活動家のなかにも悲しい結末を迎えた人たちは少なくない。著者は「もしあなたが抗議行動に参加してみようと思うなら、自分の国の法律をよく調べて、友人か家族と一緒に行動し、そして必ず、自分の身の安全を確保するようにしてくださいね」（本書：13）と呼びかけている。このメッセージは重要だ。

抗議することには勇気がいるし、さまざまな条件でそれができない人もいる。それでも、だからこそ、声を上げることができる人には立ち上がってほしいと思う。たとえば、ジェンダーに基づく差別や暴力の問題は、男性以外の人々に対して持っている優位性について、男性こそ、もっと声を上げる必要があるのではないだろうか。本書でも取り上げられているサフラジェットの女性たちが、二〇二二年になってもまだ男性中心社会が続いていると知ったら脱力してしまいそうだ。彼女たちなら、さらにパワフルなプロテストに打って出るかもしれないけれど。

ページをめくりながら心強く感じたのは、プロテストは、いつでも、どこでも、誰にでもできるということだ。日常で誰もがやっているような活動――書くこと、読むこと、歌うこと、踊ること、料理をつくること、食べること、逆に何もしないこと――も立派なプロテストになり得る。そんな活動で世界がより良い場所になると知ったら、一歩踏み出したくなる人はいるだろう。

さわやかだけど熱い、過去から現在、未来をつなぐプロテストの物語。さあ、これまで立ち上がったプロテスターの後に続き、私には、あなたには、どんなことができるか考えてみよう。プロテストの主役はこの社会に生きる私たち一人ひとりだ。

注

（1）二〇〇六年にアメリカの活動家タナラ・バーグによって始まったキャンペーン。二〇一七年にアメリカの俳優アリッサ・ミラノがTwitterで、性暴力を受けたすべての女性が「MeToo（私も）」と書き込めば問題の大きさを人々に知らせることができると呼びかけた。

編集後記

いま、ウクライナで戦争が続いています。反戦とはウクライナ国旗を掲げることでも、ウクライナの徹底抗戦を応援することでもない。また、日本の核共有や軍事強化を主張することでもありません。戦争が人を殺し、人を殺させる。反戦とは、戦争をつくる装置とそこに巻きこまれる人びとを分け、前者を批判し、その解体を進め、人びととの新たなつながりをつくることではないでしょうか。

この一年、尊敬する身近な活動家がたてつづけに亡くなりました。その一人、荒井康裕さんは反戦のプラカードを常に持ち歩き、一人で意思表示を続けていました。荒井さんは「私も戦争に協力しません」という言葉を大切にしたいと語っていました。一人だけれど一人じゃない、「私もone of them」なのだと。これからも、私たちはくりかえし反戦を訴えながら、目の前の新たな展開に向きあい、反戦の思想と実践を共に練りあげていくことが必要なのだと思います。来るべき連帯のために今号を編みました。協力してくださった方々に心から御礼申し上げます。（O）

4号を出すことができた。バックナンバーを手に取ってくださったみなさん、4号のために原稿を寄せてくれた執筆者やインタビューに応えてくれた方々、「離れながら手を結ぶ」という越境と連帯のありようを版画で見事に具体化してくださったA3BCのみなさん、版画を装幀に仕上げてくださった川邉雄さん、新曜社の小田亜佐子さん、みなさんに感謝します。『社会運動史研究』を始めたときは恐る恐るだったが、あと数年は続けられそうな気がしている。

1号を出したとき、家にいる子どもは一人だった。いまは三人になった。小さい子どもと暮らす生活では、どこか遠い場所に行こうとすると越えなければいけないハードルは高く、関心が日常の極微的なところに向きやすい。これにコロナ禍が拍車をかけた。ただ、今号に寄せられた原稿を読むなかで、違う場所への移動やそこでの人との出会いに心が刺激されると同時に、自分が越えたい境界、築きたい連帯は生活圏内から始まっているとあらためて確認できた。（K）

以前某学会大会で、ある運動史の研究報告が面白かった。なぜ面白かったのか考えてみて、運動を担った人のライフヒストリーに迫る具体的な細部の紹介が、聴き手にその運動の追体験を可能にしたのだと思い至った。

2号から今号まで私は主にインタビューで参加したが、そこでは「思想」の展開よりも、いつ・誰と・なぜ・何をしたかといった質問にこだわっている。歴史の証言を残したいという意識は前提だ。党などの組織を気にする点では、「公安」的発想とも重なって見えよう。だが、「思想」を議論する以前に、具体的細部の確認を通じて、「自分がこの人だったら」、「同時代に行動していたら」と思いを馳せることが、私には必要だった。そうした細部は活字に残りにくい点でも、なおさら重要だ。現状のインタビューを最善と開き直るつもりはないが、弁明として記しておきたい。

編集作業が終盤に入った頃に侵略戦争が始まり、特集の諸原稿も当初とは違った意義を持ち始めたように思う。今号に参加・協力いただいた皆さんに感謝したい。（M）

なぜ私たちは『社会運動史研究』を始めるのか

近年、日本では社会運動への関心が高まりつつある。実際に生じた社会運動の動向に注目が集まり、それらに対する研究の進展にも期待がかけられるようになった。

しかし、こうした社会運動の「再発見」の過程で、現在の運動の「新しさ」や「画期性」を強調せんがために、過去の運動を矮小化・平板化して議論が展開されることも、目に付くようになった。かつての社会運動の営みが、安易なイメージで固定され、それに基づいて現代社会の分析が展開される。こうした現状に違和感あるいは危機感をもつ者は少なくないはずだ。

過去をないがしろにすることは、未来を枯れさせることだ。そこで、社会運動史の研究者である私たちは、新しいメディアをつくろうと集まった。メディアの目的は、社会運動史についてのこれまでの知見の共有、さらに現在進行形の調査・研究の成果の公開とそれによる運動史のいっそうの蓄積である。単に、社会運動の過去を恣意的に修正しようとする言説に抗するだけでなく、社会運動史をめぐって研究者がネットワークをつくり討論を重ねる場となるような、プラットフォームづくりをめざす。私たちは埋もれた種を掘りかえし、この社会に改めて蒔き直すことを試みたい。

私たちはこのメディアを『社会運動史研究』と名付けた。ここで想定する社会運動史は、基本的には二十世紀以降の日本を対象とするが、時間的にも空間的にも、そこにのみ厳格に議論を限定させることは社会運動史をかえって貧しくするだろう。むしろ国境を越えていく動きについては、社会運動史のテーマとして自覚的に見出していきたい。また、「研究」という語を、大学等に属する職業的研究者の専有物とは考えてはならない。社会運動の現場で、運動の未来のためにその過去を再検討しようとする営みも、社会運動史の研究である。社会運動史研究の成果は、大学教員の「業績」として消費されるものではなく、運動自体の継承や発展のために生かされうるような知であることが求められている。よって私たちは、このメディアをアカデミズムと運動現場との有機的な結合の場にすることをめざしたい。

こうして『社会運動史研究』は、単なる「書物」にとどまるのではなく、それ自体運動的に展開するものとなる。付け加えるならば、私たちは運動史研究の権威や第一人者を名乗ろうとしているわけではない。運動史研究の進展のための踏み石となることも覚悟して、開かれたメディアをつくることに思わず身を投じてしまったにすぎない。この企ての将来は確約されていない。『社会運動史研究』という始まったばかりの「運動」に、多くの方々に参加していただけることを心から願っている。

二〇一八年一二月

『社会運動史研究』発起人
松井 隆志・大野 光明・小杉 亮子

続刊予告

社会運動史研究 5
2023 年 7 月刊行予定

特集：直接行動

論文・インタビュー・書評・資料・社会運動アーカイブズ紹介ほか

投稿募集

『社会運動史研究 5』の原稿を募集します。原稿の種類は、論考・手記・調査報告・インタビュー記録・史資料紹介・書評などです。掲載の可否は編者が判断します。
最初に投稿の申込みが必要です。投稿希望者は、以下の『社会運動史研究』のウェブサイトに掲載されている投稿規定を確認し、投稿規定記載のメールアドレス宛にご連絡ください。

https://socialmovementhistories.jimdofree.com

投稿申込み締切　2022 年 8 月 25 日

髙谷　幸（たかや　さち）

東京大学大学院人文社会系研究科教員

著書 『追放と抵抗のポリティクス――戦後日本の境界と非正規移民』ナカニシヤ出版 2017;『移民政策とは何か――日本の現実から考える』（編著）人文書院 2019;『多文化共生の実験室――大阪から考える』（編著）青弓社 2022　ほか

長島　祐基（ながしま　ゆうき）

1988 年生まれ。法政大学大原社会問題研究所兼任研究員

論文 「1950 年代大衆集会における知識人と参加者のコミュニケーション関係――国民文化全国集会における「国民文化」言説を事例として」『相関社会科学』29 号 2020;「戦後大阪の演劇運動と労働者の主体形成――大阪府職演劇研究会を中心として」『同時代史研究』13 号 2020;「1950 年代文化運動における作品発表と作品受容――国民文化全国集会を事例に」『社会学評論』72 (3) 2021;「産業別労働組合と演劇サークル――全損保大阪地協演劇部から劇団大阪へ」『大原社会問題研究所雑誌』762 号 2022　ほか

仁井田 典子（にいた　のりこ）

1980 年生まれ。東京都立大学特任教員

論文 「人を生きづらくする社会管理に声をあげ続けて―― 1960 年代後半全国学園闘争からユニオン活動へ」（共著）『解放社会学研究』34 号 2020;「個人的なやりがいや楽しみが活動へとつながる――女性組合員たちのユニオン活動への参加動機」文貞實編著『コミュニティ・ユニオン――社会をつくる労働運動』松籟社 2019;「脆弱で，不安定で，曖昧な連帯の可能性――ある女性コミュニティ・ユニオンを事例として」『解放社会学研究』28 号 2014;「若年不安定就労者の関係形成――ある若者就業支援施設を介した自発的な集まりの事例から」『ソシオロゴス』37 号 2013　ほか

濱田 すみれ（はまだ　すみれ）

1984 年生まれ。岩手大学ダイバーシティ推進室特任研究員

国際女性デーにジェンダーに基づく差別や暴力に反対するデモ行進「ウィメンズマーチ東京」を主催するなど，フェミニズム運動に取り組む

ウィメンズマーチ東京ウェブサイト https://womensmarchtokyo.wordpress.com/.

イルゼ・レンツ (Ilse Lenz)

ボーフム大学名誉教授。専門は社会学，社会構造およびジェンダー研究。インターセクショナリティ（ジェンダーやエスニシティ，階級，セクシュアリティの交差性），フェミニズム・社会運動の国際比較とくに日独の女性運動，グローバリゼーション等の社会変動と労働について研究してきた。

著書・論文　*Die Neue Frauenbewegung in Deutschland*（ドイツの新しい女性運動）VS Verlag 2010;「フェミニズムとジェンダー政策の日独比較」落合恵美子・橘木俊詔編『変革の鍵としてのジェンダー――歴史・政策・運動』ミネルヴァ書房 2015;「フェミニズムにおける過程的インターセクショナリティと闘争――ドイツと日本の比較」高馬京子・高峰修・田中洋美編著『デジタル社会の多様性と創造性――ジェンダー・メディア・アート・ファッション』明治大学出版会 近刊　ほか

河野　尚子（こうの　なおこ）

1976年生まれ。マリガヤハウス元事務局長　2021年逝去

大学時代にフィリピンに初渡航し，その後フィリピン大学大学院に進学。2004年に日本人とフィリピン人との間に生まれた子ども「ジャパニーズ・フィリピーノ・チルドレン」を支援する（特活）JFCネットワークのフィリピン事務所である「マリガヤハウス」で働き始めた。その後17年間，子どもや母親の法律相談やケースマネジメント，母子の自立に向けたソーシャルワークに従事した

小ヶ谷 千穂（おがや　ちほ）

1974年生まれ。フェリス女学院大学文学部コミュニケーション学科教員

著書・論文　『移動を生きる――フィリピン移住女性と複数のモビリティ』有信堂高文社 2016;『国際社会学』（共編）有斐閣 2015;『少しだけ「政治」を考えよう！――若者が変える社会』（共編著）松柏社 2018; "Intergenerational Exploitation of Filipino Women and Their Japanese Filipino Children: 'Born out of Place' Babies as New Cheap Labor in Japan," *Critical Sociology*, 47 (1) 2021　ほか

原 めぐみ（はら　めぐみ）

和歌山工業高等専門学校准教授

論文　「紐帯はどのようにして育まれたか――大阪市中央区での多文化家族支援の実践から」髙谷幸編『多文化共生の実験室――大阪から考える』青弓社 2021;「ヤングケアラーになる移民の子どもたち――大阪・ミナミのケーススタディ」『多民族社会における宗教と文化』No. 24, 2021;「移民の言語：セーフティネットとしての言語　大阪ミナミ：コロナ禍が浮き彫りにする「ことばの壁」」『ことばと社会』23号 2021　ほか

大野　聖良（おおの　せら）

日本学術振興会特別研究員（ＲＰＤ）

論文　「日本における「人身取引」の問題化――「人身取引」概念の変遷を手がかりに」『清泉女子大学人文科学研究所紀要』38号 2017;「日本における人身取引対策の現段階」大久保史郎・樋爪誠・吉田美喜夫編著『人の国際移動と現代日本の法――人身取引・外国人労働・入管法制』日本評論社 2017;「入国管理行政における在留資格「興行」の言説編成――1980・1990年代の『国際人流』を中心に」『理論と動態』12号 2019;「資料報告　日比NGOによる移住女性とJFC支援の歴史とその意義に関する一考察――DAWNとJFCネットワークの機関誌を中心に」『国際ジェンダー学会誌』18号 2020　ほか

古屋　淳二（こや　じゅんじ）

1972年生まれ。アナキズム文献センター運営委員　編集者

小出版社・虹霓（こうげい）社として，高木護『放浪の唄――ある人生記録』; 大澤正道『石川三四郎――魂の導師』; 新居格『杉並区長日記――地方自治の先駆者・新居格』などを復刊。コラム「アナキズム文献センターへようこそ」田中ひかる編『アナキズムを読む』皓星社 2021執筆。大正アナキスト〝ギロチン社〟を描いた映画『シュトルム・ウント・ドランクッ』（監督 : 山田勇男 2014）プロデューサー。富士山麓在住

執筆者紹介（執筆順）

牧野　久美子（まきの　くみこ）

1972年生まれ。日本貿易振興機構アジア経済研究所研究員

著書　『南アフリカの経済社会変容』（共編著）アジア経済研究所 2013;『新興諸国の現金給付政策――アイディア・言説の視点から』（共編著）アジア経済研究所 2015;『後退する民主主義，強化される権威主義――最良の政治制度とは何か』（共著）ミネルヴァ書房 2018;『コロナ禍の途上国と世界の変容――軋む国際秩序，分断，格差，貧困を考える』（共著）日本経済新聞出版 2021　ほか

武藤　一羊（むとう　いちよう）

1931年生まれ。ピープルズ・プラン研究所運営委員　a founding member of the Global University for Sustainability

著書　『主体と戦線――反戦と革命への試論』合同出版 1967;『政治的創造力の復権』御茶の水書房 1988;『〈戦後日本国家〉という問題――この蛹からどんな蛾が飛び立つのか』れんが書房新社 1999;『戦後レジームと憲法平和主義――〈帝国継承〉の柱に斧を』れんが書房新社 2016　ほか

全 ウンフィ（じょん　うんふぃ）

1982年生まれ。大阪公立大学大学院文学研究科都市文化研究センター研究員

論文　「戦後宇治市の地域新聞にみる在日像の変遷過程」『コリアン・スタディーズ』6号 2018;「宇治市A地区にみる高度成長期以降の「不法占拠」の存続要因」『都市文化研究』23号 2021;「ウトロ――在日コリアン「不法占拠」地区をめぐるまなざし」山﨑孝史編『「政治」を地理学する』ナカニシヤ出版 2022　ほか

内海　愛子（うつみ　あいこ）

1941年生まれ。恵泉女学園大学名誉教授

著書　『朝鮮人ＢＣ級戦犯の記録』勁草書房 1982（岩波現代文庫 2015）;『マンゴウの実る村から――アジアの中のニッポン』現代書館 1983;『スガモプリズン――戦犯たちの平和運動』吉川弘文館（歴史文化ライブラリー）2004;『キムはなぜ裁かれたのか――朝鮮人ＢＣ級戦犯の軌跡』朝日新聞出版（朝日選書）2008　ほか

浜田　和子（はまだ　かずこ）

1945年生まれ。1977年よりベルリン自由大学で美術史を学ぶ。1984年から87年まで東ドイツの日本企業プラント通訳。ベルリン在住。ベルリン女の会会員

著訳書　『美術史を解きはなつ』（共著）時事通信社 1994; クリスタ・パウル『ナチズムと強制売春――強制収容所特別棟の女性たち』（共訳）明石書店 1996; エリザベート・ザントマン『奪われたクリムト――マリアが『黄金のアデーレ』を取り戻すまで』（共訳）梨の木舎 2019

ノリス恵美（のりす　えみ）

1951年生まれ。1978年よりベルリン市在住。ベルリン女の会（旧「国籍と人権を考える会・西ベルリン」）会員

訳書・記事　クリスタ・パウル『ナチズムと強制売春』（共訳）明石書店 1996; エーリカ・フィッシャー『ベルリン，愛の物語』（共訳）平凡社 1998;「ある日のヴァンダルング風景」『戦争と性』23号 2004;「加害の歴史を若い世代に伝えようと努力するドイツ」『戦争と性』26号 2007

編者紹介

大野　光明（おおの　みつあき）

1979年生まれ。滋賀県立大学人間文化学部教員

著書・論文 『沖縄闘争の時代1960/70――分断を乗り越える思想と実践』人文書院2014;『戦後史再考』（共編著）平凡社2014;「反暴力の現在――ポスト冷戦・「新しい戦争」・ネオリベラリズムのなかの日本の反戦・平和運動」蘭信三ほか編『シリーズ戦争と社会1「戦争と社会」という問い』岩波書店2021　ほか

小杉　亮子（こすぎ　りょうこ）

1982年生まれ。埼玉大学教養学部教員

著書・論文 『東大闘争の語り――社会運動の予示と戦略』新曜社2018;「1960年代学生運動における新しい組織像と予示的政治の可能性――所美都子の運動論と1968〜69年東大闘争を中心に」『大原社会問題研究所雑誌』759号2022;「民青系学生運動から見た東大闘争――10項目確認書に着目して」『年報日本現代史』26号2021　ほか

松井　隆志（まつい　たかし）

1976年生まれ。武蔵大学社会学部教員

著書・論文 『戦後日本スタディーズ2』（共著）紀伊國屋書店2009;『戦後思想の再審判』（共著）法律文化社2015;「1960年代と「べ平連」」『大原社会問題研究所雑誌』697号2016　ほか

越境と連帯

社会運動史研究 4

初版第1刷発行　2022年7月10日

編　者　大野光明・小杉亮子・松井隆志

発行者　塩浦　暲

発行所　株式会社　新曜社

101-0051　東京都千代田区神田神保町3-9
電話03（3264）4973（代）・FAX03（3239）2958
Email: info@shin-yo-sha.co.jp
URL: https://www.shin-yo-sha.co.jp

印刷製本　中央精版印刷

ISBN978-4-7885-1777-6 C1036